y-knot

これからの
国際協力

私たちが望む未来のために

高須直子・山形辰史 編

Musubu

有斐閣

デザイン　高野美緒子

はしがき

　地球上では今もあちこちで紛争が起こり，その被害者たちは生命の危険に直面したり，生活に大きな困難を抱えたりしています。「平和なくしては持続可能な開発はありえず，持続可能な開発なくして平和もありえない」。これは持続可能な開発目標（SDGs）に関する国連総会決議文書の一文です。この文章が，まさに現実を表すような時代になってしまいました。

　本書は，2022年2月に始まったロシアによるウクライナ侵攻，そして23年10月に始まったイスラエルとパレスチナのハマスとの戦争などを受け，大きく変わっていくこれからの「国際協力」を提示します。2019年末からの新型コロナウイルス感染症の世界的拡大や，深刻化する気候危機等もふまえると，国際協力によって解決すべき課題はどのように変化しているのでしょうか。そして私たちは，国際協力を通じてどのような地球社会をめざすべきなのでしょうか。これらは筆者らの問題であると同時に，読者の皆さん1人ひとりが自分で向き合ってほしい問いです。

　本書は，大学等における国際協力，国際開発，国際社会，国際事情などの講義や演習で使用してもらうことを念頭に執筆しました。また，授業の一環としてだけではなく，国際協力に興味をもつ方が独自に学ぶ，あるいは学び直す際にも読んでいただきたいと思っています。本書では「国際協力」を，貧しく脆弱な人々や支援を必要

i

とする人々のために，そして持続可能で公正かつ包摂的であり平和で繁栄した社会をつくるために，主に開発途上国（本書では一貫して途上国と呼びます）や低所得国で行われる活動，と位置づけます。「主に」としたのは，特定の国や地域における活動のみならず，環境問題や感染症対策など地球規模の課題への対応等も含むためです。また，中所得国に区分される国々も対象となる活動もあることから，低所得国のみではなく，それより広い国グループである「途上国」を対象とします。また日本では，「開発協力」や「国際開発協力」という言葉も「国際協力」と同じ意味で使われることがあります。**第9章**でより詳しく論じますが，人道支援，開発支援，平和構築などさまざまな類似の協力概念があり，本書ではそれらすべてを含めて「国際協力」と呼びます。

　読者の皆さんは「国際協力」と聞いて具体的に何を思い浮かべるでしょうか。2023年2月に発生したシリア・トルコ地震における緊急援助，あるいはその後のシリア・アサド政権崩壊後の復興支援を思い浮かべる人，アフガニスタンで30年にわたって地元の人々と共に水利事業に従事していた故中村哲医師のことを思い浮かべる人，チョコレートやコーヒーの生産者に正当な対価を支払うフェアトレードを思い浮かべる人など，さまざまでしょう。NGOでボランティアやインターンをしている人や，知人・友人がソーシャル・ビジネスに取り組んでいる人もいるかもしれません。一方，「国際協力」と聞いても何も思い浮かばない人，なぜ日本国内に課題が山積する中で「国際協力」をしなくてはいけないのかわからないという人もいるかもしれません。本書を読んで，国際協力は遠い国で行われていることだけではなく，身近な活動でもあること，皆さんにも国際協力に携わる力があることを知っていただければ幸いです。

本書は，3部構成になっています。第Ⅰ部では国際協力のさまざまな課題を扱い，第Ⅱ部では，国際協力の多様な担い手について紹介します。第Ⅲ部では，国際協力の未来を描きました。序章以外の14の章はすべて，章扉にクイズ（Quiz）を掲げています。その章で扱うトピックの，知っているようで正確なところはわからない，というような問題を出してみました。また，冒頭には，各章で扱う内容が一目でわかるように，Keywords とその章の構成を図式化した Chapter structure も掲載しました。キーワード以外でも重要と思われる語句は本文内でゴシック体にしてあります。「本章の問い」は，各章を担当する執筆者がぜひ読者に知ってほしい，考えてほしいと思っていたり，その章で扱われているトピックに関して議論されたりしている問いです。

　なお本書は，各章の執筆者に加え，有斐閣の編集者の長谷川絵里氏との知的交流の結果であることを申し添えます。

　世界のどのような課題に対して国際協力をすべきなのか。そして国際協力によって，どのような地球にしていくべきなのか。本書を通じて一緒に考えましょう。

　　2024 年 12 月

高須直子・山形辰史

執筆者紹介

執筆順

高須 直子（たかす　なおこ）　　編者　序章，第2章，第3章，第9章，
第14章

駒沢女子大学観光文化学部教授。立命館アジア太平洋大学大学院アジア太
平洋研究科博士後期課程修了，博士（アジア太平洋学）。株式会社日本国
際協力機構（1994〜2001年），国際協力銀行（2002〜03年）を経て，国
連開発計画（UNDP）に勤務。パキスタン，イラク，東京，バンコク地
域事務所勤務の後，パキスタン国事務所の副代表を務める。タジキスタ
ン国事務所の副代表代行，イスタンブール地域事務所での勤務を経て
2020年3月にUNDPを退職。
専門分野：開発学，国際協力，社会的連帯経済
主要著作：『ポスト資本主義時代の地域主義』（分担執筆）明石書店，2024
年

山形 辰史（やまがた　たつふみ）　　編者　序章，第5章，第6章，
第8章，第13章

立命館アジア太平洋大学アジア太平洋学部教授。ロチェスター大学大学院
経済学研究科博士課程修了，博士（経済学）。アジア経済研究所（現：日
本貿易振興機構アジア経済研究所）（1988〜2018年），Bangladesh Insti-
tute of Development Studies 客員研究員（2000〜01年），外務省ODA
評価有識者会議・委員（2006〜10年），国際開発学会・会長（2017〜20
年），国際協力機構（JICA）事業評価外部有識者委員会・委員長（2024
年〜現在）。
専門分野：開発経済学
主要著作：『テキストブック開発経済学（第3版）』（共編）有斐閣，2015
年；『入門 開発経済学』中央公論新社，2023年

武 内　進 一（たけうち　しんいち）　第 1 章, 第 12 章

東京外国語大学現代アフリカ地域研究センター教授。東京大学大学院総合
　文化研究科博士課程修了, 博士（学術）

専門分野：アフリカ研究, 国際関係論

主要著作：『現代アフリカの紛争と国家』明石書店, 2009 年；*African Land Reform Under Economic Liberalisation*（編著）Springer, 2021.

小 野　道 子（おの　みちこ）　第 4 章

東洋大学福祉社会デザイン学部准教授。東京大学大学院総合文化研究科博
　士課程修了, 博士（国際貢献）

専門分野：子どもの安全保障, 子どもの権利

主要著作：『ロヒンギャ難民の生存基盤』（分担執筆）上智大学イスラーム研
　究センター, 2019 年；『フィールドワークで世界を見る』（分担執筆）朝
　倉書店, 2024 年

小 島　道 一（こじま　みちかず）　第 7 章

日本貿易振興機構アジア経済研究所新領域研究センター上席主任調査研究
　員。カリフォルニア大学バークレー校大学院農業資源経済学研究科修士
　課程修了, 修士（農業資源経済学）

専門分野：環境・資源経済学, 国際資源循環, リサイクル, 廃棄物処理, 海
　洋プラスチック問題

主要著作：『リサイクルと世界経済』中央公論新社, 2018 年；「アジアにお
　ける 3R の展開」『環境法政策学会誌』第 25 号, 2022 年

鄭　　方 婷（ちぇん　ふぁんてぃん）　第 7 章

日本貿易振興機構アジア経済研究所新領域研究センター研究員。東京大学
　大学院法学政治学研究科博士課程修了, 博士（学術・法学）

専門分野：国際関係論, グローバル・ガバナンス（環境分野）, 非伝統的安
　全保障, エネルギー・トランジション

主要著作：『京都議定書後の環境外交』三重大学出版会, 2013 年；『重複レ
　ジームと気候変動交渉』現代図書, 2017 年

高 柳　彰 夫（たかやなぎ　あきお）　第 10 章

フェリス女学院大学グローバル教養学部教授。一橋大学大学院法学研究科
　博士後期課程単位取得，博士（法学）

専門分野：国際関係論，国際開発研究，NGO・市民社会研究

主要著作：『グローバル市民社会と援助効果』法律文化社，2014 年；『入門
　SDGs』（共編著）法律文化社，2024 年

佐 藤　　寛（さとう　かん）　第 11 章

開発社会学舎主宰。東京大学文学部社会学科卒業。

専門分野：開発社会学，日本の開発経験，開発とビジネス

主要著作：『開発援助の社会学』世界思想社，2005 年；『開発社会学を学ぶ
　ための 60 冊』（共編著）明石書店，2015 年

目　次

はしがき ……………………………………………………………………… i

執筆者紹介 ………………………………………………………………… iv

序章　国際協力と世界 …………………………………… 1

1 世界の生活水準格差 …………………………………………… 2

2 格差が生じた歴史的経緯──植民地化 ………………… 3

3 格差を縮めることができた国，できなかった国 ………… 6

4 国際協力の意義 ……………………………………………… 11

第 I 部　国際協力の課題別アプローチ

第1章　暴　　力 ……………………………………… 17
平和の課題，開発の課題

本章の問い（19）

1 暴力，開発，国際協力 ………………………………… 20

暴力の規模と形態（20）　暴力と国際協力（21）

2 暴力とは何か──ガルトゥングを手がかりに ………… 21

個人的暴力と構造的暴力（21）　暴力を広くとらえる重要性（22）　消
極的平和と積極的平和（23）

vii

3　今日の暴力──主権国家システムとの関連で ……………… 24

主権国家システムとは何か（24）　主権国家システムの誕生と拡大
（25）　主権国家システムの拡大にともなう問題（25）　「国家建設の
課題」が生む暴力（27）

4　暴力と国際協力 …………………………………… 29

冷戦終結後の展開（30）　ルワンダにおける国連 PKO の失敗（31）
国連 PKO の挫折と変容（33）　平和構築（34）

5　開発と国家建設という課題 ……………………… 35

第2章　貧困と不平等 ……………………………………… 37

分かち合うことができるか

本章の問い（39）

1　貧　困 …………………………………………… 40

貧困とは何か（40）　貧困の概念（41）　貧困の定義（42）　貧困の
測定基準（43）　貧困の現状と複合危機の影響（45）

2　不　平　等 ……………………………………… 48

何の不平等か（48）　不平等はどのようにとらえられているか（48）
格差は広がっているか（50）　複合危機によってさらに「取り残され
る」人々（52）

3　貧困と格差の関係 ……………………………… 52

貧困と格差にはどのような関係があるか（52）　貧困と格差を同時に
削減するには（53）　貧困層の「持っているもの」と，貧困層でない
人々との活動（55）

第3章　ジェンダー平等 ………………………………… 57

誰かの生きづらさを減らす

本章の問い（59）

1　ジェンダー平等とは …………………………… 60

viii

ジェンダーとは（60）　女性の地位向上は欧米的価値観の押しつけか
（61）

2　どのような課題があるか …………………………………………… 64

教育・保健（64）　雇用・賃金・資産などの不平等（66）　政治参画
などにおける不平等（67）　有害な慣行，性的搾取・虐待（68）

3　アプローチの変遷 ……………………………………………………… 70

開発と女性（WID）アプローチ（70）　ジェンダーと開発（GAD）アプ
ローチ（71）　ジェンダー主流化（72）　日本の方針と取り組み（73）

4　望ましい社会づくりに欠かせない主体と視点 ………………… 74

ケアエコノミー（74）　生きづらさを軽減する（75）

第4章　子どもの権利保障 ……………………………………… 77
すべての子ども・若者への支援

本章の問い（79）

1　国際協力のなかの子ども
──保護の対象から権利の主体へ ………………………… 80

子どもとは（80）　世界の子どもたちが置かれている状況（81）　子ど
も支援の主要なアクターと権利ベース・アプローチ（82）　子どもの権
利条約と子ども観の転換（83）

2　学ぶ権利の保障 ……………………………………………………… 84

基礎教育を受ける権利（84）　取り残された子どもたちへの学びの確
保（85）　SDGs 時代に求められる教育（87）

3　あらゆる暴力からの子どもの保護 ……………………………… 89

子どもに対する暴力防止イニシアティブ（89）　子どもの保護の課題
（90）　緊急時における子どもの保護（92）

4　子どもの権利保障のために必要なこと ……………………… 93

地方自治体や地域での分野横断的支援の必要性（93）　子どもの意
見の尊重と子どもの最善の利益の追求（94）　すべての子ども，そし

目次　ix

て若者も含めた支援へ（95）

第5章　高齢者と障害者 ················· 97
より豊かな社会福祉の希求

本章の問い（99）

1　高齢化が進む途上国 ················· 100

人口転換——多産多死から少産少死へ（100）　途上国でも進む高齢化（101）　さまざまな社会における高齢者の地位（103）　高齢者の困窮（104）　高齢者福祉のための財政（106）

2　障害と開発 ················· 108

自分と高齢者，自分と障害者（108）　障害の医学モデルと社会モデル（109）　自立生活運動と地域に根ざしたリハビリテーション（CBR）（110）　国連・障害者の権利条約（112）　途上国の障害者の貧困（113）

第6章　保健と感染症 ················· 115
すこやかに生きるために

本章の問い（117）

1　徐々に改善する保健水準 ················· 118

伸びる平均寿命（118）　改善する母子保健（119）　重要性を増す生活習慣病（121）

2　ユニバーサル・ヘルス・カバレッジ ················· 124
——すべての人々に行き届く保健サービス

プライマリー・ヘルス・ケア——医師の不足を補う保健改善（124）経口補水療法（125）

3　感染症対策 ················· 126

3大感染症——HIV／エイズ，結核，マラリア（127）　顧みられない熱帯病（129）　新型コロナウイルス感染症の経験から（131）

第 7 章　環境と開発 ………………………………………… 135
持続可能な発展に向けた国際環境協力

本章の問い (137)

1　開発援助における環境配慮 (1980 年代〜) ………………… 138
開発援助にともなう環境破壊の防止 (138)　途上国による環境影響評価 (139)

2　途上国の公害問題への協力 (1990 年代〜) ……………… 141
日本の経験を伝える (141)　環境センター・アプローチ (142)

3　地球環境問題への対応 (1990 年代後半〜) ……………… 142
オゾン層破壊 (143)　水銀汚染 (144)　気候変動・地球温暖化 (145)　パリ協定 (147)　先進国と途上国との対立 (149)

4　これからの国際環境協力 ……………………………… 151
自然災害への対応 (151)　プラスチック汚染 (154)

第 II 部　国際協力の担い手

第 8 章　国と国との協力 ……………………………… 159

本章の問い (161)

1　援助の始まり ………………………………………… 162
第二次世界大戦という世界的災禍 (162)　旧植民地と旧宗主国の依存関係 (163)

2　途上国のための ODA …………………………………… 165
ODA のタイプ (165)　ODA の原則 (167)　OECD の取り組み (169)　援助効果向上のための援助協調 (171)

3　新興ドナーと中国 ……………………………………… 174

目次　xi

グローバル・サウスの台頭（174）　中国の対外援助（174）　協調的
債務再編に向けて（177）

第9章　国際機関の協力 …………………………………… 179

本章の問い（181）

1 国連と関連諸機関 ……………………………………… 182

国連の主要機構（182）　国連システム（184）　国連諸機関による人
道・開発・平和の連携（186）　2019年からの国連開発システム改革
（188）　国連の役割と限界（189）

2 国際開発金融機関 ……………………………………… 192

ブレトンウッズ機関（世界銀行とIMF）（192）　地域開発金融機関
（194）　新しい開発金融機関（195）

3 特定の地域・分野を所掌する機関 ………………… 196

ODAに関する情報のとりまとめ（196）　域内協力の促進（197）

4 国際機関と日本 ………………………………………… 197

主要パートナーとしての日本（197）　国際機関で活躍する日本人職員
（198）

第10章　市民社会による国際協力 ………………… 199

本章の問い（201）

1 CSOとは何か …………………………………………… 202

NGOとは何か（202）　市民社会，市民社会組織（CSO）とは何か
（202）　国際CSO，北のCSO，南のCSO（204）　CSOはなぜ注
目されてきたのか（205）

2 CSOの開発活動 ……………………………………… 206

慈善・救援から長期的開発，そして人権ベース・アプローチへ
（206）　開発活動における南北のCSOの役割（207）

3 CSO のアドボカシー活動 ···················· 208

アドボカシーとは（208）　SDGs をめぐるアドボカシー（208）　ODA
をめぐるアドボカシー（209）

4 市民社会による国際協力の 4 つのチャレンジ ··············· 210

CSO の効果・透明性とアカウンタビリティ（210）　市民社会スペース
（211）　ODA 機関とのパートナーシップと DAC 市民社会勧告（213）
南北 CSO の対等なパートナーシップ（216）

5 CSO の今後 ······················· 217

第 11 章　企業による国際協力 ··················· 219

本章の問い（221）

1 開発とビジネスの相互接近 ···················· 222

三方良し（222）　1% と 99%（222）　開発とビジネスの相互接近
（223）　BOP ビジネスの「発見」（225）　開発とビジネスの融合
（227）

2 倫理的消費者運動とボイコット ···················· 228

パーム油とキットカット（228）　フェアトレードと児童労働（230）　ス
マートフォンと紛争加担（231）　ラナ・プラザ崩壊の世界史的意義
（232）

3 SDGs とサプライチェーン・マネジメント ············· 234

サプライチェーン上の倫理的リスク（234）　ESG 投資家の圧力（236）
追い風としての SDGs（237）　社会的営業許可という概念（238）

目 次　xiii

第 III 部　国際協力の未来

第 12 章　世界の国際協力潮流 ･･････････････････････････ 243

本章の問い（245）

1　国際協力のあけぼの ･･････････････････････････････ 246

SDGs の幅広さ（246）　国際協力前史（246）　途上国の誕生（247）
南北問題の「発見」（248）　主権国家システムの世界的拡大（249）

2　冷戦下の国際協力──構造主義から構造調整へ ･･････････ 249

ケネディ政権と援助実施体制の整備（249）　構造主義と近代化論
（250）　新国際経済秩序（NIEO）（252）　新古典派経済学の興隆と
政策転換（252）

3　開発概念の広がり ･･････････････････････････････････ 253

構造調整とその反作用（253）　社会開発（254）　人間開発（255）
環境と開発（256）

4　開発と政治 ･･････････････････････････････････････ 257

ガバナンス（257）　平和構築（258）　開発と安全保障の接近（258）

5　MDGs と SDGs ･･････････････････････････････････ 259

MDGs のコンテキスト（259）　激変する国際環境（260）　SDGs の
仕組みと国際環境（261）　国際協力の歴史と未来（261）

第 13 章　日本の国際協力潮流 ･･････････････････････････ 263

本章の問い（265）

1　日本の ODA の特徴 ･･････････････････････････････ 266

アジア重視の配分（266）　経済インフラと借款の高い構成比（266）

2　ODA 後発国からトップ・ドナーへ ･･････････････････ 269

日本の ODA の特徴を生んだ背景（269）　経済成長，貿易摩擦とトッ

xiv

プ・ドナーへの道（270）　援助理念の要請と 1992 年 ODA 大綱（271）　2003 年 ODA 大綱と人間の安全保障（272）

3　開発協力大綱と現在の日本の国際協力 …………… 273
遅れてきた「援助疲れ」と 2015 年開発協力大綱（273）　2023 年開発協力大綱の特徴①——弾みがつく「援助の安全保障化」（275）　2023 年開発協力大綱の特徴②——ヒモ付き援助の進化形としてのオファー型支援（277）　私たちの開発協力（279）

第 14 章　どのような社会をめざすのか …………… 281

本章の問い（283）

1　社会的連帯経済とは ……………………………… 284
「社会的連帯経済」概念と定義（284）　国連総会での社会的連帯経済の推進決議（286）　国際協力の文脈における社会的連帯経済の役割（287）

2　多様な経済とこれからの目標 …………………… 289
多様な経済（289）　ウェルビーイングとは（293）　ポスト SDGs と Beyond GDP（294）

3　あなたが考える国際協力 ………………………… 296
豊かさの再考（296）　社会課題の解決に携わる若者たち（297）　多文化共生社会における国際協力（298）

引用・参考文献 ……………………………………………… 301
索　引 ………………………………………………………… 319

※ ウェブサポートページ *※*
各章の予習課題などを提供しています。ぜひご活用ください。

https://www.yuhikaku.co.jp/yuhikaku_pr/y-knot/list/20016p/

序 *Chapter* 章

国際協力と世界

1 世界の生活水準格差

　日本に住む私たちの生活は，一般に豊かで平和である。自然災害に見舞われた場合などを除けば，死の危険や暴力に襲われることはまずない。また仮に災害に遭ったとしても救急措置や避難設備を期待できるし，傷病に対する医療保険も完備されている。

　日常生活も豊かである。食事は穀物のみならず，肉や魚でタンパク質を摂るのが普通であるし，野菜や乳製品も容易に手に入る。

　しかし，世界の約80億人の人口のうち約7億人はこのような豊かで平和な生活を営んでいない。彼ら・彼女らは，低所得や高価格のため穀物が十分に手に入らなかったり，肉や魚ではなく豆などを中心にタンパク質を得ていたりする。下の写真で示したような，弱い建材で作られた住居に住んでいたりすることから災害に対する備えが十分とはいえず，ひとたび災害や傷病に見舞われると，肉体的苦痛や所得源の喪失，資産価値の目減りといった大きな損害を被る。そしてそれらを補償する保険などの制度（**セーフティ・ネット**と呼ぶ）が整備されているわけではない。

竹や草（ジュート）の茎の芯で作った家の壁の前でミーティングを行うバングラデシュの女性たち（2012年，筆者撮影）

　このように，日本などの高所得国に住む人々と，写真で示したバングラデシュなどの低所得国に住む人々の間には，生活水準，（災害などの）リスク予防や対

処に関して，大きな隔たりがある。

2 格差が生じた歴史的経緯
植民地化

現在の高所得国は，シンガポールやカナダ，韓国そしていくつかの中東の国々を除き，かつて他国を植民地支配した経験を有している。対照的に，現在の低所得国のほとんどは，過去に他国に植民地支配された国々である。

大航海時代と呼ばれた15世紀半ばから17世紀，スペイン，ポルトガル，オランダ，イギリス，フランスなどヨーロッパ諸国の人々がアメリカ大陸，アフリカ，アジアなどに渡航を始めた。その頃，ヨーロッパの人々とアジア，アフリカ，アメリカの人々との間には技術や知識の面で一定の格差が生じていた。地理・歴史学者のジャレド・ダイアモンドは，1532年にスペイン人征服者ピサロとインカ帝国の皇帝アタワルパが現在のペルーで戦ったとき，スペイン側の兵力は168人で，インカ側は8万人いたにもかかわらず，スペイン側には銃と火薬があり，馬があり，インカ側がもっていた石や青銅製の武器では太刀打ちできなかったため，スペイン人がインカの人々を容易に征服してしまったと説明している（Diamond [1997]）。さらにスペイン人たちは意図せずして，ヨーロッパではすでに広まっていた天然痘ウイルスをアメリカ大陸にもち込み，数多くの先住民が天然痘で命を落とすこととなる。

同様に大航海時代から産業革命が始まる18世紀後半までの間に，ヨーロッパが他の地域（とくにアジア）より進んだ知識・技術を発展させたことを**大分岐**（Great Divergence）と呼ぶ（Pomeranz

[2000])。技術や武力，富の蓄積に関する優位性をもったヨーロッパは，他国を支配しはじめる。支配の方法としては，自国民を定住させる（植民），自国に有利な条件で取引をさせる，あるいは武力を用いるなどさまざまであった。1542 年にスペイン人キリスト教聖職者のラス・カサスが書いた『インディアスの破壊についての簡潔な報告』は，スペイン人征服者が，現在のアメリカ南部から中米，カリブ海諸国，南米のスペイン支配地域において，金品の強奪，罪のない人々の虐殺，拷問，強姦を，広範囲に，かつ数えきれないほど多く行ったことを記録している（las Casas [1552]）。聖職者ラス・カサスにとって，同胞がキリスト教の精神からあまりにかけ離れた残虐行為を住民に対して行っているのをみるのは堪えがたいことであった。

　1600 年にイギリス東インド会社，1602 年にオランダ東インド会社が設立され，ポルトガルに続いてオランダ，イギリス，そしてフランスがアジアに進出していく。そしてアジアの香辛料等の商品を得るために，しばしば暴力的に，現地経済を**モノカルチャー**（単一作物生産）化した（Acemoglu and Robinson [2012] Chapter 9）。

　日本で徳川幕府が成立し，それが明治維新で終わる 300 年弱の間（1603〜1868 年），アジアではヨーロッパ諸国が**植民地支配**を強めていく。イギリスはインド亜大陸（現在のインド，パキスタン，バングラデシュなど）と現在のミャンマー，スリランカ，マレーシア，シンガポールを支配下に置き，フランスは現在のカンボジア，ベトナム，ラオスに進出した。タイはイギリスやフランスに領土を割譲しつつも独立を保った。インドネシアはオランダに支配され「蘭領東インド」と呼ばれた。フィリピンは，世界一周で有名なマゼラン（しかし彼自身は世界一周の途中で死去）が到着して以来スペインの支

配を受け，当時のスペイン皇太子，後のスペイン王フェリペ2世の名にちなんで国名を「フィリピン」とされた。1898年の米西戦争でスペインがアメリカに敗れたことにより，その後は米領となる。ポルトガルは，現在の東ティモール，中国のマカオ，インドのゴアに支配地を残すのみとなる。ヨーロッパ諸国とアメリカは，他国を支配下に置き，自国の拡張を図る**帝国主義**を押し進めていく。

アフリカもヨーロッパ人に「発見」された後，利用され，収奪されていく。最も象徴的な収奪は，**奴隷貿易**である。1200万〜2000万人もの規模のアフリカ人が自由を奪われ，他人の所有物とされた（Meyer［1986］，宮本［1997］）。移動先はアメリカ大陸・カリブ諸国が中心で，主に農業生産労働者として利用された。大西洋を移動する際，すし詰め状態の船のなかで命を落とす人も多かった。その航海を生き残ってアメリカ大陸で奴隷とされた人々が，現在アメリカ大陸やカリブ諸国で暮らすほとんどのアフリカ系の人々の祖先である。

さらにヨーロッパ諸国はアフリカ支配を進めた。イギリスはエジプトから東アフリカを通って南アフリカまでを支配することを企図し，フランスは主に西アフリカに版図を広げた（岡倉［2010］，松田［1997］）。1884〜85年にはドイツで，アフリカ分割に関するベルリン会議が開催され，現在のコンゴ民主共和国の地域をベルギー王の所有とすることなどを内容とした「ベルリン条約」が締結された。この会議にアフリカ人の代表はまったく参加していないことを強調しておきたい。

20世紀に入り，ヨーロッパ諸国の勢力争いは世界戦争へと発展する。第一次世界大戦（1914〜18年）を経て，第二次世界大戦（1939〜45年）が終結すると，多くのアジアの植民地が独立を果た

し，1950年代後半にはアフリカの植民地も独立を始める。

忘れてならないのは，日本も西欧列強と肩を並べようと，植民地を広げた歴史をもっているということである。まず1894年の日清戦争によって台湾を獲得し，1904年の日露戦争では南樺太などを領土とした。1910年には韓国を併合し，第一次世界大戦が始まると，それまでドイツが領土としていたカロリン諸島（現在のパラオやマーシャル諸島，米領グアム島を含む）を占領し，第一世界大戦後はこれらの島々を委任統治領とした（ピーティー［1996］）。さらに1937年からの日中戦争，1941年からの太平洋戦争においては，現在の中国やフィリピン，マレーシア，シンガポール，インドネシア，ミャンマー等に侵攻し，占領した。

1945年に第二次世界大戦が終わるまでに植民地宗主国だった国々は，ドイツや日本のように非常に大きな戦禍を被った国であっても，数年後には戦後復興し，高所得グループに入るほどの発展を遂げた。一方，かつて植民地とされた国々は，シンガポールなどごくわずかな例を除いて，20世紀中は途上国にとどまった。15世紀から始まり，地域ごとに数百年，数十年に及んだ植民地支配は，現在まで続く世界の大きな地理的経済格差の主因と考えられる。

3 格差を縮めることができた国，できなかった国

植民地支配によって生じた大きな経済格差は，第二次世界大戦後の植民地解放と独立によって，縮小への契機を得た。

新しく独立した国々の多くが，自国民の資本を用いて自国民が生産し，自国民（自国市場）の需要に応えることを目指した。このよ

うな自国主導の発展指向を**ナショナリズム**という（古田 [1996]）。
ナショナリズムによって，自国を開発する意気は大いに高まった。
たとえばインドネシアの作家のプラムディヤ・アナンタ・トゥール
は，代表作『人間の大地』において，インドネシア人が宗主国オラ
ンダへの依存心を捨て，ナショナリズムによって主権者としての自
覚を高めることの必要性を訴えている（Toer [1980]）。

　しかし，とくに人口が比較的小さい国の場合，自国資本や自国市
場のみにこだわって生産をするのが得策でないこともあった。アジ
アの**新興工業経済地域**（Newly Industrializing Economies：NIEs）と
呼ばれた韓国，シンガポール，台湾，香港は，海外市場向け生産
（輸出向け生産）に活路を見出し，1960 年代から工業化した。外国
資本（企業）も，必要に応じて導入した。外国資本を導入し，海外
市場に製品を売るのは，経済活動を世界と結びつける**グローバリゼ
ーション**の一部と解釈できる。

　20 世紀後半から 21 世紀初めにかけて，このようなグローバリゼ
ーションの活力を有効に用いた経済発展が，インドネシア，タイ，
中国，フィリピン，ベトナム，マレーシアなど東アジアの国々で観
察された。これらの国々と欧米高所得国の経済格差は現在までにか
なり縮まってきている。これを**大収斂**（Great Convergence）と呼ぶ
（Baldwin [2016]）。

　一方世界には，まったく発展がないとはいわないまでも，欧米高
所得国との格差が縮小するほどには発展していない国々も多い。国
連の分類として**後発開発途上国**（Least Developed Countries：LDCs）
がある。表序-1 に列挙された 45 カ国の LDCs は一般に 1 人当たり
国民所得が低く，社会経済開発課題が大きい。45 カ国中 33 カ国が
サハラ以南アフリカに位置する国々である。前述のように第一次世

表序-1　後発開発途上国（LDCs）のリスト

地域	国	地域	国	地域	国
サハラ以南アフリカ	アンゴラ ウガンダ エチオピア エリトリア ガンビア ギニア ギニアビサウ コモロ コンゴ民主共和国 サントメプリンシペ ザンビア シエラレオネ ジブチ スーダン セネガル ソマリア タンザニア	サハラ以南アフリカ	チャド 中央アフリカ トーゴ ニジェール ブルキナファソ ブルンジ ベナン マダガスカル マラウイ マリ 南スーダン モザンビーク モーリタニア リベリア ルワンダ レソト	東アジア	カンボジア 東ティモール ミャンマー ラオス
				大洋州	キリバス ソロモン諸島 ツバル
				南アジア	ネパール バングラデシュ
				中東	アフガニスタン イエメン
				ラ米・カリブ諸国	ハイチ

注：国連後発開発途上国・内陸開発途上国・小島嶼開発途上国担当上級代表事務所による，2023年時点のリストである。「ラ米」はラテンアメリカの略である。
出所：筆者作成。

界大戦（1914〜18年）前までにアフリカは（エチオピア，リベリアを除く）ほぼ全土がヨーロッパ諸国によって植民地化された。植民地化の手段として，経済をモノカルチャー化したり，人々の対立を煽ったりした影響が，今にも残っている場合がある。それらが現在の低い社会経済発展状況に反映されている。

　アフリカ以外のLDCsの多くも植民地支配を経験している。東アジアのカンボジアとラオスは20世紀前半，フランスの植民地だった。東ティモールは，周囲のほとんどがオランダ領東インド（1950年にインドネシアとして独立する）の島々のなかにあって，ポル

トガルの植民地だった。1974 年にポルトガルが撤退した後にはインドネシアの占領が始まり，2002 年にようやく独立を果たす。

　東アジアのミャンマー，南アジアのバングラデシュ，大洋州（太平洋地域）のキリバス，ソロモン諸島，ツバル，そして中東のイエメンの東部と南部は，第二次世界大戦直後は英領だった。カリブ諸国のハイチは，コロンブスが到着した後スペインの支配を受け（las Casas［1552］），17 世紀にはフランスが植民地化した。1804 年にいったん独立を果たすものの，1915 年に今度はアメリカに占領される。1934 年に米軍は撤退するものの，アメリカの干渉は続いた。その後，政情不安は続き，2021 年には現職大統領が自宅で暗殺されるほどに治安が悪化している。

　このように，植民地支配はたとえそれが数十年前に終わったとしても，それまでの長い間，経済・政治・社会の構造に大きく影響を与えているため，それらが発展を妨げる負の遺産として残ってしまっている。

　さらに LDCs のいくつかの国々は，別の試練にも直面している。1 つには自然条件である。西アフリカのチャド，ニジェール，ブルキナファソ，マリ，モーリタニアといった国々は，国土のかなりの部分がサハラ砂漠に位置し，乾燥が厳しいので作物の生育が困難である。バングラデシュやツバルは海抜の低い地域が多く，地球温暖化による海面上昇と，それに伴う海岸・河岸浸食が懸念されている。南アジアのネパール，中東のアフガニスタンは国土の多くが山岳地帯にあり，**内陸国**（landlocked country）なので，対外貿易に困難がある。

　2 つめの試練は，暴力である。暴力には，2022 年 2 月から続くロシアによるウクライナ侵攻のような国家間戦争，既存の政権を軍

序章　国際協力と世界　**9**

が武力で倒すクーデタ，および武装集団が互いに武力で勢力を競う内戦を含む国内紛争，何らかの主張を世に訴えるために暴力を用いるテロリズム，私利私欲や怨恨などに基づく暴力犯罪，などさまざまなレベルのものが包含される（西崎・武内編［2016]）。

2020年以降に限っても，LDCsの国々は**クーデタ**（coup d'etat）を経験した。アフリカではマリ（2020年，2021年），ギニア（2021年），スーダン（2021年），ブルキナファソ（2022年），ニジェール（2023年）において，軍が政権を転覆している。東アジアでも，2021年にミャンマーにおいて，アウン・サン・スー・チーを実質的指導者とする政権を軍がクーデタによって倒した。

このような暴力は，民間人の日常生活を妨害し，偶発的殺傷の危険を高め，さまざまな人権侵害の原因となり，経済活動をも阻害する。ここで留意したいのは，植民地支配の際に植民地宗主国が，植民地の人々の支配を容易にするため，人為的に作り出した対立構造が，現在の紛争の遠因となっている場合があるということである。例として，ルワンダにおいて，宗主国ベルギーの植民地経営の便宜のために「トゥチ」「フトゥ」の名称のもとに人々が分断され，支配・被支配関係を構築されたことが，100万人もの犠牲者を生んだとされる1994年のルワンダ虐殺の要因だったことをあげておく（●第1章）。

小括として述べたいことは，LDCsに代表される現在の低所得国の経済的困難には，植民地支配のような歴史的経緯，過酷な自然条件，治安に関する高い危険度などがあるということである。

4 国際協力の意義

これまでみてきたように,現在の高所得国と低所得国の間には,生活水準や,日常生活に潜むリスクの大きさ,そしてそれへの対処法の充実度といった点で大きな違いがある。このような違いに直面したとき,私たちは格差を縮小するために国際協力(国際協力の定義については「はしがき」を参照)をすべきだろうか。

イギリスの国際開発学者デイビッド・ヒュームは,高所得国が低所得国に対して国際協力することの理由を表序-2で示したような4つの理由に分類している。

「同じ人間としての共感」という動機は,その強弱はあれ,人間として誰しも心の奥底にもっているものだろう。グローバリゼーションによって世界が狭くなった現在,世界の誰かが困難に陥っているのであれば,それを支援するのは道理であるとする考え方である。これは**グローバル正義論**とも呼ばれる(Pogge [2008],神島 [2015])。

2つめにあげた「道義的責任」は,本章前半で示したような歴史的知識があって初めて生まれる動機である。この点については以下でくわしく論じたい。

第3,第4の動機は,いずれも自国の利益になるから国際協力する,というものである。違いは,第4の動機が自国の直接的利益のみに着目しているのに対して,第3の動機は,国際協力する相手国が繁栄して初めて自国も利益を得る,といったメカニズムが働くことを期待している点である。第3動機は,ウィン・ウィン原則と解釈することもできよう。

表序-2 ヒュームによる「高所得国が低所得国を支援する理由」の整理 ─────

	理　由	説　明
1	同じ人間としての共感	困難に直面している人々を支援するのは人間として当然だから
2	道義的責任	現在の途上国の貧困は，先進国が過去に行ったこと（植民地支配等）の帰結だから
3	共通利益	援助を受ける国の繁栄は，貿易や金融等の取引を通じて，援助する国にとって（間接的な）利益になるから
4	自己利益	政府開発援助が，プロジェクトの資材等を援助供与国（途上国に援助を行う国）から調達することや，国連の場における援助供与国の立場への支持などを通じて，援助供与国の（直接的な）利益になるから

注：原典において「同じ人間としての共感」は moral duty と表現され，訳書においては「道徳的義務」と訳されている。
出所：Hulme [2016] Chapter 1 の記述を要約したもの。

　第2動機としてあげられている「道義的責任」について，ここで深く考えてみたい。そもそも，今を生きる私たちに，私たちの先祖が過去に犯したことを償う責任があるのだろうか。

　筆者らも，そしておそらく多くの読者も第二次世界大戦終戦（1945年）以降の生まれであろう。そのころの日本の支配層は，資源獲得等を目的として他国を侵略したり，真珠湾攻撃を仕掛けたりしたわけであるが，後に生まれた私たちは，（タイムマシーンでも使わない限り）何をどう頑張ってもそれらを止めることはできない。それなのにどうして現代人の私たちが，道義的責任を負うことができようか。

　「自分の意思で行ったことにのみ責任を負う」という考え方を**道徳的個人主義**（moral individualism）と呼ぶ（Sandel [2009]）。道徳的個人主義には一定の説得力があろう。自分がしたことに責任を負

うのは当然だ。しかし祖先とはいえ，自分以外の人たちがしたことに自分が責任をもつ必要があるだろうか。

　哲学者のマイケル・サンデルは，道徳的個人主義に異議を唱える。それは，どんな個人も自分の人格形成をいずれかの集団（共同体）のなかで行うことに拠っている。たとえば多くの場合日本人は，日本社会のなかで日本文化の影響を強く受けて，人格や倫理観，価値観を形成する。そして世界のどこに生まれる誰であっても，その地域の文化・社会のなかで人間性を涵養し，常識を形成していく。それが事実であるならば，日本がかつて集団として他の集団に対して行ったことに対して，現在の日本人にも責任の一端があるのではないか，とサンデルは考える。日本がかつて侵略した国々に対して，もっと早く，もっと手厚い補償をしていれば，現在残る格差はもっと早く解消したのではないか。現在の日本の繁栄の一部は，侵略された国の犠牲の上に成し遂げられたのではないか。このように，属する共同体が個人の価値観や個人の責任に影響を及ぼすという見方を**共同体主義**（communitarianism）と呼ぶ（Sandel［2009］，神島［2018］）。

　さらに「道義的責任」は，時が経つにつれて増幅する側面があることを強調しておきたい。第二次世界大戦後の世界の貿易・金融体制は，事実上，当時の先進国がつくり上げた。そしてそれらは現在明らかになっている温暖化や資源枯渇といった環境問題の原因となった。過去から現在までの私たちの行いすべてが，現在の低所得国の経済構造や，それらの国々が直面する環境問題に結びついていることにも，思いを及ぼす必要がある。

　これらをふまえ，私たちはどのような考え方を基礎として国際協

力に携わるべきなのだろうか。ヒュームの整理（表序-2）による「同じ人間としての共感」、「道義的責任」の基礎としては、グローバル正義論、道徳的個人主義、共同体主義をあげた。一方、共通利益や自己利益を理由にして国際協力を行う人もいる（→第13章）。される側からみたら、動機に基づく効果の違いはないのが普通である。相手側は、効果さえ表れれば、協力する側の動機は問わない。

　本書を通読して、読者は国際協力に対してどのような見方を形成するだろうか。答えは人それぞれでよい。書いてあることに賛成するか、反対するか、考えながら読み進めてほしい。

第 **I** 部 *Part*

国際協力の課題別
アプローチ

Chapter

1 暴　　力　平和の課題，開発の課題

2 貧困と不平等　分かち合うことができるか

3 ジェンダー平等　誰かの生きづらさを減らす

4 子どもの権利保障　すべての子ども・若者への支援

5 高齢者と障害者　より豊かな社会福祉の希求

6 保健と感染症　すこやかに生きるために

7 環境と開発　持続可能な発展に向けた国際環境協力

暴力

平和の課題，開発の課題

Chapter 第 1 章

ルワンダ南部にあるムランビのジェノサイド記念館（筆者撮影）

Quiz クイズ

Q1.1 コンゴ民主共和国の武力紛争では，1998年から2004年の間だけで，390万人が亡くなったと推計されている。同じ期間に同国で「戦闘による死者」として統計に記録された犠牲者数は何人だろうか。

a. 1万人　b. 5万人　c. 10万人　d. 100万人

Q1.2 第二次世界大戦後に起こった武力紛争のなかで，国家間戦争はどのくらいの割合を占めるだろうか。

a. 1%　b. 5%　c. 10%　d. 20%

Answer クイズの答え

Q1.1　a.

　1万人。紛争に関するデータとして定評のあるウプサラ紛争データプログラム（Uppsala Conflict Data Program）の UCDP Battle-Related Deaths Dataset version 24.1 によれば，この期間のコンゴ民主共和国の紛争における戦闘関連死者数は 7334 人（最小推計値）〜1 万 2132 人（最大推計値）である。紛争の犠牲者は，栄養不良や疾病が圧倒的に多い。

Q1.2　b.

　5%。1946〜2023 年の武力紛争に関する網羅的なデータ（UCDP/PRIO Armed Conflict Dataset version 24.1）が記録するこの間の紛争総数は 2686 件。このうち紛争主体が 2 つとも政府であった国家間戦争は 143 件で，5.3%であった。第二次世界大戦後の武力紛争のほとんどは，非政府主体を相手にした国内紛争である。

Keywords キーワード

武力紛争，開発，ガルトゥング，個人的暴力，構造的暴力，社会的不正義，主権国家システム，国家建設，平和構築

Chapter structure 本章の構成

- 暴力とは何か
  ガルトゥングを参照し，暴力の定義と区分を行う

- 今日の暴力――主権国家システムとの関連で
  主権国家システムと今日の暴力の関わりを検討する

- 暴力と国際協力
  平和に向けた国際協力の経験を整理する

開発と国家建設の課題

本章の問い

　本章では，今日の世界に蔓延する暴力とそれに対する取り組みに注目する。武力紛争はもちろんのこと，低開発や差別などの社会的不正義も暴力に含めて考える。途上国の開発問題は平和をめぐる問題と表裏一体で，両者の解決は同時に追求されねばならない。これら暴力に関わる問題の根源はどこにあるのだろうか。本章は，根本原因の1つとして，今日世界大に広がった主権国家システムを重視する。主権国家システムは，なぜ途上国の開発や平和をめぐる問題を生み出すのだろうか。そうした問題に対して，どのような国際協力がなされてきたのだろうか。本章では，こうした観点から平和に向けた挑戦とその課題を考えていく。

1 暴力,開発,国際協力

暴力の規模と形態

今日の**武力紛争**は途方もない規模の暴力をともなう。ウクライナやガザの惨状は連日報道されるが,それだけではない。コンゴ民主共和国では,紛争によって 1998 年から 2004 年だけで 390 万人が犠牲になったと推計されている (Coghlan et al. [2006])。同国の紛争は現在もなお続いているが,犠牲者のうち戦闘による死者数はごく一部で,ほとんどは栄養不良や疾病で亡くなった。つまり,**開発**に関わる問題で命を落としたのである。これはコンゴだけでなく,多くの武力紛争に当てはまる。武力紛争の暴力は,開発の成果を無に帰すことで人々の命を奪う。

暴力の形は一様ではない。武力紛争の形を取らずとも,社会が暴力を内包することがある。かつてインドや中国では,女性の人口が男性よりも少なく,その平均寿命は男性より短かった。生物学的にいえば,ヒトの女性は男性より数が多く,平均寿命が長い。女性の人口や平均寿命が男性を下回るという異常事態が国レベルで起こったのは,女性の生活環境が社会的にきわめて劣悪だったからだ (Sen [1990])。児童婚のために未成年のうちに出産を繰り返し,教育や医療面で不利な扱いを受け,過酷な労働を強いられるなど,日々命を削られた結果である。これもまた疑いなく暴力の 1 つの形である。

▷ **暴力と国際協力**

　暴力に対してどのような国際協力が可能だろうか。武力紛争が勃発したとき，国連が調停を試み，平和維持ミッションを派遣し，世界銀行（世銀）や各国ドナー（援助供与国）が戦後復興に協力する。これは，暴力に対する国際協力の例である。かつてのインドや中国のように社会が暴力を内包しているならば，開発を通じた国際協力によって，そうした暴力を引き起こす社会の変革がめざされるだろう。ジェンダー平等，教育の普及，保健医療体制の構築など，広い分野の国際協力がそれに対応している。

　この章では，暴力の形を整理し，その根源的な要因を主権国家システムの世界的拡大という観点から考えるとともに，それに対してどのような国際協力がなされてきたのかをみていこう。

2　暴力とは何か
ガルトゥングを手がかりに

▷ **個人的暴力と構造的暴力**

　暴力の多様な形態を整理するうえで，ノルウェーの平和学者ヨハン・**ガルトゥング**の提示した区分は有益だ。彼は暴力の様態をさまざまな角度から検討したが，とくに暴力を行使する主体が存在する場合と存在しない場合の区別を重視し，前者を**個人的暴力**，後者を**構造的暴力**と呼んだ（ガルトゥング［1991］）。

　この 2 つの暴力概念を理解するために，ガルトゥングがどのように暴力をとらえていたかを説明しよう。ガルトゥングは，「ある人にたいして影響力が行使された結果，彼が現実に肉体的，精神的に実現しえたものが，彼のもつ潜在的実現可能性を下まわった場

合」（ガルトゥング［1991］5頁）に暴力が存在するととらえる。これ
が，暴力一般についてのガルトゥングのとらえ方である。

　暴力といえば，行使主体が明確な「個人的暴力」をさすことが多
い。「個人的暴力」は行為主体が明確な意図をもって行使する物理
的現象だが，ガルトゥングはこれを「肉体的無力化または健康の剥
奪という行為が，行為主体により意図的に行われた場合」（ガルトゥ
ング［1991］）と定義している。この行為は，先の暴力一般の定義に
含まれるが，完全に重なるわけではない。ガルトゥングは，「実現
可能であったものと現実に生じた結果とのあいだのギャップを生じ
させた原因」として，物理的現象に限定せずに暴力をとらえる（ガ
ルトゥング［1991］6頁）。一定水準の達成が十分想定されるのに，
それを顕著に下まわる水準しか実現されないとき，明確な行為主体
や意図がなくとも，そこに暴力の存在を見出す。これが「構造的暴
力」である。

　このように暴力をとらえることで，課題となる問題領域は顕著に
拡大する。喧嘩で人を殴ること，武力紛争の交戦で死傷者が出るこ
と，女性がレイプされること，これらはもちろん暴力である。しか
し，問題はそうした「個人的暴力」にとどまらない。今日なお乳幼
児死亡率が非常に高いとしたら，識字率が著しく低いとしたら，あ
るいは女性の平均寿命が男性より短いとしたら，そこには明らかな
「構造的暴力」が存在することになる。

▷　暴力を広くとらえる重要性

　暴力を多面的かつ広義にとらえるガルトゥングの思想は，重要な
問題提起であった。差別や格差，貧困といった**社会的不正義**を暴力
としてとらえたからである。このとらえ方の妥当性は，黒人差別が

22　第Ⅰ部　国際協力の課題別アプローチ

野放しにされていたアメリカ合衆国や，アパルトヘイト体制下の南アフリカを考えればすぐわかる。1960年代の公民権運動によって事態が変わるまで，アメリカでは事実上アフリカ系アメリカ人への差別が制度化されていた。彼らは政治から排除され，教育や就職で差別され，貧困に喘いでいた。南アフリカの黒人の場合は，差別を正当化するさまざまな法律によって，教育や医療の機会，さらには土地所有権まで奪われていた。こうした社会的不正義を暴力として位置づけることは妥当であろう。

　また，暴力の2つの側面を明確化することで，相互の連関や重なりが明瞭に理解できる。植民地や帝国の支配を考えればわかるように，顕著な「構造的暴力」のきっかけはしばしば直接的な暴力にある。また，20世紀前半のアメリカで白人による黒人のリンチが頻発した事実は，著しい「構造的暴力」のもとで「個人的暴力」が蔓延することを示す。ガルトゥングが暴力の2つの側面を指摘するのは，両者を分けるためというより，両者のつながりを考えるためなのだ。

▷ 消極的平和と積極的平和

　暴力の2つの側面をふまえて，ガルトゥングはめざすべき目標である平和についても2つの側面を区別する。「個人的暴力」の不在と「構造的暴力」の不在である。彼は前者を**消極的平和**，後者を**積極的平和**と呼ぶ。実践的な観点でいえば，前者は武力紛争が起こっていない状態であり，後者は社会的な不正義が是正された状態をさす。そして，これら2つの側面に優先順位をつけず，双方を追求することが平和研究の課題だとガルトゥングは主張した（ガルトゥング［1991］52頁）。

こうしたとらえ方は，暴力と平和を開発と関連づけて理解する重要性と意義を明らかにする。実際，ガルトゥングは，平和研究が紛争研究だけでなく開発研究とも密接に結びつく必要があるとし，「前者は『消極的平和』と，後者は『積極的平和』とより密接に関係しているが，それらはきわめて重要な部分で重複している」（ガルトゥング［1991］45頁）と指摘する。貧困や飢餓の解消，ジェンダー平等，不平等の是正といった持続可能な開発目標（SDGs　◯第12章）に含まれる課題は，平和の課題でもあるのだ。

3 今日の暴力
主権国家システムとの関連で

▷ 主権国家システムとは何か

　私たちが目にする暴力にはさまざまな形態がある。ここでは，**主権国家システム**という視角から今日の暴力を整理したい。国際協力を考える本書の目的に照らして，この視角は有益な分析枠組みになりうる。

　今日私たちは，南極を除く世界の陸地が国境線によって整然と切り分けられた世界に生きている。国境線によって区切られているのは，世界に200程度存在する主権国家の領域である（未承認国家や係争地域のことは，ひとまずおく）。主権国家を理論的に特徴づけるのは，対内的，対外的な主権である。対内的な主権とは，国家が国内最高権力をもつことを意味する。マックス・ヴェーバーの有名な国家の定義——「国家とは，ある一定の領域の内部で（中略）正当な物理的暴力行使の独占を（実効的に）要求する人間共同体である」（ヴェーバー［1980］9頁）——は，この点に関わる。対外的な主権

とは，ある国が他国から独立し，他国に従属しないことを意味する。主権平等とか人民の同権と呼ばれるもので，国連憲章では第 1 条第 2 項でこの原則の尊重が規定されている。

▷ 主権国家システムの誕生と拡大

　もちろん現実には，国家が暴力を独占できずに内戦に陥る国や，他国に対して従属的立場に置かれる国も少なくない。しかし今日，内的，外的な主権の原則に支えられた諸国家が世界を覆っているという事実はきわめて重要である。そもそも主権国家システムは，**三十年戦争**の後始末をするなかで 17 世紀ヨーロッパに誕生した（高澤［1997］）。そしてヨーロッパの従属地域が**脱植民地化**するという形で南北アメリカ，アジア，アフリカに主権国家が広がり，結果として，それを単位とするシステムが世界大に拡大したのである。

　20 世紀初めまで，主権国家は強国だけが得られるステータスであり，世界は主権国家とその従属地域から成る階層的な構造をなしていた。しかし，第二次世界大戦後になるとこうした不平等は許されなくなった。1960 年に国連総会決議として採択された「**植民地独立付与宣言**」（United Nations General Assembly［1960］）が典型的に示すように，植民地の保持が非難され，あらゆる植民地が独立して主権国家となることが当然とみなされるようになった。主権国家システムの拡大によって，国際関係から形式的な不平等が一掃されたのである。

▷ 主権国家システムの拡大にともなう問題

　主権国家システム成立の背景には，泥沼の宗教対立となった三十年戦争を終結させるため，内政不干渉原則を確立する意図があった。

第 1 章　暴　力　**25**

隣国の宗教が何であれそれを尊重し，隣国の内政に介入しないということだ。主権国家システムはもともと，戦争を回避するための制度としてヨーロッパに成立したのである。しかし，それは**植民地化**に代表される不平等な権力関係を通じた近代世界の再編過程を通じて，世界大に広がった。そのため，主権国家システムの広がりによって，さまざまな問題が生み出された。それらは大まかに2つに整理できる（山影［2012］）。

1つは，貧困な国家の存在である。アジア，アフリカ，ラテンアメリカ諸国は脱植民地化を遂げたものの，そこには植民地的経済構造のため自立が困難で，国民の多くが貧困状態にある国々が数多く存在した。貧困な国々をどのように経済発展させるかがグローバルな課題となったのであり，「**開発の課題**」といえよう。

もう1つは，政治的に不安定な国家の存在である。新たに独立した国々では，クーデタや武力紛争が相次いだ。アジア，アフリカの独立に際しては，多くの場合，植民地期に設定された行政上の境界線が国境と読み替えられたが，ここに重大な問題が内包されていた。植民地内の行政上の境界線と国境とでは，その意味がまったく異なるからである。国内最高権力をもつ主権国家は，国境で囲まれた領域内のあらゆる事象に影響を与え，住民の生活を変えることができる。そのため，誰が国家権力を握るのかが住民にとって死活的な問題になり，紛争が勃発するケースが増えたのである。

植民地支配の影響は，国境線の問題にとどまらない。それは民族や宗教など現地社会のあり方を大きく変容させ，後にみるルワンダの例のように，しばしば現地社会の分断を深めた。国民統合や**国家建設**，また近隣諸国との関係を複雑化させるこうした諸問題を，ここでは「**国家建設の課題**」と呼ぼう。

◯▷ 「国家建設の課題」が生む暴力

　今日の世界では，いたるところで暴力が観察される。「開発の課題」に関わる「構造的暴力」は，本書の他章でもいろいろな形で取り上げられるだろう。象徴的な数値をあげれば，2022年の1000人当たり乳幼児死亡件数（1歳未満で亡くなる事例）は，日本で1.7であるのに対して，サハラ以南アフリカ諸国の平均は48.6である。2021年の中等学校粗就学率（就学年齢人口を分母とする就学者の割合）は，日本が102.8であるのに対して，サハラ以南アフリカ諸国の平均は44.8である（World Development Indicators による）。こうした格差は，依然「開発の課題」が深刻であることを示している。

　「国家建設の課題」も深刻な暴力を生んでいる。2022年に始まったロシア・ウクライナ戦争の根本要因の1つは，主権国家ウクライナの存在をロシアが安全保障上の脅威ととらえていることである。背景にあるのは，1991年のソビエト連邦崩壊にともなって，当時の行政区画を国境線として，ウクライナをはじめ連邦構成共和国が独立したことである。同じ連邦内の共和国の境界線と主権国家の国境とでは，安全保障上の位置づけがまったく異なる。ジョージア，アルメニア，アゼルバイジャンなど旧連邦構成共和国では，国境線や領域の帰属をめぐる紛争が続発している。

　イスラエルとパレスチナのハマスとの戦争は2023年10月のハマスによる奇襲攻撃が発端となったが，もとよりそれは長年にわたるイスラエルのガザ，ヨルダン川西岸地域に対する占領政策の結果である。そして，紛争の起点には，ユダヤ人に主権国家を与えた1947年の国連決議がある。イスラエルの建国は，祖国が滅亡した後に各地に離散したユダヤ人が起こしたシオニズム運動と，第二次世界大戦やナチスドイツのホロコーストなどの国際情勢の影響を受

けて実現した。パレスチナ人からみれば，イスラエルという主権国家が押しつけられたわけであり，悲劇の根源には主権国家と「国家建設の課題」がある。

アフリカで頻発する武力紛争は，「国家建設の課題」の典型例である。アフリカ諸国は，植民地列強によって恣意的に区切られた国土を前提として国家建設を進めざるをえず，国民統合は困難をきわめた。今日アフリカで主権国家として存立している領域の多くは，植民地化以前の自生的な国家形成とまったく関係がない。独立を勝ち取り，主権国家となった後に，住民は国家運営のルールを一からつくりあげねばならなかった。ナイジェリアのビアフラ戦争（1967～70年）や，コンゴ民主共和国のコンゴ動乱（1960～65年）は，新たな主権国家の運営をめぐる政治闘争のなかで起こった悲劇だった。

植民地支配は，現地社会を大きく変容させた。現在のルワンダの領域は，植民地化以前に自生的に形成された伝統的王国の領域からあまり乖離していない。しかし，国家を担う人々の関係は植民地期に大きく変わった。人口の多数を占めるフトゥ人と少数を占めるトゥチ人は言語，宗教，居住地に違いがなく，植民地化以前の両者の関係は，民族というより社会階層に近かった。統治者側にトゥチ人が多く，被統治者側にフトゥ人が多かったものの，豊かで多数のウシを所有すればトゥチと呼ばれ，ウシを失って貧しくなればフトゥと呼ばれるといった具合に，個人のアイデンティティが2つの集団を移動する場合もあった。

しかし，植民地期の統治政策の結果，トゥチ人とフトゥ人の関係は大きく変化した。ルワンダを支配したヨーロッパ人は，現地の統治制度を通じて植民地支配を進める**間接統治**政策を採用したが，その際にトゥチ人を「支配する人種」，フトゥ人を「支配される人種」

28　第Ⅰ部　国際協力の課題別アプローチ

とみなして，その支配・従属関係を強化し，再生産したからである。2つの集団は固定化され，身分証明書にはトゥチ人かフトゥ人かの帰属が書き込まれた。教育や就業ではトゥチ人が優先され，地方行政の長であるチーフやサブチーフからフトゥ人が排除された。こうしてつくられたトゥチ人の支配に反発したフトゥ人は，独立が近づくと政党を結成してトゥチ人に対抗するようになった。

　両者の緊張は植民地期末期（1959 年）に武力衝突へと発展し，紛争で敗者となったトゥチ人は祖国を追われて難民化した。後述するように，難民となったトゥチ人は，約 30 年後にゲリラ組織を結成してルワンダに侵攻する。その帰結が 1994 年の**ジェノサイド**（集団殺害）であった（武内 [2009]）。

　貧困にせよ，紛争にせよ，複数の要因が組み合わさって起こる現象であり，主権国家の拡大がすべてを説明するものではない。とはいえ，第二次世界大戦後に世界が主権国家で覆われたとき，「開発の課題」と「国家建設の課題」が立ち現れ，それが国境を越えて行われる協力——国際協力——の前提をなしたことに留意しておきたい。

4　暴力と国際協力

　世界に蔓延する暴力を前にして，何かできることはないだろうか。こうした観点から，国際的な支援や取り組み，すなわち国際協力がさまざまな形で試みられてきた。ガルトゥングのいう暴力の区分に沿って考えれば，「構造的暴力」に対する国際協力は，比較的早くから実施されてきた。「**南北問題**」という言葉が人口に膾炙し，「国

第 1 章　暴　力　**29**

連開発の 10 年」が制定され，先進国の協力組織である**経済協力開発機構**（OECD）が設立され，そこに途上国支援を専門に扱う**開発援助委員会**（DAC）が設置される（●第 8 章）。これらはいずれも 1960 年代の出来事である。この時期から，途上国の貧困を軽減し，経済成長を促進するための国際協力が本格的に開始された。

構造的暴力をターゲットとした国際協力については他章に譲り，本節では主体をともなう「個人的暴力」——つまり武力紛争への対応を目的とした国際協力について検討しよう。

▷ 冷戦終結後の展開

すでに述べたように，アジアやアフリカで脱植民地化が進み，主権国家システムが世界大に広がると，クーデタや武力紛争が相次いだ。「国家建設の課題」が顕在化したのである。第二次世界大戦後の武力紛争のほとんどが途上国で起こり，そのほとんどは国内紛争であった。

構造的暴力をターゲットとする国際協力が 1960 年代から組織的に展開したのとは対照的に，国家建設や紛争解決に資するための国際協力が本格的に展開しはじめるのは 1990 年代のことである。冷戦期の世界は，そうした取り組みをほとんど進められなかった。**国連平和維持活動**（PKO）が細々と行われていたが，活動内容のほとんどは停戦監視であり，国家建設に深く関わるものではなかった。

冷戦の終結は，途上国で頻発する武力紛争の解決に向けた取り組みを活発化させた。米ソ対立のため麻痺していた国連の紛争解決能力が，冷戦終結によって活性化すると期待されたからである。そうした期待を背景にして，国連事務総長ブトロス・ブトロス - ガリは，1992 年，国連平和活動に関する文書『平和への課題（Agenda for

Peace)』を安全保障理事会に提出した。

この文書では，武力紛争のさまざまな段階に即して，解決のために国連が果たすべき役割が論じられた（United Nations [1992]）。具体的には，緊張が高まった際に紛争へのエスカレーションを防止する「予防外交」，敵対する当事者に，軍事力を用いず国連憲章第6章で規定された手段で関与する「平和創造」，加盟国提供の軍や警察の部隊を介在させる「平和維持」，紛争の再発を防ぐ社会をつくる「紛争後の平和構築」の4つである。なかでも注目されたのは，平和維持と平和構築であった。

冷戦期の国連 PKO は数が少なく，活動もほぼ停戦監視に限定されていた。しかし，こうした状況は冷戦終結以降一変した。派遣数が急増し，選挙実施をはじめ，国家建設を担う任務が含まれるようになった。日本が初めて参加した国連 PKO の名称は「国連カンボジア暫定統治機構（UNTAC）」で，まさに紛争後の移行期における「暫定統治」の機能を有した。この時期，国連 PKO が量的に拡大しただけでなく，質的にも変容して，和平合意の履行促進や紛争後の国づくりに深く関与するようになったのである（上杉 [2004]）。

ルワンダにおける国連 PKO の失敗

1990 年代は国連の平和活動——とりわけ PKO——への期待が高まり，派遣数が増大したが，さまざまな挫折も経験した。とくに，その後の議論に大きく影響した事例として，ルワンダがある。

ルワンダでは，1990 年 10 月に北隣のウガンダから反政府武装勢力「ルワンダ愛国戦線（RPF）」が侵攻し，内戦状態となった。RPF の中核は人口的少数派のトゥチ人で，彼らは植民期末期の紛争で国外に放逐され，周辺国で難民生活を送っていた。ウガンダ

のトゥチ人難民を中心に RPF が結成され，同国ムセヴェニ政権の支援を得て祖国に侵攻したのである。当時ルワンダを統治していたのは，1973 年にクーデタで権力を握ったジュベナル・ハビャリマナで，彼の一族が政権与党を含めて政治経済を支配していた。

　RPF の侵攻を受けて，フランスと隣国ザイール（現コンゴ民主共和国）がハビャリマナ政権を支援するために派兵した。フランスの大統領フランソワ・ミッテランはハビャリマナと懇意で，侵攻の報を受けて即座に派兵を決めたという。内戦は膠着し，国連や主要国による調停が行われた結果，1993 年 8 月に RPF とハビャリマナ政権間に和平合意（アルーシャ協定）が締結され，国連が平和維持ミッションの国連ルワンダ支援団（UNAMIR）を派遣することになった。

　しかし，この和平合意は緊張緩和をもたらさなかった。アルーシャ協定に盛り込まれた権力分有規定に，政権内急進派が猛反発したからである。内閣や議会，軍などのポストを分け合う権力分有合意が実行されれば権力を失うと考えた急進派は，協定の破棄を画策した（武内［2004]）。RPF は植民地期のようなトゥチ人による支配を狙っているとして，急進派は RPF をトゥチ人に結びつけて敵意を煽り，ラジオなどのメディアを大衆動員に利用するとともに，民兵を組織して暴力を準備した。展開した UNAMIR に対しても，RPF の味方だと敵意を向けた。

　緊張が高まるなか，1994 年 4 月 6 日夜，ハビャリマナ大統領の搭乗機が撃墜される事件が起こった。この暗殺事件の犯人は現在も不明だが，急進派は RPF の犯行だと決めつけ，報復として「RPF の支持者」であるトゥチ人を抹殺するよう呼びかけた。

　大衆をトゥチ人の殺戮に駆り立てる一方で，急進派は自分たちの政治目的遂行のためにも暴力を利用した。アガト・ウィリンジイマ

ナ首相など，アルーシャ協定に賛成するフトゥ人エリートを殺害したうえに，UNAMIR の中核として首相を護衛していたベルギー兵10 名を拉致し，拷問のうえ殺害したのである。急進派の意図は，トゥチ人であれフトゥ人であれ，RPF との権力分有に賛成する者は殺戮の対象とし，また国連 PKO を撤退させることだった。ベルギー兵殺害の報を受けた UNAMIR 部隊派遣国は動揺し，結局 4 月21 日，UNAMIR はジェノサイドが進行中のルワンダから事実上撤退した。当時 UNAMIR の施設内には数多くのトゥチ人が避難していたが，撤退とともに彼らは虐殺された。

▷ 国連 PKO の挫折と変容

　大量殺戮の最中に犠牲者を見殺しにした UNAMIR は，国連PKO の明白な失敗である。その後，1998 年には，1994 年当時に国連の PKO 局長だったコフィ・アナン事務総長やビル・クリントン米大統領が首都キガリを訪れて謝罪した。1990 年代にはこの他にも，内戦と飢餓に苦しむ人々を救おうと介入したものの，現地武装勢力と紛争状態になって結局撤退したソマリアの事例や，PKOの保護地域で大量殺戮（スレブレニツァの虐殺）を許したボスニア・ヘルツェゴビナの事例など，PKO の失敗が相次いだ。

　こうした失敗を受けて，2000 年代以降，国連 PKO の性格は変化した。重要な点として，活動の原則が「**中立**（neutral）」から「**公正**（impartial）」に変わったことがあげられる。冷戦期の国連PKO の原則は中立であった。それは，紛争当事者の間に立って，停戦や和平合意履行を監視する役割に即した原則であった。しかし，ルワンダの事例は，中立の立場が時に問題をはらむことを示した。紛争当事者の一方が，ジェノサイドのような「許されざる罪」を犯

第 1 章　暴　力　**33**

しているとき，それを止めるよう動くべきではなかったか。これが
ルワンダの教訓であった。国連の平和維持ミッションは中立に固執
せずに，公正原則に照らして適切な方向づけをすべきだ，という考
え方は，1990年代の反省をふまえて刊行された『ブラヒミ報告』
（United Nations [2000]）で提示された。

　公正の原則に立つならば，必要な場合には武力行使を躊躇しない
ことになる。ブラヒミ報告では，国連PKOに必要な改革として，
活動任務の明確化や部隊の強化が謳われた。実際，報告刊行と前後
して国連PKOは総じて大規模化し，国連憲章第7章のもとで武力
行使の権限が認められるようになった。さらに，コンゴ民主共和国
東部に導入された「介入旅団（Force Intervention Brigade：FIB)」の
ように，武力行使を前提とした部隊まで登場した。近年の国連
PKOでは，武力行使の機会が明らかに増加している。

▷　平 和 構 築

　1990年代に活発化したのは，国連PKOに限らない。国連以外
のアクターの重要性が増し，平和維持に限らず平和に向けた国際協
力が広がった。その代表は，平和構築活動である。平和構築は，
『平和への課題』で注目されるようになった取り組みで，『ブラヒミ
報告』では，「平和の基礎固めをし，その基礎のうえに単なる戦争
の不在以上の何かを打ち立てる道具を提供するために，敵対行為が
停止した後で取り組まれる活動」（United Nations [2000] para. 13)
と定義されている。「消極的平和」にとどまらず，紛争を再発させ
ない国家や社会をつくるための活動といえる。

　先にあげたカンボジアのように，国連PKOが平和構築活動を行
う場合もあるが，この時期には，政府開発援助機関やNGO（非政

34　第Ⅰ部　国際協力の課題別アプローチ

府組織）など文民（軍人でない者）の援助機関による平和構築活動が活発化した。ブレア政権期のイギリスや世界銀行はとくに熱心だったし，日本の国際協力機構（JICA）も2001年にガイドラインを出し，本格的に平和構築事業に参入した（国際協力事業団国際協力総合研修所［2001］）。

平和構築の具体的な取り組みとして，**武装解除・動員解除・再統合**（Disarmament, Demobilization and Reintegration：DDR）や**治安部門改革**（Security Sector Reform：SSR）があげられる。DDRとは，紛争に従事した元戦闘員の武装を解除し，指揮命令系統を解体して，社会復帰させる取り組みである。SSRは，軍や警察など治安部門をより民主的に機能するための改革である。いずれも紛争再発リスクを下げることを目的としている。こうした取り組みに，国際機関や政府開発援助機関が続々と参入した。

DDRにせよ，SSRにせよ，紛争が再発しない国づくりに資するための活動で，安全保障や国家建設に関わる国際協力である。開発援助機関による平和構築への参入は，開発と安全保障の接近といえる。主権国家システムの世界的拡大とともに，「開発の課題」と「国家建設の課題」が出現したのだが，国際協力の関心は長い間主として前者に向けられてきた。開発援助機関の平和構築事業への参入は，2つの課題にともに取り組む体制構築への一歩と評価できる。

5 開発と国家建設という課題

本章では，暴力を広義にとらえる必要性，そして暴力と社会的不正義，また開発と国家建設の深い関連について述べた。新たに主権

を獲得した国々では，低開発を含む社会的不正義が蔓延し，国家建設の過程で暴力が喚起されてきた。1990年代以降の国際協力で，開発と国家建設が同時に追求されるようになったのは正しい方向である。

とはいえ，問題解決は簡単ではない。2021年8月30日，アメリカはアフガニスタンを撤退した。2001年にアメリカ同時多発テロ事件の報復としてアフガニスタンを攻撃し，タリバン政権を崩壊させて以来，アメリカと西側諸国はアフガニスタンの国家建設を支援するために巨額の援助を投入してきた。しかし，その努力は結局実らなかった。外部主導の国家建設は成果を上げなかったのである。

国づくりは当事者がコミットすることでしか成功しない。とはいえ，先進国が長い年月をかけてきた国家建設の取り組みに，途上国が短期間で対応し，暴力を抑制するという課題に当事者だけで取り組むことは困難だ。どのような国際協力が可能なのかを考えることが，私たちに求められている。

⁄⁄⁄ Report assignment　レポート課題 ⁄⁄

1.1　途上国の紛争を1つ取り上げ，そこに「開発の課題」や「国家建設の課題」がどのように関わっていたかを調べなさい。

1.2　本章でも利用したウプサラ紛争データプログラム（UCDP）では，武力紛争や和平合意に関する多くのデータベースを公開している。そのうち何か1つを利用して，紛争や和平合意の具体的な姿がわかるようなレポートを書いてみよう。

36　第I部　国際協力の課題別アプローチ

貧困と不平等

分かち合うことができるか

Chapter 第 2 章

バングラデシュの首都ダッカのスラムと高層ビル（2009年，山形辰史撮影）

Quiz クイズ

Q2.1 国際労働機関（ILO）の推計によると，2023年，ワーキングプア（仕事についているものの，所得は国際貧困線以下の人）は全世界で何万人くらいいるだろうか。
a. 4500万人　b. 1億2300万人　c. 2億4100万人
d. 4億5000万人

Q2.2 世界銀行の報告書によると，気候変動により2050年までに何万人が国内移住を余儀なくされる懸念があるだろうか。
a. 2800万人　b. 6700万人　c. 1億2300万人
d. 2億1600人

Answer クイズの答え

Q2.1 c.

2億4100万人。地域差が大きく, 半数以上の1億4500万人がサハラ以南アフリカに居住している (United Nations [2024])。

Q2.2 d.

2億1600万人。うち, サハラ以南アフリカで8600万人, 東アジア・太平洋で4900万人, 南アジアで4000万人。気候変動の原因への関与が最も小さい貧困層が, 最も深刻な影響を被る (Clement et al. [2021], 世界銀行 [2021])。

Keywords キーワード

絶対的貧困, 相対的貧困, ケイパビリティ・アプローチ, 極度の貧困, 社会的排除, 多次元貧困, 脆弱性, 所得格差, 垂直な不平等, 水平な不平等, 国家間格差, 国内格差

Chapter structure 本章の構成

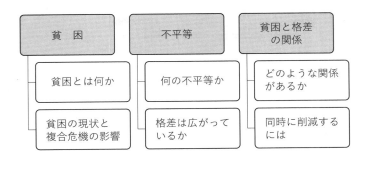

本章の問い

　国際協力に携わる多くの組織や人々が，第二次世界大戦後80年近く途上国における貧困撲滅に取り組んできたが，この目標は達成できていない。それはなぜだろうか。また，2020年代に入り，気候危機，新型コロナウイルス（COVID-19）感染症拡大，ロシアによるウクライナ侵攻，生成AIの普及といった，世界全体に影響する危機や変革が起きている。貧困と不平等（格差）の問題は，これらの出来事からどのような影響を受けているのだろうか。さらに，貧困と格差を同時に減らすことは可能なのだろうか。

1 貧　困

▷ **貧困とは何か**

　貧困と聞いて，何を思い浮かべるだろうか。筆者にとっては1993年インドのカルカッタ（当時）で会った男性であり，その直後に訪れた日本のある地区でもあり，25年後にパキスタンで話しかけた女性でもある。インドで出会った物乞いの男性プラサド（仮名）は，象のように太く腫れあがった足をさらけ出して，働くことはおろか歩くことすらできないのだからお金を恵んでほしいと言った。1993年の日本のある地区では，当時，世界第二位の経済大国にもかかわらず食べることに困っている人々がいることを知った。パキスタンの女性，シャイスタ（仮名）は，夫に毎日のように暴力を振るわれていたが離婚はできず，小さな子ども2人のほかに家族はおらず，相談できる人も1人もいなかった。本章は，これらの人々を思い浮かべながら書いている。

　貧困とは，お金がないことだけではない。現在のイギリスの貧困研究を代表する研究者・活動家であるルース・リスターは，貧困とは何かを考える際に，貧困の概念，定義，測定基準を区別する重要性を説く（リスター [2023]）。**貧困の概念**とは，そもそも貧困が何を意味するかを示すものである（次項で詳述）。それに対して**貧困の定義**とは，何が貧困で，何が貧困でないかを区別する役割をもつ。そして**貧困の測定基準**は，定義を利用して貧困層を特定し，計測することを可能にする。貧困の概念を考えずに，定義や測定のみに着目してしまうと，貧困の測ることができない側面や貧困層自身の考

えを含めずに技術的な議論に陥り，貧しさの本質を見落とす可能性がある。慢性的な貧困下で暮らすある人は，貧困とは「一歩踏み外したら終わりな毎日が続くこと」，別の人は「希望がまったく持てないこと」と述べたという（リスター［2023］23頁）。

▷ 貧困の概念

貧困の概念は時代により変遷し，拡大している。国際協力の分野においても，貧困を金銭・物質面の欠乏のみととらえるべきではない，という指摘が30年前からなされている。国連開発計画（UNDP）は1990年に最初の『人間開発報告書』を刊行した際に，所得以外の重要な価値として，栄養，保健サービス，知識，生計手段，労働環境，犯罪や暴力からの安全，余暇，コミュニティでの活動への参加などをあげた。貧困を特集した1997年の『人間開発報告書』は，貧困が多様な側面をもち，所得，基本的ニーズ（教育，保健医療，雇用や参加のニーズを含む），能力という3つの視点でとらえられることを示した。

この貧困概念には，『人間開発報告書』創刊チーム特別顧問であったパキスタンの経済学者マブーブル・ハクと共に**人間開発**という概念を考案した，インドの経済学者アマルティア・センのケイパビリティ・アプローチ（後述）が大きく影響している。センは，たとえ所得は十分でも，人々が置かれている状況によって，自身にとって必要なものを選択することができないという「能力の欠如」によって貧困に陥ることがあることを指摘した。

世界銀行は60カ国に住む6万人以上の貧困層の声をまとめた『貧しい人々の声』という報告書を作成した（Narayan et al.［2000］ほか）。当事者の声を反映し，世界銀行は，貧困とは所得や消費が

低いだけではなく，教育，健康，栄養，その他の人間開発の達成度の低い状況を差し，影響力や発言力がないこと，脆弱性や不安感なども含むことを示した（World Bank [2001]）。貧困とは単に経済的に貧しいというだけではなく，人間の生活全般に関わっている。貧困には，社会的，政治的，文化的な側面もあり，基本的人権が満たされていない状態も含んでいる。このように，貧困が何を意味するのかは，時代や人々が置かれている社会環境によって異なる。

貧困の定義

　このように多面的な概念をもつ貧困を定義するために，4つのアプローチが提案されている。その4つとは，貨幣アプローチ，ケイパビリティ・アプローチ，社会的排除アプローチ，そして参加型アプローチである。これらを組み合わせて貧困削減を行うことが望ましいとされる（Ruggeri Laderchi et al. [2006]）。

　「途上国」の貧困状況を表す際に最もよく使われるのが貨幣アプローチを使った「絶対的貧困」であり，生活に最低限必要な所得あるいは消費に達していない状況をさす。なお，「相対的貧困」は，特定の集団において他の人々より貧しいかどうかを表す。ケイパビリティ・アプローチは，センの提起する「自分にとって価値がある生を生きることができるか」が重要であるという思想に立脚する。ケイパビリティは，能力または潜在能力と訳されることもあるが，何か価値があることを実現するための選択肢の多さや能力の大きさをさす。この概念を体現した貧困が「人間貧困」である。人間貧困とは，生活に必要な3つの本質的要素（寿命，知識，人並みの生活水準）が剥奪されている状態である（国連開発計画 [1997]）。

　社会的排除アプローチを特徴づける「社会的排除」とは，人々が

社会への参画を阻まれたり社会が提供する便益を受けられなかったりする状態をさす。福祉制度が整った「先進国」においても，それぞれの人々が十分な配慮を受けず，周縁化されてしまっているとしたら，それも「1つの貧困」と位置づけるべきである。このように社会的排除アプローチは社会的な側面に焦点を当てており，ある集団（たとえば高齢者，障害者）が，尊重されているかどうかを問題にする。

　参加型アプローチは，貨幣アプローチやケイパビリティ・アプローチが，貧困層当事者ではなく，第三者が貧困を定義・判断している，という問題点に応えるために生まれたものである。参加型アプローチを利用した最近の調査では，貧困には相互に関連する9つの側面があることが提起されている。それらは，3つの中心的な経験（core experience，無力化，身体的・精神的苦痛，闘争と抵抗），3つの関係性力学（組織的に酷く扱われること，社会的に酷く扱われること，貢献を認められないこと），3つの欠乏（人間らしい仕事の欠如，不十分で不安定な収入，物質的・社会的剝奪）である（Bray et al. [2019]）。

▶ 貧困の測定基準

　貧困の測定基準にはどのようなものがあるだろうか。持続可能な開発目標（SDGs）は17の目標と169のターゲットから構成されている。その第1目標は「あらゆる場所で，あらゆる形態の貧困を終わらせる」だが，ターゲットの1番めは所得貧困をもとにした絶対的貧困の定義を使ったものである。ターゲット1.1は「2030年までに，現在1日1.25ドル未満で生活する人々と定義されている**極度の貧困**をあらゆる場所で終わらせる」とあり，**貧困者比率**（貧困者数の総人口に対する比率，head count ratio）という指標を使っ

第2章　貧困と不平等　**43**

ている。本ターゲットの指標 1.1.1「国際貧困線以下で暮らす人々の全人口における割合」の管理機関である世界銀行は，物価上昇や各国通貨価値の変動を反映させるべく定期的に国際貧困線を見直しており，2022 年 9 月に**国際貧困線を 1 人 1 日 2.15 ドル**（2017 年購買力平価）に改定した（World Bank [n. d.]）。

ターゲット 1.2 は「2030 年までに，各国の定義によるあらゆる次元の貧困状態にある，すべての年齢の男性，女性，子どもの割合を少なくとも半減させる」というものである。ターゲット 1.1 では国際比較ができるような国際貧困線を指標としていたのに対し，ターゲット 1.2 では各国の貧困線を指標とするという違いがある。なお，各国の事情を反映した国別の貧困線の決め方は，食料エネルギー摂取法（food-energy intake method）とベーシック・ニーズ費用法（cost-of-basic needs method）の 2 つに分かれる（Ravallion [2016]）。また，ターゲット 1.2 には 2 つの指標がある。1 つめは各国の金銭的貧困線をもとにした貧困者率であり，2 つめは「各国の定義によるすべての側面での貧困状況にある人々の割合」だが，後者の測定を実施している国は限られている（United Nations [2023]）。一方で，UNDP とオックスフォード貧困・人間開発イニシアティブ（OPHI）が提唱する**多次元貧困**指数（multidimensional poverty index）を活用し多様な側面での貧困を測定している国は，インドやパキスタン，マラウイ，グアテマラなど 30 カ国以上出てきている。また，2024 年版グローバル多次元貧困指数報告書では，112 カ国の多次元貧困を分析している（UNDP and OPHI [2024]）。

このような貧困を測定するにあたっては，個人を対象にするアプローチと世帯（家計とも呼ばれる）を対象にするアプローチとがある。しかし，世帯を対象とした貧困線を使って貧困層を特定する方法は，

家計調査に基づいているため，世帯内の格差，とくに性別と年齢に基づく格差がみえなくなっているという批判がある（Kabeer and Thomas [2021]）。この批判は，先述の社会的排除の視点とも重なる。貧困は，特定の社会集団，とくに，女性，農民，高齢者，難民，先住民族，子ども，障害者などに集中しているという見方がある（西川 [2000]）。貧困の測定結果は，貧困削減目標の設定や進捗の確認，政策立案に使われるため，貧困層の総数だけではなく，貧困層の属性別構成に留意することも必要である。さらに，貧困には「一次的貧困」と「慢性的貧困」の違いがあることや，将来の生活水準の低下に焦点を当てた「**脆弱性**」の観点も重要視されている（黒崎 [2009]）。

▭▷ 貧困の現状と複合危機の影響

　1981 年から 2010 年の 30 年間で，途上国において 1 日 1.25 ドル以下という国際貧困線以下で暮らす人々は 19 億 6000 万人から 11 億人に減り，人口における割合は 53％ から 19％ と半分以下になった。同時期に，1 日 2 ドル以下で暮らす人々は 26 億人から 23 億人に減少した。しかし，1 日 1.25 ドル以上 2 ドル以下で暮らす人々は，6 億人から 12 億人に増加したのである。つまり，所得が 1 日 1.25 ドルという国際貧困線を超えたとしても，貧しいことに変わりはなく，景気後退によって再度貧困線以下に陥る可能性がある（Ravallion [2016]）。

　上記の予測は，2020 年からの新型コロナウイルス危機で現実となった。2020 年には，1990 年以来初めて世界の貧困者比率が増加に転じた。コロナ禍前は，2019 年時点の国際貧困線以下の人口は 6 億 4800 万人で，20 年には 6 億 2900 万人に減少する予測だった

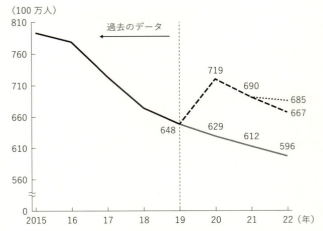

図 2-1 国際貧困線以下の人口

注：グレーの線がコロナ禍以前の予測，点線（━ ━ ━）が 2022 年時点での予測，点線（‥‥‥‥）が食料価格高騰の影響を含めた予測。
出所：World Bank [2022] p. 53.

が，7 億 1900 万人に増加し，1 年で約 7000 万人が極度の貧困に陥ったと推定されている（図 2-1）。つまり，貧困線をかろうじて上回る所得を得て貧困から脱出したとしても，所得がその水準にとどまっていたら，コロナ禍のようなショックによって，極度の貧困に逆戻りする可能性が高い。今後はますます貧困層の脆弱性を考慮した対策が求められる。

地域別にみると，極度の貧困層はサハラ以南アフリカと紛争の影響を受けた国に集中している。2019 年時点では世界の国際貧困線以下の人口の約 6 割がサハラ以南アフリカに住み，同地域の 35% の人口を占める。また，表 2-1 にあるとおり，紛争の影響を受けた国の人口は全世界の 1 割にすぎないが，極度の貧困層の約 4 割

表2-1 2019年の世界の極度の貧困層 ─────────

	極度の貧困層の人数 （百万人）	極度の貧困層の 割合（％）	世界の人口に 占める割合（％）
低所得国	259.4	40.0	8.7
低中所得国	328.2	50.6	37.9
高中所得国	52.7	8.1	37.3
高所得国	7.8	1.2	16.1
脆弱かつ紛争の 影響下にある国	257.7	39.8	10.4

出所：World Bank [2022] Chapter 1 Annexes, p. 18, Table 1C. 3 より抜粋。

がこれらの国に住んでいる。なお，低中所得国のインドは1億3600万人の極度の貧困層を抱え，人数ではサハラ以南アフリカで最大のナイジェリアの7000万人を大きく上回る（World Bank [2022]）。

多次元貧困も同じく新型コロナウイルス感染症による影響を大きく受けた。1990年から計測されている**人間開発指数**（HDI）は，2020年に初めて後退し，21年も後退した。2020年には70カ国以上で平均寿命が短くなった（UNDP [2022]）。また，ロシアによるウクライナ侵攻は食糧・エネルギー価格の上昇を引き起こし，貧困層・脆弱層の生活を直撃している。飢餓や食糧不足に喘ぐ人々の数は2015年から増加していたが，22年には7億3500万人（世界の人口の9.2％）が慢性的飢餓の状況にあり，19年時点より1億2200万人増加している。24億人（世界の人口の29.6％）が極度ないし中程度の食糧不足に直面している（United Nations [2023]）。

第2章 貧困と不平等 **47**

2 不平等

何の不平等か

不平等は，所得や富に関してのみならず，機会や結果の不平等など，さまざまな側面がある。**所得格差**や資産格差といった経済格差以外にも，高等教育を受ける機会の格差，医療格差，政治的権力の格差，司法へのアクセスの格差，水・衛生，エネルギーなどへのアクセスの格差，ジェンダー格差，そして気候変動による影響の格差などもある（UNDP [2019]）。なお，**格差**は単に「差がある」という事実であるが，不平等には「あってはならない（ほど大きすぎると判断された）格差」という意味合いがある（志賀 [2022]）。本章では不平等と格差を同義語として扱っている。格差それ自体が悪いとはいえない場合があるが，それは正当化できるものか，そして，その格差を生み出す原因は何なのかは重要な問いである（Piketty [2017]）。

不平等はどのようにとらえられているか

一昔前には「低所得国が経済成長する際には格差が拡大するが，いずれ格差は縮小する。したがって途上国は格差について心配するより貧困削減のために経済成長に力をいれるべき」という**クズネッツの逆U字仮説**を前提にする議論があったが，同仮説は1950年時点のデータに基づいており，90年以降の実証研究では経済成長と格差に一般的な法則はないことが判明している（Ravallion [2007]）。そして，2015年に国連加盟国は，国内ならびに国家間の不平等が増加し，機会・資産・権力の格差が巨大になっているとの認識を共

有し，その年に制定された SDGs に，それまで掲げられていたミレニアム開発目標（MDGs）にはなかった，「各国内および各国間の不平等を是正する」という目標を，導入した（United Nations [2015]）。

所得や資産の不平等を表す指標の1つとして**ジニ係数**がある。ジニ係数は0から1までの値をとり，1に近づくほど分配が不平等であることを示す（高橋 [2015]）。ジニ係数は「**垂直な不平等**」（属性を問わない，全体としての格差）を表すものだが，「**水平な不平等**」（社会集団，たとえばジェンダー，人種，カースト等の違いによる格差）も重要である。ジニ係数は，どの階層に不平等があるかを示していないので，その点に注意が必要である。また，所得の分極化を測定する方法として，上位10%の所得が下位40%の所得に占める割合（パルマ比率）も用いられている（Kabeer and Thomas [2021]）。

さらに，貧困の場合と同様に，「絶対的格差」と「相対的格差」という2つの観点があることを指摘しておきたい。たとえば1000ドルと1万ドルという所得を得ている2つの世帯があったとしよう。翌年この世帯の所得がそれぞれ倍になったとする。すると前者の世帯の所得は2000ドルになり，後者の世帯の所得は2万ドルになる。この場合，今年と翌年で，2つの世帯の相対的格差は10倍のままであり，変化がない。しかし，絶対的格差は，今年は9000ドルだったのが，翌年は1万8000ドルへと拡大している。このように相対的格差は変わらずとも，絶対的格差が急激に拡大することがある（Ravallion [2016]）。

経済格差以外の不平等指標としては，世界経済フォーラムが毎年公表する「ジェンダー・ギャップ指数」（◯第3章）などがある。また，前述の「多次元貧困指数」や SDGs の食料，健康，教育，

第2章　貧困と不平等　**49**

水・衛生，エネルギー，雇用，住環境，地球環境等に関する指標は，国家間の差や国内格差を分析する手助けとなる。

▭ 格差は広がっているか

今世紀に入り新興国，とくに中国とインドの世帯資産が増加したことから，国家間の資産格差は縮小してきた。21世紀初めから2008年の金融危機までは世界各国の国内格差も縮小していたが，金融危機以降はとくに上位1%の超富裕層の資産増加が進み，コロナ禍以降も2022年まで彼らの資産は増え続けていた。世界的にみると，2022年末時点で資産保有上位10%の富裕層がもつ資産の合計は全世界の全世帯資産の81%，上位1%の超富裕層が全世界の資産の45%を保有している（Credit Suisse [2023]）。100名以上の研究者が4年をかけて集めた「世界不平等データベース」をもとに作成された"World Inequality Report 2022"は，2021年時点のデータに基づき，資産に関しては上記のクレディ・スイスの調査とほぼ同様の結果を示し，さらに所得の不平等も分析している。所得の不平等は資産の不平等ほど大きくないものの，最も豊かな10%の人々が全世界収入の52%を得ていた（Chancel et al. [2022]）。

同報告書は1820年から2020年までの国家間所得格差と国内所得格差の傾向も分析している。それによれば，1820年から1980年まで（とくに1950年まで）は，**国家間格差**は拡大していたが，80年以降は縮小している。他方で，**国内格差**は1820年から1980年までは縮小傾向にあったが，80年以降拡大している。ちなみに，環境悪化の原因となる二酸化炭素排出の度合いも，富裕層と非富裕層の間には大きな格差がある。上位10%の富裕層の二酸化炭素排出量が，全世界の排出量の50%以上を占めている一方で，下位50

％の非富裕層は 12％ を排出しているにすぎない（Chancel et al. [2022]）。

国内の格差を是正するため，SDGs は目標 10 のターゲット 10.1 として「2030 年までに，各国の所得下位 40％ の所得成長率について，国内平均を上回る数値を漸進的に達成し，持続させる」ことを押し進めている。国連の報告書は，新型コロナウイルスのパンデミック以前には大半の国で下位 40％ の成長率が国内平均を上回ったと総評しつつ，中央アジア・南アジアとサハラ以南アフリカの半数以上の国々で，下位 40％ の非富裕層の所得成長率が国内平均を下回ったことを示している（United Nations [2023]）。また，世界銀行が利用している各国のデータは世帯調査に基づくもので，高所得層が調査に含まれない傾向にあることから，前述の「世界不平等データベース」は，高所得層の所得データを推計することを試みている。この修正を反映すると，2000 年以降，上位 10％ の富裕層の所得はより速く成長し，下位 40％ の非富裕層の所得の成長率は平均より低いという結果になった（Oldiges and Nayyar [2022]）。

まとめると，いくつかの途上国が高成長したことにより，国家間所得格差は縮まる傾向にあるものの，各国内の富裕層と非富裕層の所得格差が縮まる明らかな傾向はみられない，と結論づけられる。

さらに付言すれば，現代の不平等には，気候変動や自然環境悪化から受ける影響，水へのアクセス，テクノロジーへのアクセスの不平等などがある。『人間開発報告書 2019』は，基本的な生活水準の格差は縮まっているが，新世代型の格差が広まっていると指摘する。たとえば，初等教育修了者の格差は縮まったが，高等教育修了者の格差は拡大している。また，携帯電話保有率など，基本的な技術へのアクセス格差は収斂しているが，高度な技術へのアクセスの格差

は拡大している。このほか，人間開発指数が高い国の方が1人当たりの炭素排出量や**エコロジカル・フットプリント**（人間の活動が環境に与える負荷）が大きいが，途上国や貧困層の方が影響を受けやすく，脆弱性も高いため，さらなる社会的・経済的格差へとつながる（UNDP [2019]）。

▷ 複合危機によってさらに「取り残される」人々

SDGs の理念は「誰一人取り残さない」であるが，コロナ禍で明らかになったのは，危機において貧困層・脆弱層が「取り残される」現実である。新型コロナ・ワクチンへのアクセスはきわめて不平等であり，2022年7月時点で高所得国では72%の人々が少なくとも1回のワクチンを接種していたが，低所得国では21%にすぎなかった（UNDP [2022]）。また，特有のリスクがあるにもかかわらず，障害者は各国のコロナ対策のなかで取り残され，国連・障害者の権利条約採択以前の状況が再現されてしまった（森 [2023]）。コロナ危機は全世界の就学児に影響したが，遠隔教育システムが行きわたらない難民の子どもたちの教育機会はとくに減少した（UNHCR et al. [2022]）。私たちは，貧困層・脆弱層が不利益を被り続ける社会を変えられないでいる，ということを改めて認識すべきである。

3 貧困と格差の関係

▷ 貧困と格差にはどのような関係があるか

貧困と格差は，もともとの意味は別個であるものの，両者には強

52 第Ⅰ部 国際協力の課題別アプローチ

い関連があると考えられている（岩田 [2007]）。本章の冒頭で紹介した人間開発（教育，健康，栄養面での改善など）と不平等には強い負の関係があり，不平等を減らすことが人間開発を改善することが示されている（国連開発計画 [2010]）。また，新型コロナ・パンデミックや，ロシアとウクライナの戦争に起因した食糧・エネルギー価格高騰の影響をより大きく受けたのは貧困層や低所得国であったという事実がある。つまり，新型コロナウイルスや戦争によって世界全体が経済的にショックを受ける際にも，社会的に不利な立場にいる人々の方が大きな悪影響を受ける。このように，貧困化と不平等化は同時に進む傾向にある。

　貧困と不平等の結びつきをさらに強めているのは，社会的排除が，次世代に引き継がれる傾向があるということである。周縁化された家族の子孫は教育，保健面で不利な立場に置かれ，それが次世代の不平等に直結する。周縁化されがちな社会集団のなかでもとくに女性・女の子は最も不利な立場に立たされることを強調しておきたい（Kabeer and Thomas [2021]）。結論として，貧困と格差はどちらかを優先して解決するというより，双方の原因を取り除くように，同時に取り組む必要がある。

▷ 貧困と格差を同時に削減するには

　21 世紀の今，極度の貧困をほぼ撲滅するために必要な知識，技術，資金はすでに存在している。ここで強調したいのは，貧困削減のための資金が足りないわけではない，ということである。株式，債券，通貨，デリバティブなどの金融商品への投資・投機の利ざやで儲けるマネーゲーム経済は，実体経済の約 10 倍に達しているとみられており，富裕層や多国籍企業が資金を有している。彼らの一

部は海外の租税回避地に所得を移転することによって課税を逃れていることが報告されており，推定によればその額は約5000兆円に達する。途上国で貧困削減のために必要とされている額は年間で546兆円であるため，5000兆円はそれをはるかに上回っている（上村［2023］）。OECDも，世界の金融資産は増加しており，途上国でSDGs達成のために必要な年間資金はその1%にも満たないとしている（OECD［2023］）。さらに知識と技術の途上国への移転により，途上国の生産性向上や，先進国と途上国の間の所得格差の縮小も可能になる（Piketty［2017］）。

　貧困や格差が減らない一因として，歴史的なルーツをもつ社会構造が変化しないことがあげられる（UNDP［2019］）。不平等を生み出しているすべてのものは社会的・歴史的に作られたもので，人々が概念や定義を決め，適用することを選んできた法・財政・教育・政治システムによるものである。このことからトマ・ピケティは，「不平等は政治とイデオロギー（社会がどのように構築されるべきかの考え方や言説）の問題である」といい切っている（Piketty［2020］）。長い時間をかけて作り出された制度やシステムは，簡単には変えられないかもしれないが，変更が不可能なものではない。

　前述した富裕層・多国籍企業がもつ資金を貧困層に再分配する方法として，**グローバル・タックス**の議論が盛んになってきている（上村［2023］）。グローバル・タックスとは，極端な個人・法人所得・資産に対する地球規模の税をさす。企業を多国籍化し，租税を回避できる国・地域への所得移転がなされることを避けるため，多国籍企業を単一の事業体とみなして課税する法人税制を導入する。これにより世界の公共目的に使う公的収入を増やすことができる。投機的な取引を抑制する国際金融取引税，化石燃料の生産に課すグ

ローバルな炭素税なども構想されている（ラワース［2021］）。

　さらに貧困と格差の取り組みは，グローバル・レベルのみならず，各国，そして国内でも地方政府やコミュニティにおいてなど，あらゆるレベルで，特有の課題や社会構造に応じて行われる必要がある。前述のとおり，世界の貧困層の約6割がサハラ以南アフリカに集中している。サハラ以南アフリカの各国は，グローバリゼーション等の影響で国内の産業が育たないまま若年層人口が増加していることから，若者の高い失業率などの問題を抱えている。今後はさらにAIなど技術の進歩による失業の拡大への対策，グリーン産業育成，それらの政策実現のための財源の確保という新しい課題を抱える（島田［2020］）。

貧困層の「持っているもの」と，貧困層でない人々との活動

　国際協力の現場では，貧しい人々の主体性を重視し，各自の置かれた状況に合わせて，どういった支援が必要なのかを検討したうえで支援活動が行われている。たとえば，冒頭であげたシャイスタの場合でいえば，貧困層の女性たちが無料でアクセスできる女性の弁護士による法律相談と支援というプログラムを実施することで，離婚を実現させつつ，彼女が小さな子供を育てながらできる生計手段獲得のための技術訓練や少額融資を提供し，自立を促すという活動が，実際になされている。

　他方で，貧困層の「欠乏」にのみ注目するのではなく，貧困層が「持っているもの」の存在を認識すること，潜在している資源を活用するアイディアを考えること，そして貧困層でない人々の活動と結びつけることも重要である（佐藤［2009］，下村［2009］）。

　不平等の是正に必要な富や権力の再分配は，上からの改革を待つ

第2章　貧困と不平等　　**55**

だけではなく，草の根のネットワークでも起きている（ラワース[2021]）。この一翼を担う**社会的連帯経済**については，**第 14 章**で詳述する。できるだけ多くの人々が，自分にとって価値がある生を生きるために，極度の貧困と極端な格差をなくす必要がある。私たちは，分かち合う社会をつくることができるだろうか。

/// *Report assignment*　レポート課題 //

2.1　関心がある国を 1 つ選び，①国際貧困線以下で暮らす人々の全人口における割合，もしくは同国の定義による貧困線（national poverty line）以下で暮らす人々の全人口における割合の 1990 年から現在までの推移，②同時期の所得ないし資産の格差を示す利用可能なデータ，③同国の貧困削減戦略や貧困削減の取り組みについて，の 3 つを調べてみよう。そのうえで，本章の内容もふまえ，気づいた点とさらに知りたいと思う点について書き出してみよう。

//

ジェンダー平等

誰かの生きづらさを減らす

第 3 章 Chapter

パキスタンのペシャワールにて国連女性の日のイベントを開催（2019年，国連職員撮影）

Quiz クイズ

Q3.1 2021年に13カ国で行われた緊急調査によると，18歳以上の女性のうち何％の女性が新型コロナ・パンデミック以降，自分自身もしくは知り合いの女性が暴力を受けたと報告しているだろうか。
a. 16%　b. 28%　c. 32%　d. 45%

Q3.2 2023年の世界女性国会議員比率ランキング（2023年1月1日現在の，下院もしくは一院制議会における女性議員比率）で，日本よりも順位が高いのはどの国だろうか。
a. ルワンダ　b. ニカラグア　c. アラブ首長国連邦
d. シンガポール

Answer クイズの答え

Q3.1　d.

　45％。多くの国で外出が制限された新型コロナ・パンデミックは，女性に対する家庭内暴力を増加させた。女性が近しい男性に物理的・精神的な暴力を受けたり，子どもが家庭内で性的犯罪の被害にあったりしても届出されることは少ないため，性とジェンダーに基づく暴力に関する統計は限られているが，予防や被害者保護などの取り組みがいっそう必要とされている（UN Women［2021］pp. 5-7）。

Q3.2　a. ～d. すべて

　a. ～d. のすべての国が，日本よりも順位が上。ルワンダが 61.3％ で 186カ国中 1 位，ニカラグア 51.7％ で 2 位，アラブ首長国連邦 50％ で 4 位，シンガポール 29.1％ で 68 位，日本は 10％ で 164 位（Inter-Parliamentary Union and UN Women［2023］）。

Keywords キーワード

性的指向・性自認（SOGI），女性差別撤廃条約，リプロダクティブ・ヘルス／ライツ（生殖に関する健康と権利），性とジェンダーに基づく暴力（SGBV），開発と女性（WID）アプローチ，ジェンダーと開発（GAD）アプローチ，ジェンダー主流化，女性のエンパワーメント，ケアエコノミー，多様性・公平性・包摂性

Chapter structure 本章の構成

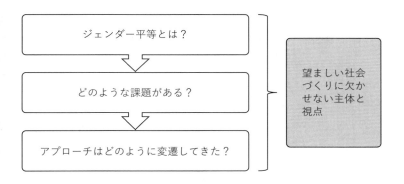

本章の問い

　途上国におけるジェンダー平等の推進や女性の地位向上については，欧米（西洋）的価値観の押しつけではないか，それぞれの国や地域社会特有の男女の役割を無視した国際協力活動は，別の形の抑圧や軋轢を生むのではないか，という懸念が示されることがある。ジェンダー平等の推進は，はたして欧米的価値観の押しつけなのだろうか。また，ジェンダー格差が大きいといわれている日本が，他国におけるジェンダー平等推進にどのように貢献できるのだろうか。さらに，女性や性的マイノリティの人々は，国際協力事業の「受益者」や「保護の対象」でしかないのだろうか。

1 ジェンダー平等とは

　筆者が国際機関で働こうと思った理由の1つは，日本では女性が職場で一人前の扱いをしてもらえないと感じたことである。30年前の話だ。その後もさまざまな場所でジェンダーに基づく問題を目にしてきた。本章では，ジェンダー平等とは何か，国際協力で取り組んでいるジェンダー課題はどういったものか，ジェンダーに関するアプローチがどのように変遷してきたか等を考察する。そして，本書全体の問いである「国際協力を通じてどのような地球社会をめざすべきなのか」を考えるための，ジェンダーの視点を提示する。

▷ ジェンダーとは

　通常，男女の性差を表す「セックス（sex）」は生物学的な性別・性差を示している。これに対し**ジェンダー**（gender）は，社会的・文化的に形成された性差を示している。実はこの分類は明確ではなく，たとえば性差医療（gender-based medicine）における英語表記の「ジェンダー」は，生物学的性差と社会的・文化的性差の両方をふまえた医療の必要性を示している（伊藤ほか [2019]）。男女がかかる病気の違いは，生理的要因のみならず，社会的要因にもよっているためである。ジェンダーという概念は，時代・文化・地域等によって異なり，同じ社会においても変化している。

　ジェンダーという概念が生まれる前には，男女の同権をめざす，女性による女性のための運動があった。後述するように，国連女性の地位委員会は1946年に設置されたが，女性差別撤廃条約が採択

されたのは79年で，それだけ長い時間がかかった。その後，国際協力においては「ジェンダー平等と女性のエンパワーメント」という観点で，途上国における男女同権が志向された。女性のエンパワーメントについては後述するが，まず明確にしておきたいのは，ジェンダーは今では男女という二分法を超えるということである。身体的な性別と，自分の性に対する自己認識（ジェンダー・アイデンティティ，性自認）が異なる場合もある。第3の性（男性でも女性でもない性）が法律で認められ，パスポートなどの身分証明書の選択肢の1つとされている国もある。性的指向も，異性愛，同性愛，両性愛などがある。このような性の多様性はLGBTQという概念で総称されている。LGBTQは，レズビアン（女性同性愛者），ゲイ（男性同性愛者），バイセクシュアル（両性愛者），トランスジェンダー（出生時に割り当てられた性別と性自認が一致していない人），クィア（性的指向・性自認マイノリティを包括する言葉）もしくはクエスチョニング（性的指向や性自認がわからない）の英語の頭文字を取った略語である。現在ではジェンダー平等を考える際に，すべての人の**性的指向・性自認**（Sexual Orientation and Gender Identity：SOGI）も重要な観点として考慮する。LGBTQが性的指向や性自認がマイノリティの人をさすのに対して，SOGIはすべての人が関わる用語として使われている（金井・杉橋［2023］98頁）。

本章で議論するジェンダー平等の推進は，性別，性的指向・性自認などに基づく差別によって，誰かが生きづらさを抱える社会を変えていくことをめざすものである。

女性の地位向上は欧米的価値観の押しつけか

ジェンダー概念が生まれる前の，男女の同権をめざす，女性によ

第3章　ジェンダー平等　**61**

る女性のための運動について振り返ってみよう。第 2 次世界大戦後に採択された世界人権宣言（1948 年）を，すべての人を対象にするものにした女性がいる。インド人のハンサ・メータである。メータは，第 1 条の書き出しを"All men"から"All human beings"に変更することに貢献した（United Nations [n. d.]）。当時は men という単語が「人」を表しており，men の使用が定着していた。メータがそのことに異議を申し立てたことにより，第 1 条が「すべての人間（all human beings）は，生まれながらにして自由であり，かつ尊厳と権利について平等である」となったのである。第 2 条では，人種，皮膚の色，性，言語，宗教，政治上その他の意見，出身国もしくは社会的出身，財産，門地その他の地位など，いかなる事由による差別なしに，すべての人が同宣言に掲げられる自由と権利を有する，とされている。いかなる性であっても，差別を受けず平等に扱われることを含む「市民的及び政治的権利に関する国際規約」（同規約と「経済的，社会的及び文化的権利に関する国際規約」は，世界人権宣言を法的な拘束力のあるものにした）の締約国は 173 カ国あり，欧米諸国にとどまらないことを指摘しておきたい。

女性差別撤廃条約（Convention on the Elimination of All Forms of Discrimination against Women）は，1979 年の第 34 回国連総会において採択され，1981 年に発効し，日本は 1985 年に締結した。同条約は，30 年以上に及ぶ国連女性の地位委員会の活動の集大成であり，女性の法的地位，生殖に関わる（リプロダクティブ［reproductive]）権利，性差別に文化が与える影響の 3 側面に光を当てている。同条約の進捗状況は 23 人のさまざまな国籍の独立専門家からなる女性差別撤廃委員会（Committee on the Elimination of Discrimination against Women：CEDAW）によって監視されており，日本人の委員

としては，秋月弘子氏が名を連ねる（任期は2026年12月末まで）。

　女性の地位向上や権利拡大をめざす運動から始まったジェンダー平等の推進は，異なるジェンダー概念・役割がある（南の）国々やコミュニティに対する，西洋（北の国々）による新植民地主義的な優先課題や言説の押しつけであると批判されることもある（Brown and Pearson [2021]）。そのような側面を意識することも重要であるが，一方，男女平等に関する，それぞれの地域や国に根ざしたアプローチがあったことにも留意が必要である。

　たとえばトルコでは，1923年に成立したトルコ共和国初代大統領のムスタファ・ケマルが，トルコ独立戦争勝利に女性たちが果たした重要な役割に報いるため，さまざまな社会改革に取り組んだ（白須 [2003]）。1924年には子どもの養育権や相続権等の法律面で男女平等が確保され，大学を含めた高等教育に女性も男性同様入学できるようになり，1934年には国政レベルでの女性の参政権が認められた。婦人参政権がフランスで認められたのが1944年，イタリアでは45年，スイスでは71年だったので，トルコはヨーロッパ諸国より早く婦人参政権を導入したことになる（白須 [2003]）。なお，世界初の婦人参政権は，ニュージーランドの1893年である。

　社会によって異なるジェンダー規範やジェンダー役割があるのは事実であるが，世界各地で異なる方法でジェンダー平等を推進する人々がいる。ジェンダー平等を求める思いは，一概に欧米的価値観の押しつけとはいえないと考える。

2 どのような課題があるか

▷ **教育・保健**

　ジェンダー平等には具体的にどのような課題があるのだろうか。まず教育面をみてみよう。初等・中等・高等教育における男女の格差是正は，持続可能な開発目標（SDGs）の前身であるミレニアム開発目標（MDGs）のターゲットにも含まれていた。達成期限である2015年に出された国連の報告書によると，初等教育年齢の不就学児は5700万人，うち3300万人がサハラ以南アフリカにおり，半数以上（55％）が女の子であった。15歳から24歳の若者の識字率も世界全体では男女格差も縮小したものの，サハラ以南アフリカでは，2015年の識字率は男性8割未満，女性7割と推定されていた（United Nations [2015] pp. 25, 27）。これらの目標は2030年を期限とするSDGsに引き継がれている。SDGsの目標4のターゲット4.1はすべての子どもが初等教育と中等教育を修了すること，ターゲット4.6ではすべての若者と大多数の大人が読み書き能力と基本的計算能力を身につけられるよう保障すること，としている。2024年のSDGs進捗報告書によると，初等教育修了率における男女格差は解消されており，西アジア以外の地域では女子生徒の割合の方が少し高いほどである。後期中等教育の修了率は世界全体では女子生徒61％，男子生徒58％であるのに対して，サハラ以南アフリカでは女子生徒26.3％，男子生徒29.6％，南アジアでは女子生徒53.5％，男子生徒55.7％となっており，これらの2つの地域で，わずかではあるが男女格差が残っている（UN ECOSOC [2024] pp.

57-60)。同報告書ではターゲット 4.6 に関する指標の進捗状況の記述がないが，たとえばパキスタンの 2022 年政府報告（Voluntary National Review：VNR）では，男性の識字率は 70％，女性の識字率は 50％ という格差があり，国によっては男女の教育格差がいまだに深刻であることがわかる（GoP [2022] p. 121）。

　保健の分野では，妊産婦保健を含む**リプロダクティブ・ヘルス／ライツ（生殖に関する健康と権利）**が重要な課題である。リプロダクティブ・ヘルス／ライツは，1994 年にエジプトのカイロで開催された国際人口開発会議で取り上げられ，現在はセクシュアル・リプロダクティブ・ヘルス／ライツ（性と生殖に関する健康と権利）とも呼ばれている。リプロダクティブ・ヘルス／ライツとは「それぞれの個人，とくに，妊娠・出産の機能を有する場合の多い女性たちが，生涯にわたって，避妊・妊娠・中絶・出産のすべてのプロセスにおいて，他者（しばしば男性であることが多い）の強制ではなく，自ら決定する権利が確立されるとともに，身体的・精神的・社会的に健全な状況（well-being）を確保すること」をさす（伊藤ほか [2019] 82 頁）。国連人口基金（UNFPA）は，『世界人口白書 2024』で，2000 年からの 20 年間で妊産婦死亡率が 34％ 減少し，15 歳から 19 歳の出産は約 3 分の 1 減少したと報告している。しかし，今でも 10 人に 1 人の女性が避妊に関する選択肢をもっておらず，妊産婦死亡率の減少は 2016 年以降停滞していると指摘する。

　国連開発計画（UNDP）は，年次報告書の『人間開発報告書』の 2010 年版からジェンダー不平等指数（Gender Inequality Index：GII）を発表している。この指数は，リプロダクティブ・ヘルス，エンパワーメント，労働市場への参加という 3 つの側面において，ジェンダー格差がどの程度存在するかを国ごとに算出したものである。

具体的には，リプロダクティブ・ヘルスは妊産婦死亡率と思春期（15〜19歳）出生率，エンパワーメントは国会議席の男女比率，中等教育就学率，労働市場への参加は労働市場参加率，という5つの指標を使って算出されている。つまり，教育，保健，政治，経済におけるジェンダー格差に焦点を当てている。『人間開発報告書 2023/24』によると，妊産婦死亡率と思春期出生率が高いのは，南スーダン，中央アフリカ共和国，チャド，ナイジェリアなど，サハラ以南アフリカの国である。

▭▷ 雇用・賃金・資産などの不平等

　ジェンダー不平等は，経済的な側面において，数多く残っている。女性の**労働力参加率**（labor force participation rate）は，世界的には男性の75% に対して女性は48% であり，ジェンダー・ギャップはアラブ諸国，北アフリカと南アジア地域で最も大きい（ILO[2019]）。北アフリカにおける2023年の女性の労働力参加率は20% で男性は69%，アラブ諸国の成人の女性労働力参加率は23.7% で男性は84.2% と推定される（ILO [2024]）。アラブ諸国における女性労働力参加率の低さの原因として，文化的規範，家庭内役割分担の偏り，安全な公共交通機関の不足，職場における差別などがあげられる。

　男女賃金格差は，女性の貧困，とくにシングルマザー家庭の存在を考慮すれば，重要な課題である。国際労働機関（ILO）は世界70カ国のデータに基づき，男女の賃金格差は平均で約2割あると推定している（ILO [2018]）。いま1つの国連統計によると，現在10人に1人の女性が極度の貧困状態にあり，2030年には8% の女性，つまり3億4200万人の女性・女の子が国際貧困線以下の生活を強

いられることになるとして，警鐘を鳴らしている。その大半（2億2000万人）がサハラ以南アフリカの女性たちである（UN Women and UN DESA, Statistic Division［2023］)。

財産所有権や資産へのアクセスへの男女格差も深刻である。資産は所得とともに，女性のケイパビリティ向上に必要な要素である（古沢・山本［2023］258頁）。たとえば，女性が親や夫の土地を相続できなければ，土地を用いて食糧を生産できず，土地を担保にした融資も受けられない。

SDGs においても女性の土地所有権を支持するためのターゲットがある。目標5（ジェンダー平等・女性のエンパワーメント）のターゲット 5.c は「ジェンダー平等の促進，ならびにすべての女性，女の子のあらゆるレベルでのエンパワーメントのための適正な政策と拘束力のある法規を導入・強化する」とされている。2019 年から2023 年の間の 120 カ国のデータによると，ジェンダー平等を促進する 56 の法改正がなされたが，土地所有権に関する法改正は進んでいない（United Nations［2024］p. 18）。そもそも，同性婚が禁じられていることなどにより同性のパートナーをもつ人々の間の遺産相続が制度化されていない国もある。さらに，法律に成文化されていない，慣習上の差別や，法律の履行強制など，法制度整備を通じた経済上のジェンダー・ギャップ縮小には，課題が山積している。

▷ **政治参画などにおける不平等**

日本ではここ数年，世界経済フォーラムが毎年発表するジェンダー・ギャップ指数のランキングがニュースになっている。日本の順位の低さが際立っているからであろう。2024 年の報告書において，日本は 146 カ国中 118 位であった。この指数は教育，健康，政治，

経済に関する男女格差を総合した指標である。日本の値は教育と健康については問題ないが，政治と経済の男女格差が大きいので，全体として「日本のジェンダー・ギャップは大きい」と評価されている。具体的には，教育と健康については最高点である 1 に限りなく近い 0.993 と 0.973 である。一方，経済参画は 0.568，政治参画は 0.118 なので，日本のジェンダー格差が大きいのは政治参画の分野であることがわかる。女性の政治参画の度合いは「国会議員に占める女性の割合」「閣僚に占める女性の割合」「過去 50 年で女性が行政府の長を務めた年数」という 3 つの指標から算出される。これら 3 つの指標のいずれも，日本の値は低い。国会議員にも閣僚にも女性の比率は低く，行政府の長（日本の場合は総理大臣）に至っては，過去女性が務めたことは一度もない。総理大臣，閣僚，国会議員は政治における日本のリーダーである。そのなかに女性がいないということは，政治的意思決定の場に女性がいないということを意味し，日本におけるジェンダー・ギャップの大きさを象徴している。

　国連の調査によれば，国会議員のなかで女性が占める割合の世界平均は 26.7％ である。そして，地方議会議員に占める女性の割合は 35.5％，ビジネス分野の管理職に占める女性の割合は 28.2％ である（UN Women and UN DESA, Statistic Division [2023]）。このギャップを埋めるには，ジェンダーに基づくクオータ制（議員や管理職の女性比率を一定以上に高めることを義務づける制度）の導入が，有効な政策であることが実証されている。

▷　**有害な慣行，性的搾取・虐待**

　国際協力の分野で広く取り上げられている課題に，**性とジェンダ**

68　第I部　国際協力の課題別アプローチ

ーに基づく暴力（Sexual and Gender-Based Violence：SGBV）と，**女性性器切除**（Female Genital Mutilation/Cutting：FGM/C）がある。まず性とジェンダーに基づく暴力は，いかなるジェンダーであれ被害者になる可能性があるが，女性・女の子が被害に遭いやすい。1993 年に「女性に対する暴力の撤廃に関する宣言（Declaration on the Elimination of Violence against Women）」が国連総会で採択されてからすでに 30 年が経つが，「撤廃」には程遠い。なお，女性に対する暴力撤廃は，先に述べた女性差別撤廃委員会の一般勧告第 12 号（1989 年）と第 19 号（92 年）でも警鐘が鳴らされていた。これらの勧告は「家族による暴力は，最も表面化されない形態の女性に対する暴力のひとつ」であるとし，それまでは「家庭内のプライベートな問題であり，国家が介入すべきではない」とみられていた家庭内暴力を犯罪として法廷へもち込むことに成功した。国連の報告によると，毎年世界中で 2 億 4500 万人の女性が親密なパートナーからの身体的または性的暴力の被害に遭っている（UN Women and UN DESA, Statistic Division [2023]）。

　また，性とジェンダーに基づく暴力に関連して，日本が日中戦争から太平洋戦争敗戦までの 1937 年から 45 年にかけて，朝鮮半島等の地域の女性等に性行為を強制した**慰安婦問題**（日本軍による性的奴隷制度・行為）を忘れてはいけない。第二次世界大戦中，日本により従軍「慰安婦」とされた女性たちは，想像を絶するような甚大な人権侵害を受けたが，そのサバイバー（生存被害者）は平和な世界，戦争のない世界，2 度と過ちが繰り返されない世界をつくるための活動を続けている（梁 [2022]）。再発防止のためにも「慰安婦」問題を知る必要がある。参考文献リストに掲げたので，ぜひ読んでいただきたい（梁 [2022]，上野 [2012]）。

次に，女性性器切除とは，医療または治療を目的としない，女性が大人になる通過儀礼としての女性および女の子の外部生殖器の切除をさす。不衛生な環境と道具で麻酔なしで行われることが多く，出血や感染症で死亡することもあり，出産時の合併症や新生児の死亡原因ともなる。2024年のSDGs進捗報告書によると，20年前に比べて減少しているとはいえ，2022年にサハラ以南アフリカで21.7％，北アフリカで73.6％の少女（15〜19歳）が施術を受けている（UN ECOSOC [2024] p. 78）。

　これらに加え，ジェンダーに関連する有害な慣行としてあげられるものに，**名誉殺人**（honor killing），児童婚，略奪婚などがある。名誉殺人とは，家族の名誉を傷つけたという理由で行われる殺人で，その被害者の多くは夫，父親，兄弟に殺される女性たちである。不貞を働いた，または未婚女性が家族・親戚ではない男性と一緒にいた，などの理由で家族・親族に殺されるのである。筆者は2003年に初めてパキスタンに赴任した際にこの言葉を知ったが，現地では20年以上経った今でも時折，名誉殺人が起きたという報道がある。

3　アプローチの変遷

▷　開発と女性（WID）アプローチ

　これまでさまざまなジェンダーに基づく課題をあげてきたが，これらの課題の解決のため，国際協力に携わる人々は試行錯誤を重ねてきた。さきに，ジェンダーという概念が登場する前には女性のための女性による運動があったと述べたが，課題解決のためのアプローチも同様に，女性のための女性による「**開発と女性**（Women in

Development：WID）」から始まった。「開発と女性」という用語は，1970 年代に開発業務に携わるアメリカの女性たちのネットワークが，開発の効果は男女で異なることを指摘し，女性の開発における貢献に着目することから使われはじめた（Brown and Pearson [2021]）。途上国での開発事業を実施する際に，女性を考慮に入れていない，あるいは女性の立場を悪化させているケースがあることに気づき，それを改めることを求めた。また，女性も開発の担い手であり，貢献できると考え，女性を開発事業の「受益者」や「保護の対象」であるだけでなく，開発に「参加」する主体とみなすよう主張した。

　なお，「開発と女性」という用語は現在でも使われている。国連総会では 2〜3 年に 1 度「開発と女性」に関する決議が採択され，その決議に基づく国連事務総長報告に，世界的なジェンダー・ギャップの動向や各国の取り組みに関する情報がまとめられている。また，国連総会の第 2 委員会（経済と金融）に 5 年に 1 度提出される「開発における女性の役割に関する世界調査（World Survey on the Role of Women in Development）」の最新報告書は，2024 年秋に公表された。

ジェンダーと開発（GAD）アプローチ

　1980 年代には，開発から女性が取り残されているというよりも，開発プロセスのあり方自体に問題があると指摘され，**ジェンダーと開発**（Gender and Development：GAD）という概念が唱えられるようになった。女性のみを対象とした活動を続けても問題が解決しないことから，不平等の原因として男性を含む社会全体の構造的な問題や制度，ジェンダー規範，男女間の関係性などに着目し，それら

を変えていくことをめざすようになった。家庭における男女の固定的な役割分業，さまざまな資源へのアクセスの違い，組織内やある社会における権力構造など，ジェンダー不平等の原因を分析する必要性に対する認識が高まった。

ジェンダーと開発アプローチで重要な点は，「女性」や「男性」というカテゴリーを1つの括りとするのではなく，同じ女性も階級，カースト，民族，障害の有無などで異なる状況にあり，異なる不平等を経験していることを認識したことである。また，不平等の解消には，男性が果たせる役割も大きいことを指摘したことも重要である。

ジェンダー主流化

ジェンダー主流化（gender mainstreaming）は，前述の「開発と女性」ならびに「ジェンダーと開発」という流れをふまえ，1990年代半ばに提唱された。1995年に北京で開催された第4回世界女性会議で採択された「北京宣言及び行動綱領（The Beijing Declaration and Platform for Action）」は，ジェンダー平等推進のためにあらゆる分野の政策にジェンダーの視点を取り入れるよう訴えている。これがジェンダー主流化である。1998年の国連経済社会理事会では，国連システムのすべての政策とプログラムにジェンダー視点を主流化する決議が採択された。日本の国際協力NGOのネットワークは，ジェンダー主流化を「政策・事業・組織運営のすべてのプロセスにおいてジェンダーの視点に立った対応を行う，ジェンダー平等達成のための手段」と定義している（JANIC [2023] p. 4）。

なお，北京宣言では，第4回世界女性会議が開催されるまでになされたさまざまな誓約（コミットメント），たとえば世界人権宣言

や女性差別撤廃条約などを再確認しているが，そこに「**女性のエンパワーメント**」に関する記述があり，「完全な潜在能力を社会において発揮し，自らの願望に従って人生を定める可能性を保障すること」で宣言は締めくくられている。

▷ 日本の方針と取り組み

では，日本政府による国際協力の指針となる「開発協力大綱」（2023 年 6 月改定）では，どのようなアプローチが提唱されているだろうか。8 項目ある「開発協力の適正性確保のための実施原則」の1 つとして，「ジェンダー主流化を含むインクルーシブな社会の促進・公正性の確保」があげられている。そこには，「開発協力のあらゆる段階においてジェンダー主流化を通じたジェンダー平等及び女性のエンパワーメントを推進する。同時に，こども，障害者，高齢者，少数民族・先住民族等の社会的に脆弱な立場に置かれている人々を含め，全ての人が開発に参画でき，恩恵を享受できる多様でインクルーシブな社会を促進すべく，公正性の確保に十分配慮した開発協力を行う」とある。

日本の開発協力の実施機関である国際協力機構（JICA）は，あらゆる取り組みへのジェンダー主流化を推進するとし，具体的には「ジェンダー平等と女性のエンパワーメントの推進に向けた取組を検討し，2030 年までの達成目標（定量指標）として，80% の案件（件数ベース）をジェンダー案件とすること」をめざしているとしている（JICA [n. d.]）。ウェブサイトに「JICA ジェンダー主流化推進年次報告書」として各年のジェンダー案件実績は掲載されているものの，全体の案件数やパーセンテージの記載はないため，目標に対する達成状況がわからないのが残念である。

4 望ましい社会づくりに欠かせない主体と視点

　ジェンダー不平等の現状と，それらに対するアプローチの変遷を概説してきたが，望ましい社会づくりを考える際に，欠かせない視点とはどのようなものだろうか。

▷ ケアエコノミー

　女性の社会進出が妨げられ，労働力参加率が低い原因の1つに，女性は家事，育児，介護などの無給労働を主に担ってきたことがあげられ，これらの労働を可視化し中心に据える「**ケアエコノミー**」の重要性が高まっている。毎日行われているケア労働によって家族生活，社会生活が支えられており，途上国の農村部では，ケアに使う時間が長いことも指摘されている。ナンシー・フレイザーは，ケア活動を「社会的再生産」と呼び，これらの活動なくして「生産も利益も資本も成り立たない。経済も文化も国家も存在しない」と力説する（フレイザー［2023］100頁）。これまで主に女性が無償で担ってきたケア労働を可視化し，どのように社会で分担していくかが，望ましい社会をつくるうえで欠かせない視点なのである。

　ケア労働に関し，課題になってきているのが「グローバル・ケア・チェーン」である。グローバル・バリュー・チェーン（国際価値連鎖）が商品生産の国際分業を表す語として知られているが，グローバル・ケア・チェーンは，ケア労働にも国際分業が浸透していることを示している。グローバル・ケア・チェーンとは，途上国の女性たちが先進国でケアの担い手として働くようになったことから，

途上国でケアの担い手不足が生じるようになった事態をさす（金井・藤原［2023］180〜181頁）。ケアエコノミーのあり方は，世界全体で考える必要もある。

▷ **生きづらさを軽減する**

　国際協力の現場では，それぞれの場所に根強く残るジェンダー規範を変えようとすることは，必ずしもそこに住む人々の生きづらさを解決しないというのも現実である。一夫多妻制が実践され，子どもを多く産むことが女性の役割とみなされているナイジェリア北部には，たとえ女性の教育レベルや経済力が向上しても，女性は結婚し子どもを産むべき，妻が夫に従うべきといった規範が残っている（甲斐田［2023］）。この規範から逸脱すると，コミュニティ内での差別や噂話の対象となり，生きづらくなる（甲斐田［2023］216頁）。このように，期待される男女の役割を担おうとしないメンバーは男性であれ女性であれ，家庭や社会から疎外されてきたことが，ジェンダー平等達成を難しくしている。ジェンダー平等の推進，**多様性・公平性・包摂性**の実現の際に，誰が主体となり，誰の視点でみているか，常に考える必要がある。

　さて，ここまで読んできた読者のあなたは，ジェンダー平等の推進を，どう考えるだろうか。フェミニスト経済学者の市井礼奈らは，次のように訴える。「しかし，抑圧からの解放，権利の保障は，女性に限らず，誰に対しても必要である。誰かが解放されれば，他の誰かの抑圧が強まるわけではない。誰かに権利を保障することは，他の誰かの正当な権利を狭めるわけではない。抑圧からの解放や権利の保障で制限されるのは，誰かを抑圧したり誰かの権利を制約す

ることによって別の誰かが得てきた特権や横暴である」（市井ほか［2023］3頁）。女性やマイノリティに1人の人間としての正当な権利を保障することが，男性やマジョリティの正当な権利を狭めるわけではないのに，それに反発するとしたら，それは伝統という名のもとの「特権」がなくなることや，「横暴」が通用しなくなることへの恐れもあるのではないだろうか。

　最後に，レジャーヌ・セナックによる勇気づけられるメッセージを紹介したい。「人間であることは，個々人の差異や特異性がどうであれ，他の人たちと自分自身を共通の種，すなわち人類に属するものとして認識する主観的かつ普遍的な過程を通して生じるのだ。同類だと想像するこうした能力は，差異を否定するものではなく，差異が，すべての人を，男も女も，人間という同類として認める障害にはならないということである。この能力は，人間が共通してもっているものだ」（セナック［2021］24〜25頁）。私たちは，違いがあっても，人間として同類である。性別や性自認などによって誰かが抱えている生きづらさを少しでも減らせるような国際協力の取り組みは，「ジェンダー平等途上国」である日本にとって，「互いに学び合おう」といえる重要な分野ではないだろうか。

Report assignment　レポート課題

3.1　身の回りのできるだけ異なる年代，性別，文化的背景をもつ人々に，ジェンダー役割に対する意見を聞いてみよう。たとえば，ある特定の職業や社会・家庭における役割に，ある特定のジェンダーがふさわしい・ふさわしくない，という考え方をもっているか，そしてその理由は何なのかをインタビューしてみよう。

子どもの権利保障

すべての子ども・若者への支援

第 **4** 章 Chapter

パキスタンのカラチ市内のスラムにあるノンフォーマル教育センターで1日12時間の計画停電のなかで学ぶ子どもたちに，日本企業との協力でソーラーランタンを提供（2023年8月，筆者撮影）

Quiz クイズ

Q4.1 世界の人口に占める子ども（18歳未満）の割合はどのくらいだろうか。
 a. 20%　b. 25%　c. 30%　d. 35%

Q4.2 2023年時点で，初等教育修了年齢に達しているすべての子どものうち，実際に初等教育を修了する子どもの割合はどのくらいだろうか。
 a. 60%　b. 70%　c. 80%　d. 90%

Answer クイズの答え

Q4.1 c.

世界人口 79 億人のうち，子どもの人口は 24 億人で約 30%。そのうち，5 歳未満の子どもは 6 億 7000 万人（2021 年データ，UNICEF [2023a]）。日本の人口に 18 歳未満の子どもが占める割合は 11.9%（2021 年データ，総務省）。

Q4.2 d.

初等教育を修了する子どもの割合は世界全体で 87.6%（女の子 89.1%，男の子 86.8% で女の子の方が高くなっている）。サハラ以南アフリカや南アジアなどでは，いまだに 60% に満たない国々もある（本文 86 ページ参照）。

Keywords キーワード

権利ベース・アプローチ，子どもの権利条約，基礎教育，ノンフォーマル教育，子どもの保護，緊急時における子どもの保護，子どもへの暴力防止，子どもの意見の尊重，子ども参加，子どもの最善の利益

Chapter structure 本章の構成

> **国際協力のなかの子ども**
> 子どもに対する暴力の蔓延／権利をもつ主体としての子ども

> **学ぶ権利の保障**
> 基礎教育を受ける権利／
> 不利な立場の子どもの包摂

> **暴力からの子どもの保護**
> 出生登録されない子ども，
> 児童労働，人身取引／
> 緊急時における子どもの保護

> **子どもの権利保障のために必要なこと**
> 分野横断的支援／子どもの意見の尊重と子どもの最善の
> 利益の追求／すべての子ども・若者を含めた支援へ

本章の問い

　本章では，国際協力における子どもの権利の保障について，子どもの教育と子どもの保護という2つの課題に焦点を当てて考える。子どもの定義や子どもの権利はどの国においても普遍的なものであろうか。子ども支援の主要な団体が共通の基盤とする権利ベースのアプローチは，子どもをどのようにとらえているのだろうか。世界の子どもたちはどのような状況に置かれているのか，とくに，子どもの教育への権利と暴力から保護される権利を中心に考えてみよう。

　子どもの権利は平時から侵害されやすいが，紛争や自然災害などの緊急時にはさらに侵害されやすい状況になる。子どもの権利を保障するには，どのような取り組みが必要なのか考えてみよう。

第4章　子どもの権利保障　79

1 国際協力のなかの子ども
保護の対象から権利の主体へ

子どもとは

「子ども」とはどのように定義されるのだろうか。子どもの権利条約の第1条では，「子ども」とは「18歳未満のすべての者」として定義されている。世界人口79億人のうち，18歳未満の子どもの数は24億人であり，世界人口の約30％が子どもである（2021年データ，UNICEF [2023a]）。アフリカ地域では，人口のほぼ半分が子どもであり，後発開発途上国など貧しい国々では，子どもの占める割合が高い。1人の女性が生涯に生む子どもの数（合計特殊出生率 Total Fertility Rate：TFR）は，日本では1.3人，韓国では0.9人など少子化が問題となっている国々もある。その一方，全世界平均は2.3人であり，サハラ以南アフリカの平均は4.6人，ニジェールでは6.8人となっている（2021年データ，UNICEF [2023a]）。

ところで，「子ども」の定義は，世界中等しく同じなのだろうか。子どもの権利条約の第1条には続きがあり，子どもの定義を18歳未満としているものの，「ただし，当該児童で，その者に適用される法律により，より早く成年に達したものを除く」という但し書きがある。世界の国々のなかには，武装グループで子ども兵として働かされる14歳の子ども，朝から晩まで農作業に従事している12歳の子どもや，17歳で死刑を宣告される子どももいる。

児童婚（child marriage）と呼ばれる18歳未満で結婚する女の子は，年間1200万人いる。世界では5人に1人の女の子が18歳未満で結婚しており，そのうち約半数がインドやバングラデシュなど

80　第Ⅰ部　国際協力の課題別アプローチ

の南アジアの国々である（UNICEF [2023b]）。イスラーム法など，宗教に則って，女の子は初潮を迎えれば18歳未満であっても大人とみなされる国もある。子どもの権利条約という国際条約が存在するものの，子どもの権利はどの国や地域に住む子どもにも一様に保障されていない現状がある。

▷ 世界の子どもたちが置かれている状況

世界銀行は，2022年において，3億3300万人の子ども，つまり約6人に1人の子どもが1日当たり2.15ドル以下で暮らす極度の貧困状況にあると発表した（国際貧困線 ➡第2章）。極度の貧困状況で暮らす子どもの数は，新型コロナウイルス感染症の流行前には着実に減っていたが，感染拡大による経済的影響で，そのスピードは失速してしまった。世界中で極度の貧困状況にある人たちのうち，子どもの割合は50％にのぼる（世界の人口比に占める子どもの割合は30％であるにもかかわらず）。18歳以上の大人に占める貧困者の割合は6.6％にすぎないものの，18歳未満の子どもに占める貧困者の割合は15.8％となっている（Salmeron-Gomez et al. [2023]）。

2022年，世界で5歳まで生きられない子どもたちは，27人に1人という高い割合であり，総数で490万人いると報告された。5歳までに命を落とす子どもが6秒に1人いる計算になる。上記の490万人のうち230万人は生後1カ月以内に亡くなっている（UN-IGME [2024]）。さらに5歳未満の子どものうち22.3％にあたる1億4800万人が発育阻害の状況にあり，慢性的な栄養不良の状態にある（UNICEF, WHO and IBRD/WB [2023]）。

世界では，4億5000万人の子どもたちが安全な水を使用できない地域に暮らしている（UNICEF [2021]）。気候変動の影響もあり，

水不足がさらに深刻になる国は今後も増えることが見込まれる。世界の子どもの5人に1人が家の敷地内に衛生的な水がなく，遠くまで水汲みに行く必要がある。水汲み仕事は女の子たちに任されることが多く，1日何時間も水汲みに費やすために学校に行けず，水汲みの途中で誘拐や性暴力などに遭う子どももいる。家庭や学校に衛生的なトイレや手洗い設備がないことで，下痢や感染症などにかかる危険性が増える。学校での水衛生環境の不整備は，子どもたちの通学意欲，ひいては学習意欲も失わせてしまう。

　ほかにも学ぶ権利が奪われている子どもや児童労働や人身取引など，子どもに対するさまざまな暴力が蔓延している。学ぶ権利の保障と子どもに対する暴力からの保護については，第2節と第3節でくわしく述べる。

子ども支援の主要なアクターと権利ベース・アプローチ

　このような子どもたちの状況を改善するため，さまざまな子ども支援団体が活動している。最もよく知られているのは**国連児童基金**(United Nations Children's Fund：UNICEF) であろう。UNICEF は，政府機関や NGO などと連携し，平時だけでなく紛争や自然災害などの緊急時における子ども支援事業も実施している。UNICEF の最新のプログラム戦略（2022〜25 年）では，栄養と健康，教育，暴力からの子どもの保護，水衛生環境，社会的保護と子どもの貧困の5つが重点目標分野とされている（UNICEF [2022]）。国際 NGO のなかでは，セーブ・ザ・チルドレン（Save the Children），プラン・インターナショナル（Plan International），ワールド・ビジョン（World Vision）なども政府や国連機関，現地の NGO などと連携し，子ども支援の包括的なプログラムを提供している。

これらの子ども支援団体が支援活動において共通の基盤にしているのが，**権利ベース・アプローチ**（Rights-Based Approach：RBA）である。**第12章**でも述べられているように，開発に関するアプローチは，経済開発中心から社会開発や人間開発を中心とするアプローチへ変遷を遂げてきた。子ども支援についても，子どもや子どもを取り巻く家族のニーズに応じて，「保護の対象」として福祉的支援を行うというアプローチから，子どもを「権利主体」として位置づけるようになっている。子どもは，自ら権利を行使する力をもつ「権利保有者（rights-holder）」として，大人は，子どもをサポートする「責務履行者（duty-bearer）」として，ライフスキルの向上による子ども自身の主体的な参加や子どもを取り巻く大人の能力強化を重視する方向に変化している。権利ベース・アプローチへのきっかけとなったのが，次に述べる子どもの権利条約の成立である。

子どもの権利条約と子ども観の転換

　子どもの権利条約（Convention on the Rights of the Child）は1989年11月20日（世界子どもの日）の国連総会において全会一致で採択された。唯一アメリカが加盟していないものの，196の国と地域が加盟している，世界で最も広く受け入れられている人権条約である。

　子どもの権利条約は，子どもが保護される受動的存在であるだけでなく，「**権利をもつ主体**」であることが明確化されていることに特色がある。全54条のなかには，生きる権利や保護される権利など受動的権利だけでなく，育つ権利，参加する権利などの能動的権利も定められている。また，差別の禁止（第2条），子どもの最善の利益（第3条），生存と発達（第6条），子どもの意見の尊重（第12

条）という子どもの権利条約の理念にあたる 4 つの一般原則が基本
姿勢として示されている。

　加盟国政府は，条約批准から 2 年以内，その後 5 年ごとに，国
連子どもの権利委員会に条約の履行状況を記した報告書を提出しな
ければならない。政府が提出する報告書だけではその国の改善すべ
き子どもの実態を十分に把握できないため，NGO などの民間セク
ターも独自の履行状況報告書を作成し，政府による報告書を補完す
る。国連子どもの権利委員会は，加盟国政府に対し，「総括所見
（concluding observations）」と呼ばれる勧告文書を採択する。各国
政府は，子どもに関する国内統計（とくに男女別や年齢別統計）の整
備，国際条約への批准や国内法の整備，子どもの権利条約の一般原
則や国際ガイドラインなどに照らした政策や計画策定など改善すべ
き点について指摘を受け，国内での子どもの権利の実現に努める。

　日本は，1994 年に子どもの権利条約に批准しているが，児童福
祉法に子どもの権利条約の理念が取り入れられたのは 2016 年であ
る。さらにこども家庭庁が設置され，子どもの権利の包括的な国内
法であるこども基本法が施行されたのは 2023 年 4 月である。条約
を批准していても，国内の子どもを取り巻く状況の改善につなげる
のは容易ではなく，長い年月がかかることがわかる。

2　学ぶ権利の保障

▷　基礎教育を受ける権利

　1990 年，世界には小学校に通えない子どもたちが 1 億 3000 万
人以上いた。そのため，**万人のための教育**（Education for All：

EFA）世界会議では，2000 年までにすべての人に**基礎教育**（basic education）を提供する国際的合意がなされた。基礎教育とは，「生きるために必要な知識・技能を獲得するための教育活動」と定義され，就学前教育，初等（5～6 年間）および前期中等教育（9～10 年間，日本の中学校レベルに相当），**ノンフォーマル教育**（non-formal education）など多様な学習機会の拡充などの目標が掲げられた。その後，2000 年に開催された「世界教育フォーラム」で，15 年までに各国が協調して達成すべき，より具体的な目標が掲げられた。

2000 年に国連が採択した**ミレニアム開発目標**（MDGs）（⬇ 第 12 章）でも，8 つの目標のうちの 2 つめ，3 つめの目標として「普遍的初等教育の達成」と「ジェンダー格差の解消」が掲げられ，2015 年までにすべての子どもが初等教育を修了することがめざされた。2000 年には「国連女子教育イニシアティブ（United Nations Girls' Education Initiative：UNGEI）」，03 年からは世界銀行による基礎教育分野への新しい資金援助の枠組みである「EFA ファストトラック・イニシアティブ（EFA Fast-Track Initiative）」が実施され，2000 年代には，基礎教育普及のための取り組みが加速化された。

▷ **取り残された子どもたちへの学びの確保**

1990 年代以降の EFA 運動や 2000 年代の MDGs などのイニシアティブにより，教育分野の指標はかなり改善された。表 4-1 のように，途上国全体で 1990 年に 80％ であった純就学率は，2015 年には 91％ に（サハラ以南アフリカでは 60％ から 80％，南アジアでは 80％ から 95％ に改善），2000 年時点で 1 億人近くいた初等教育に不就学の子どもの数は 2015 年に 5360 万人にまで減っている。

しかし，MDGs の目標は，初等教育就学率 100％ の達成であり，

第 4 章　子どもの権利保障　**85**

表 4-1 教育指標の変化（1990〜2015 年）

	初等教育純就学率（%）			初等教育に不就学の子どもの数（万人）		
	1990 年	2000 年	2015 年	1990 年	2000 年	2015 年
世界全体	88	90	94	13,090	9,980	5,670
途上国全体	80	83	91	10,060	9,750	5,360
サハラ以南アフリカ	52	60	80	4,130	4,370	3,280
南アジア	75	80	95	3,820	3,380	910

出所：UN [2015] *The Millennium Development Goal Report*, pp. 24-25 をもとに筆者作成。

表 4-2 初等，前期中等，後期中等教育の修了率（男女別，2023 年）

(単位：%)

	初等教育修了率			前期中等教育修了率			後期中等教育修了率		
	女性	男性	全体	女性	男性	全体	女性	男性	全体
世界全体	89.1	86.8	87.6	78.7	76.6	77.6	61.0	58.0	59.4
高所得国	99.7	99.7	99.7	98.1	97.2	97.7	91.1	86.6	88.8
低所得国	62.5	57.3	58.7	36.8	38.3	37.6	19.2	20.8	20.0

出所：UNESCO Institute for Statistics (UIS) 2023 のデータをもとに筆者作成。

　まだ取り残された子どもたちのために，2015 年に採択された「**持続可能な開発目標（SDGs）**」（◯第 12 章）では，目標 4 のターゲット 4.1 として，「2030 年までにすべての子どもが無償かつ公正で質の高い初等中等教育を修了し，適切で効果的な学習の成果を獲得する」ことがめざされた。

　表 4-2 の初等教育修了率をみると，初等教育レベルでは，女の子の修了率の方が高いものの，中等教育レベルでは，低所得国の女の子の修了率は男の子よりも低い。初等教育の就学率は上昇してい

るものの，低所得国における初等教育の修了率はいまだ 60% にも満たず，前期中等教育修了率は 40% にも満たない。初等教育だけでなく，せめて前期中等教育（日本の中学校に相当）のさらなる拡充とジェンダー格差の解消が求められる。2023 年時点での不就学の子どもは，前期中等教育レベルまでで 1 億 2400 万人，後期中等教育レベルまで含めると 2 億 4500 万人いる（UNESCO UIS [2023]）。

SDGs 時代に求められる教育

2030 年までにすべての子どもが初・中等教育を受けられるようになるには，まだ多くの課題が残されている。初等教育就学率がすでに 90% に達した国々でも，まだ残り 10% の子どもたちが就学できていない。障害をもつ子どもや少数民族などのマイノリティ，移民・難民の子どもや児童労働に従事している子どもなど，不利な立場にある「最後に取り残された子どもたち」も包摂することが喫緊の課題である。そもそも，移民・難民などや出生登録のない子どもは，就学率や不就学の統計データに含まれていないため，実際には不就学の子どもの数はさらに多いことに留意する必要がある。

通常の学校教育では，学齢期を過ぎた子どもの入学や移民や難民などの市民権をもたない子どもが排除されてしまうことがある。筆者の研究フィールドであるパキスタンのカラチ市では，移民が多く住むスラム地域には十分な数の公立小学校が建設されず，資金不足により建設工事が中断している学校もある。就学年齢を過ぎた子どもが通常 5 年間の初等教育を 3 年間に短縮して学ぶことで，中学校に編入できる制度を導入している NGO などもある。仕事をしている子どもが午前中の数時間だけ学校に通い，社会生活などで習得した知識や経験をもとに，5 年間の学校教育と同等のコンピテンシ

第 4 章　子どもの権利保障　**87**

ー（能力）を短期間で習得し，それを政府が公認する学びの促進カリキュラム（Accelerated Learning Programme：ALP）の導入が進められている。このように，子どもたちの生活に対応したノンフォーマル教育を通した学習機会の確保と学んだことの社会的承認制度の確立が重要である。学校教育に限定せず，地域の学習センターのような形態でも，子どもたちが学べる場の確保が重要である。

さらに，就学率100％を達成できたとしても，すべての子どもが中途退学せずに初等教育を修了するためには，教育の質の向上が求められる。教員の質の確保，学校内での体罰などの暴力の禁止や子どもたちが主体的に楽しく学べる「子どもにやさしい学校（Child Friendly School）」の取り組みなどの工夫が求められる。また，近年世界銀行などが指摘する**「学習の危機（learning crisis）」**（低・中所得国の数百万人が小学校の卒業年に達していても基本的な読み書きや計算ができない）は，コロナ禍を経てさらに深刻になっており，子どもたちの将来にわたる長期的な社会格差を助長するといわれている。吉田和浩は，SDGs時代の教育開発は，基礎教育の普及に注力したEFA時代とは異なり，学びの成果にまで目を配ることが求められていると指摘する。就学して卒業すれば目標達成ではなく，子どもたちが「何を学び，その結果どのようにその後の生き方が良くなるかが問われる」という（吉田［2019］362頁）。子どもたち自身がどのような学びを求めているのか，学んだことを将来どのように生かしたいのか，学習者である子ども中心の学びが，真の意味での子どもの権利に根ざした教育開発である。

新型コロナウイルスの感染拡大により，2020年から22年の間，世界中で長期間にわたり学校が休校になった。バングラデシュでは休校が1年半にも及び，初等教育修了率が2015年の82.6％から

23年時点で77.4%へと悪化した。バングラデシュ統計局によると，2010年には1.71%であった中途退学率（5歳から24歳）は，21年には11.06%，22年には10.58%に上昇している（BBS [2024]）。中途退学せずに学びを継続している子どもたちにもオンライン授業や家庭学習教材の提供などさまざまな工夫が行われたものの，その質は十分であったとはいえない。コロナ禍や気候変動による自然災害や紛争などの緊急時にも学びが保障されるように，また学びが途切れることがあっても学び直しが可能となるような多様な学びの方法を含めた柔軟な教育制度や仕組みづくりも必要である。

3 あらゆる暴力からの子どもの保護

▷ 子どもに対する暴力防止イニシアティブ

　子どもに対する暴力は隠されることが多く，実際，どの程度の暴力が行われているか詳細を把握することは難しい。UNICEF，世界保健機構（World Health Organization：WHO），国連人権高等弁務官事務所（Office of the High Commissioner for Human Rights：OHCHR）を中心に，2006年に国連による初めての『子どもに対する暴力調査報告書（World Report on Violence against Children）』が取りまとめられ，国連総会に提出された。この調査報告書では，学校や家庭，働く場所，地域や路上などさまざまな場所で子どもたちが身体的，心理的，性的暴力に遭っていることが報告された。

　この調査報告書の内容を普及させ，提言内容を効果的にフォローアップするために，子どもへの暴力に関する国連事務総長特別代表の設置が提言され，2009年に初代特別代表が任命された。SDGs

においては，目標16のターゲット16.2に「子どもに対する虐待，搾取，取引およびあらゆる形態の暴力および拷問を撲滅する」，16.9には「2030年までに出生登録を含め，すべての人が，法的な身分証明をもてるようにする」と掲げられている。

2016年7月には，UNICEFや国際NGOなどが中心となり同ターゲットの実現を目的とした「子どもに対する暴力撲滅グローバル・パートナーシップ」が設立された。さらに，WHOが主導で『子どもに対する暴力撤廃のための7つの戦略（INSPIRE：7 Strategies for Ending Violence against Children)』が発表され，法律の施行と執行，規範と価値観，安全な環境，親や養育者への支援，収入・経済力向上，対応・支援サービス，教育とライフスキルの7つの戦略が示された。

子どもの保護の課題

2020年に発表された『子どもに対する暴力の防止に関する報告書（Global Status Report on Preventing Violence against Children 2020)』によると，毎年少なくとも10億人，世界の子どもの約半数が，何らかの暴力を受けている。そのうち，4人中3人は親や養育者からの身体的または心理的虐待を受けた経験があり，20歳以下の1億2000万人の女の子たちが性的暴力を受けた経験があると報告されている（WHO [2020]）。同報告書では，子どもへの暴力を防止・対応するための7つの戦略（INSPIRE）について，国ごとの進捗状況も示している。88％の国で性暴力や体罰などを防止する法律があるにもかかわらず，法の執行にはなお課題がある。子どもに対する暴力の予防や対応の活動は，UNICEFや国際NGOの間では「子どもの保護（Child Protection)」の活動と呼ばれている。以

90　第I部　国際協力の課題別アプローチ

下，「子どもの保護」の主要課題について紹介する。

〈出生登録〉

そもそも，途上国では，国連子どもの権利委員会からの再三の勧告にもかかわらず，子どもの統計データが十分に整備されていないことが多い。この背景には，5歳未満児のおよそ4人に1人が出生登録されていない（UNICEF [2023a]）ことも要因となっている。出生登録がされていないと年齢を証明できず，就学年齢になっても小学校に入学できず，成人しても ID カード（身分証明書）が作れずに保健や社会保障などのサービスを受けられなくなる可能性がある。犯罪などに巻き込まれた場合にも自分の身分を証明するものがないため，身の危険にさらされる可能性が高くなる。

〈児童労働〉

ILO 条約によって，「15歳未満の子どもの労働（途上国では例外的に14歳未満）」と「18歳未満の子どもが危険な労働に従事すること」は禁じられている。しかし，児童労働に従事する5歳から17歳の子どもの数は，世界で1億6000万人（うち女の子が6300万人，男の子が9700万人，70%以上が農業セクターで労働）にも及んでいる。そのうち，健康面・安全面・道徳面で有害な可能性が高い，危険な状況・条件下で働く子どもの数は，児童労働に従事する子どもの約半数に相当する7900万人に上っている。児童労働に従事している5～11歳の子どものうち27.7%，12～14歳の子どものうち35.2%は学校に行くことができていない（ILO and UNICEF [2021]）。

〈人身取引〉

人身取引とは，脅迫や誘拐，詐欺などの強制的な手段を使って，弱い立場にある人たちに労働を強いることである。輸送や受け渡しに関わることも人身取引にあたる。人身取引の多くは，強制労働と

第4章　子どもの権利保障　91

性的搾取を目的とするものである。2014年には世界の人身取引被害者の28％が子どもであった（うち20％が女の子で8％が男の子）。サハラ以南アフリカでは，全被害者に占める子どもの割合が64％を占める（女の子25％，男の子39％）。南アジアでは子どもの占める割合が40％（男女別の統計は欠如）で，児童婚の被害者も報告されている（UNODC［2016］）。後発開発途上国など貧しい地域で子どもの人身取引被害の割合が高く，紛争や自然災害などの緊急時に子どもは人身取引の被害にさらされやすい。

▷ 緊急時における子どもの保護

　子どもは平時からさまざまな暴力に直面するが，紛争や自然災害などの緊急時にはさらに暴力を受けやすく，権利を侵害されやすい。2016年12月，UNICEFは，世界の子どもの4人に1人にあたる5億3500万人の子どもたちが紛争や災害の影響を受けており，そのうち75％がサハラ以南アフリカ，次に多い12％が北アフリカと中東に住む子どもたちであると発表した（UNICEF［2016］）。多くの子どもたちが住み慣れた家や地域を離れ，国内や国外で避難民としての暮らしを余儀なくされている。ウクライナやガザなどでは，本来，子どもが守られるべき場所である病院や学校が攻撃されている。内戦のある国では，子どもが兵士として，また武装グループの荷物運びや性的奴隷として駆り出されることもある。2015年のネパール地震では人身取引の被害が増えたことが報告された。新型コロナウイルスの感染拡大を含め緊急時には家計が逼迫することで児童労働や児童婚が増えるなど，子どもに対する暴力が増えることが報告されている。

　日本では，地震や洪水などで子どもが犠牲になる割合は障害者や

92　第Ⅰ部　国際協力の課題別アプローチ

高齢者に比べてかなり低い。建物の耐震化や学校防災の取り組みが進んでいる先進国では，災害時に学校や保育園などにいたことで被害を免れている例も多い。しかし，途上国においては，茅葺きやレンガでできた家は崩壊しやすく，校舎に耐震性が備えられていることも稀である。災害からの復旧にも時間がかかるため，災害から何年も経っても避難民キャンプでのテント暮らしを余儀なくされ，学校の校舎が再建されずに青空教室で勉強している子どもたちも多い。発災から復興までに時間がかかるため，大切な子ども期に，遊びや学習の機会を奪われる子どもたちの心身への影響は大きい。緊急時には，子どもの日常をいち早く取り戻すための支援が求められる。

4　子どもの権利保障のために必要なこと

地方自治体や地域での分野横断的支援の必要性

子どもの教育や子どもの保護については，国レベルでの政策策定や取り組みだけでなく，地方自治体や地域での取り組みが重要である。子どもの学びの保障も子どもへの暴力の予防や対応も，子どもを取り巻く地域コミュニティの意識改革や協力が必須である。基礎教育の普及においては，地域住民も加わった学校運営委員会が活性化することで就学率が向上し，中途退学率が減るなどの事例が数多く存在する。**子どもへの暴力防止**についても，地域住民が研修を受けることで，子どもの権利侵害に対する監視が行われ，地域での子どもの権利擁護につながっている。

子どもの権利保障に関連する行政は，教育局や社会福祉局，保健局などさまざまな担当局に分かれている。支援するドナー（援助供

与国・機関）や NGO も（同じ団体内でありながらも）担当するプログラムごとに行政の担当局や連携団体が異なるために，必ずしも十分な連携が取れていない。学校のなかでの子どもへの暴力防止の啓発や，地域での子どもへの暴力防止の取り組みのなかでの子どもの就学促進など，教育と子どもの保護のそれぞれの分野を横断する連携が重要である。水衛生や保健など子どもを取り巻く他分野についても同様で，子ども支援という枠組みのなかで，包括的な子どもの権利保障を行っていくことが重要である。

UNICEF が提唱する「子どもにやさしいまち（Child Friendly Cities)」という取り組みがある。子どもの権利条約の内容を具現化するまちづくりであるが，地方自治体において，子どもの人権オンブズパーソン（子どもの権利擁護委員）などが設置され，子どもに対する人権侵害を訴えることができ，救済できるような制度が確立されることも求められる。

▷ 子どもの意見の尊重と子どもの最善の利益の追求

子どもの権利条約の4つの原則の1つ「子どもの意見の尊重」は，子どもが自分に影響を与えるすべての事柄について，自由に自分の意見を述べ，その意見が正当に重視される権利である。第2節でも述べた教育現場における「子ども中心の学び」を実現するため，また子どもたちが権利の主体として暴力防止の活動に関わるためには，子どもの意見や気持ちに耳を傾け，子どもの意見を取り組みに反映させていくことが大切である。

そのためには，政策や計画策定のための会議やプログラム評価のワークショップなどに子どもたちにも参加してもらうことが肝要である。学校現場においては，普段から子どもが意見を言いやすいよ

うな仕組みづくりを行っていくことで，学校が安心な場所になり，教育の質の向上にもつながる。何よりも，子どもが主体的に子どもの権利を守る活動に参加することは，教育や子どもの保護の取り組みを，より子どもたちの現状に即したものとすることができる。大人が中心の会議において，意味のある「子ども参加（child participation）」を促すためには，子どもにも理解しやすい「子どもにやさしい（child friendly）」教材などを作成したり，子どもが意見を言いやすいような環境づくりを行うファシリテーターを用意するなどの工夫も必要になる。

　子どもの権利条約には，「子どもの最善の利益（the best interests of the child）」の原則もある。子どもの保護者や周囲の大人にとって良いことではなく，子どもにとって最も良いことを選択するという原則である。子どもの権利条約の英語の原文は，Convention on the Rights of the Child であるが，「the Child（その子ども）」にとって良いことは，別の子どもにとっては必ずしも良いこととは限らない。性別，年齢，障害の有無，経済的背景など子どもたちの置かれている状況は異なる。1人ひとりに寄り添った対応や子ども1人ひとりにとってベストな選択を行っていくことが求められる。

▷ すべての子ども，そして若者も含めた支援へ

　子どもの権利条約では，子どもを「18歳未満のすべての者」であると規定し，各国では子どもの福祉や教育に関する国内法が整備されている。子どもの権利というと，「困難な状況にある子どもたちのため」と考える人もいるかもしれない。困難な状況にある子どもだけでなく「すべての子ども」が対象であることを強調しておきたい。今は学校に通っている子どもも，明日災害が起きて学校に通

えなくなるかもしれない。戦争が始まり，親を亡くすなどして，自分を取り巻く状況が一変する可能性もある。

　「18歳未満」という区切りについても，現在は，子どもの定義を幅広くとらえるようになっている。日本でいえば，同じ高校生でも子どもと大人がいることになり，18歳で区切ってしまうことに弊害があることは読者の皆さんにも想像がつくであろう。UNICEFも最近の戦略計画では「10代の若者を含むすべての子ども」を支援対象として明示している。日本でも，2023年4月に施行されたこども基本法では，「こども」とは「心身の発達の過程にある者」と定義され，心身の発達状況など必要に応じて，18歳を過ぎても切れ目のない支援を行っていくこととされている。「誰一人取り残さない」SDGsの目標のために，子どもを中心において，すべての子ども，若者の権利保障をめざしていくことが求められる。

Report assignment　レポート課題

4.1　あなたが関心のある世界の子ども支援の課題について調べてみよう。その課題は子どもの権利条約やSDGsのどの条文や目標と関係があるのか，課題解決のためには，どのような取り組みを行う必要があるか考えてみよう。

4.2　子ども支援に関する国際協力事業において，なぜ子どもの参加や子どもの意見の尊重が必要なのだろうか。どのようにすれば，意味のある子ども参加を実現できるのであろうか。

高齢者と障害者

より豊かな社会福祉の希求

Chapter 第 5 章

ジュートの茎から繊維を分離している男性（バングラデシュ・ガイバンダ県，2011年，筆者撮影）

Quiz クイズ

Q5.1 ヨーロッパ，北米の 2022 年の高齢化率（全人口に対する 65 歳以上人口の割合）は約 17% である。東アジア・大洋州の高齢化率は 2022 年に何% だろうか。
a. 3%　b. 7%　c. 13%　d. 17%

Q5.2 途上国，先進国を問わず，全人口に占める障害者の割合は約何% と推計されているだろうか。
a. 0.1%　b. 1%　c. 5%　d. 15%

Answer クイズの答え

Q5.1　c.

　図 5-2 にみられるように，東アジア・大洋州は急速に高齢化している。1979 年から 2014 年まで「一人っ子政策」を採用して出産を抑制した中国のみならず，日本，韓国，シンガポール，タイの高齢化も進んでいる。

Q5.2　d.

　障害に関する知識が広がらないなかで人口センサス（国勢調査）を行っても，障害がある人々が「障害者」とカウントされないことが多かった。これによって障害者の実数が低く推定される傾向がある。森・山形［2013］，第 2 章を参照。

Keywords キーワード

人口転換，高齢者，社会福祉，寡婦，社会保険，セーフティ・ネット，障害者，障害の社会モデル，地域に根ざしたリハビリテーション（CBR），国連・障害者の権利条約

Chapter structure 本章の構成

```
┌─────────────────────────┐   ┌─────────────────────────┐
│   高齢化が進む途上国    │   │      障害と開発         │
├─────────────────────────┤   ├─────────────────────────┤
│・人口転換：多産多死から │   │・自分と高齢者，自分と障 │
│  少産少死へ             │   │  害者                   │
│・途上国でも進む高齢化   │   │・障害の医学モデルと社会 │
│・さまざまな社会における │   │  モデル                 │
│  高齢者の地位           │   │・自立生活運動と地域に根 │
│・高齢者の困窮           │   │  ざしたリハビリテーショ │
│・高齢者福祉のための財政 │   │  ン（CBR）              │
│                         │   │・国連・障害者の権利条約 │
│                         │   │・途上国の障害者の貧困   │
└─────────────────────────┘   └─────────────────────────┘
```

本章の問い

　本章では，途上国における高齢者と障害者の福祉の現状と，今後の改善のあり方を問う。

　人は誰しも，生きていて年数を経れば高齢者になる。すると，かつてできたことができなくなる。障害も，平均的な人々と比較した，一部の能力の低下として表れる。生来の障害もあれば，後天的に得る障害もある。

　このような身体等の能力の低さは，経済的困窮や社会的地位の低下を招くことがある。それを補うために多くの国では社会保障が導入されている。途上国の社会福祉は十分なのだろうか。そしてそれらは，どのように改善すべきなのだろうか。

第 5 章　高齢者と障害者

1　高齢化が進む途上国

▷　**人口転換**——多産多死から少産少死へ

　アジアやアフリカなどの途上国では，かつては衛生水準が低く，感染症の予防も治療もままならなかったため，死亡率が高かった。そして高死亡率は平均寿命を短くした。

　死亡率が高い社会では，人口減少を食い止めるために，多産を奨める文化が形成された。また子どもは若いうちから労働力として期待された。このような人口動態は「多産多死」と呼ばれている。

　幸いなことに多くの国々で，感染症の予防接種，トイレや水道，病院といった衛生施設の整備等によって死亡率が下がっていった。一方，多産を尊ぶ習慣や社会規範は容易に変化しないため，高い出生率は続く。この状態を「多産少死」と呼ぶ。1950年代から80年代まで途上国は年平均で約2％の率で人口成長していた。この水準は約35年で人口が2倍になるという高率であり，このような人口急増は**人口爆発**と呼ばれた（Birdsall [1988]）。

　しかし経済が発展し，平均所得が上昇してくると，多くの子どもを産んで，全員には高い教育を与えられない状態よりも，子どもの数を減らして，少ない人数の子どもに対して高い教育を与える方が好まれるようになる。その結果，出生率が下がり，社会は「少産少死」へと推移する。このように，多産多死，多産少死，少産少死へと人口動態が遷移することを**人口転換**と呼ぶ。

　図5-1は，南アジアからインド，アフリカからコートジボワールを例として取り上げ，人口転換の様子を示している。1960年に

図 5-1　インドとコートジボワールの出生率と死亡率

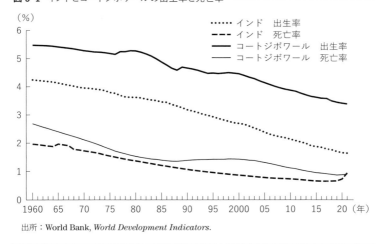

出所：World Bank, *World Development Indicators*.

はコートジボワールの出生率が年間約 5.5%，インドが約 4% という高さであった。死亡率もコートジボワールが約 2.7%，インドは約 2% であった。この状態が多産多死である。

1970 年代にコートジボワールの死亡率は 1.5% 台に下がったが，その間出生率の低下は緩慢だった。この期間が多産少死に該当する。

今世紀に入ると両国とも，出生率，死亡率が継続的に低下し，少産少死の状態に近づいていることがわかる。2021 年のインドの死亡率上昇は新型コロナウイルスの影響によると考えられる。

途上国でも進む高齢化

世界全体で人口転換が進んだ結果，若者や成年の人口に比して，65 歳以上の**高齢者**の割合が，世界の多くの地域で高まっている。ヨーロッパや北米，日本などの先進地域のみならず，アジアでも高

第 5 章　高齢者と障害者　**101**

図 5-2 東アジアや南アジアでも進む高齢化

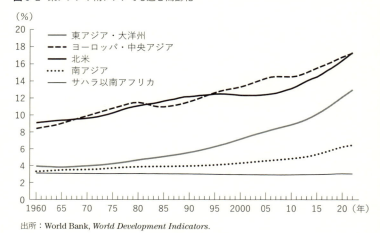

出所：World Bank, *World Development Indicators*.

齢化が進んでいることに注意したい（大泉［2007］）。

　図 5-2 は，世界のいくつかの地域における高齢化率（65 歳人口の全人口に占める割合）の推移を示している。1960 年にはヨーロッパ・中央アジアの高齢化率は 8.4％，北米（アメリカ，カナダ，メキシコ）は 9.1％ だったが，2022 年にはどちらの地域も 17.3％ に上昇し，約 60 年の間に高齢化率が倍増したことがわかる。ちなみに日本の高齢化率は同じ期間に 5.8％ から 29.9％ へ急上昇している。

　いま 1 つ図 5-2 において顕著なのは東アジア・大洋州の急速な高齢化である。東アジア・大洋州の高齢化率は 1960 年に 3.9％ だったが 2022 年には 13.0％ に達している。中国が 1979 年から 2014 年まで「一人っ子政策」を採用し，夫婦に対して 2 人以上の子どもをもたないよう人口抑制をしていたため，中国の少子高齢化が著しい。またこの地域においては，2022 年の日本，韓国，シンガポ

ール，タイの高齢化率が中国の値をも上回っていた。

また南アジアの高齢化率も，1960年の3.3％から2022年には6.4％へと顕著に上昇している。東アジアほどのスピードではないが，今後南アジアの高齢化対策も大きな課題となる。対照的にサハラ以南アフリカの高齢化率は1960年から大きな変化がない。これは今のところ，死亡率低下と出生率低下のバランスが取れていることを意味している。

さまざまな社会における高齢者の地位

東アジアはもちろんのこと，南アジアやアフリカでも，将来高齢化は避けられない。そのような時代において，高齢者は幸せに暮らせるのだろうか。

『第二の性』の著者として知られるシモーヌ・ド・ボーヴォワールはもう1つの大著『老い』において，文化人類学的資料を参照しながら，どのような社会において老人が大事に扱われてきたか，あるいは疎んじられてきたかを分析している（Beauvoir [1970]）。参照地域はアフリカ，南北アメリカ，日本を含むアジア，大洋州，ヨーロッパと広く，時代としても古代から20世紀までの長い期間を分析対象としている。その引用は，古代エジプトの老人殺しの習慣から深沢七郎が『楢山節考』で描く日本の姥捨にまで及んでいる（深沢 [1964]）。

その分析の結論は，過去から現在に至るまで，①変化の激しい社会，②経験や記憶よりも武力の重要性が高い社会，③頻繁な地理的移動を必要とする社会，④所有権が不確実な社会，においては高齢者の役割が小さく，高齢になることが疎んじられる度合いが高い，ということであった。現代の途上国においては，地方にも携帯電話

第5章　高齢者と障害者　103

などの IT 技術が浸透したり，新型コロナウイルスが感染拡大したり，若者が外国に出稼ぎに出たりするなど，変化が激しい側面がある。したがって上記の①が該当することから，高齢者にとってはより厳しい社会生活環境が待ち受けているといえよう。

▷ 高齢者の困窮

　世界各地に，経験や知識が敬われ，儀式などで欠かせない役割を果たすことによって高い地位を維持する高齢者がいる（たとえば田川ほか編 [2016]）。その一方で，高齢になり体が弱った状態で，家族の保護も得られず，行政による**社会福祉**サービスも受けられず，町で物乞いをする高齢者もいる。筆者はバングラデシュやカンボジアでこのような貧窮した高齢者に数多く遭遇した。公的な社会福祉制度が形成途上である以上，何らかの理由で家族の保護を受けられない高齢者は，経済的に困窮せざるをえない。

　バングラデシュに隣接するインド・西ベンガル州に生まれたビブティブション・ボンドパッダエは 1929 年，自身を重ね合わせたとみられる少年オプーの半生を小説『大地のうた』に描いた（ボンドパッダエ [2008]）。この小説は 1955 年に，やはりベンガル人映画監督のサタジット・レイによって同じタイトルで映画化され，インド映画の古典とみなされている。

　この小説中に主人公オプーの親戚として登場する「インディルばあさん」は，幼い頃に嫁いだが，若くして夫と死に別れ，子どももそのうち寄り付かなくなる。75 歳で主人公の母ショルボジョヤが取り仕切るオプー一家に身を寄せる。住居の一角に居候するのであるが収入はないので，周囲の人々に物乞いするか，家から食べ物をくすねて食べるしか生きていく術はない。それをショルボジョヤに

なじられると，別の遠縁を頼ってオプー家を出ていく。しかし遠縁の家々でも数日過ごすと邪魔にされ，最期はオプー家の近所で発熱して死に至る。

『大地のうた』は20世紀初めの西ベンガルのストーリーであるが，現在のバングラデシュにおいて市場で物乞いをしている高齢者の生活の困窮の背景を説明しているといえる。現在のバングラデシュには，高齢者所得補助（Old Age Allowance）があり，65歳以上，年間所得が2000タカ（約3000円）以下，そして正規就業していない，という3つの条件を満たす高齢者には月額500タカ（約700円）が支給されている（日下部［2020］）。支給者数は2020～21年度に490万人おり，高齢者の総数の約半分が受給していることになる。月額500タカは，生活の助けになるだろうが，衣食住すべてを賄うには心もとない。次の項で議論するような社会保障の充実が求められる。

インディルばあさんの例にみられるように，高齢者のなかでも女性はさらに困窮する確率が高い。なかでも，夫に先立たれる，離婚される，または置き去りにされることによって婚姻関係を失った女性（高齢とは限らない）は寡婦として，社会経済的に不利な状況に置かれる。南アジアやアフリカにおいて寡婦が世帯主である世帯は，そうでない世帯と比べて貧困である確率が高いことが示されている（ラヴァリオン［2018］489～492頁）。

ヒンドゥー教のもとでは長らく寡婦の再婚が原則として禁止され，遺産相続も制限された（岡崎［1992］）。またイスラーム教のもとでは，子をもつ寡婦の遺産の取り分は8分の1に限定されている（コーラン第4章第14節［フリューゲル版］）。男女平等の観点からこれらの制限が緩和された現代でも，男性親族が力づくで土地を奪ったり

（バングラデシュ：Mannan [2002]，カビール [2000]），夫が生前に妻に土地を分与するといった対策を取らなければならなかったりするため（エジプト：竹村 [2023]），寡婦の地位が低いという問題は残ったままである。途上国の高齢者，なかでも女性は，二重に社会経済的な不利を抱えていることを強調しておきたい。

▷ 高齢者福祉のための財政

働くことができなくなった高齢者は，生活の糧を家族や社会の支援に頼らざるをえない。多くの社会において世帯規模が縮小し，個人が家族から離れて暮らすことが多くなっていくなかで，高齢者福祉のための資金は，政府が中心となって確保，配分することが多くなっている。その中心は，高齢者に対する年金である。

さて，政府は年金の財源をどのようにして調達するだろうか。第1の方法は，現在の高齢者が年金受給年齢に達する前から年金保険料を支払い，それを積み立てることである。このタイプの資金調達法を積立方式と呼ぶ。第2の方法は，現役世代から年金保険料を徴収し，それを現在の高齢者への年金支払いに充てる方法である。これを賦課方式と呼ぶ。いずれの方式を取るにせよ，年金制度を始める際に，一国の高齢者全員に年金を支払うための原資を確保するのは至難の業である。したがって，年金制度は，一国全体ではなく国のなかでも一部の人々から始めることが通例である。

たとえばタイにおいては，年金制度がはじめは国家公務員と軍人を対象に設立され，その後地方公務員，民間企業へと広げられた（大泉 [2007]）。しかし農業・漁業・自営業者については，任意加入の「国家貯蓄制度」を設けて，年金制度拡大を図っているところである。その結果，表5-1に示したように，タイの社会保険（年金に

表 5-1 世界の国々の社会保険，セーフティ・ネット加入率

（単位：%）

国	地　域	調査年	社会保険	セーフティ・ネット
タ　イ	東アジア	2019	34.1	44.2
フィジー	大洋州	2013	8.9	30.3
ネパール	南アジア	2010	5.3	40.1
ヨルダン	中　東	2010	28.2	65.7
エチオピア	サハラ以南アフリカ	2018	1.2	21.1
ボリビア	ラテンアメリカ	2020	8.1	97.9

注：社会保険とは拠出型の年金，健康保険等をさしている。セーフティ・ネットは所得移転，手当，非拠出型の年金，食糧援助等のプログラムを意味している。データのもととなる大規模な家計所得・支出調査は毎年行われるわけではないので，調査年を示している。
出所：World Bank, *World Development Indicators.*

健康保険を含む）加入率は，全人口の 34.1%（2019 年）にとどまっている。

　このように，積極的に年金制度構築を進めてきたタイでも，全国民を対象とする年金制度構築は道半ばといえる。多くの途上国はタイよりも財政基盤が脆弱なので，年金制度を含む**社会保険**制度の加入率はより限定的である。表 5-1 は世界の各地域から 1 カ国ずつを取り上げ，それらの国々の社会保険加入率を示している。大洋州の島国で人口が最大のフィジーでは 8.9%，南アジアのネパールは 5.3%，中東地域でパレスチナのヨルダン川西岸やイスラエルにも国境を接するヨルダンは 28.2% と，いずれもタイの値より低い社会保険加入率となっている。サハラ以南アフリカとラテンアメリカからは，どちらも内陸国のエチオピア（1.2%），ボリビア（8.1%）を例示している。

　途上国の高齢者など脆弱層の貧困は深刻なので，年金制度が完成

する前に社会福祉政策を行う必要がある。これは年金基金によらず，政府の税収などを財源とする所得移転や食糧援助などの形で行われる。社会福祉サービスは高齢者のみならず低所得世帯，障害者，被災者などを対象になされるもので，表 5-1 ではこれらの支援プログラムを**セーフティ・ネット**と呼んでいる。社会保険の加入率が低くても，セーフティ・ネットの参加率が高い国もある。とくにラテンアメリカでは所得移転のなかでも，受給世帯の子どもを学校に通わせる，予防接種を受けさせるといった教育，保健面での条件の達成を義務づけた**条件付き所得移転**が普及していることから，ボリビアのセーフティ・ネット参加率が非常に高くなっている（宇佐見・牧野編 [2015]）。一般にセーフティ・ネットに分類されるプログラムの財源は，積み立てた基金ではなく，税収や政府開発援助によっているので，その財政基盤は弱かったり，その実施が一時的だったりする。そのため，支給額が少ない，支給期間が限られる，といった課題がある。しかし高齢者を含む脆弱層保護のためには，年金制度が完成するまでの間，セーフティ・ネットを臨機応変に活用する必要がある。

2 障害と開発

▷　**自分と高齢者，自分と障害者**

　自分がいつ高齢者（65 歳以上）になるかは予測可能である。誰もが（早死しない限り）いつかは高齢者になる。また高齢者は家庭や地域や大学（多くは教員として）でしばしば目にする。

　それに対して読者は，「いつか自分が**障害者**になるかもしれない」

と考えるだろうか。また，周囲で障害者をみかけるだろうか。

高齢者と比較して，多くの人々が障害者にもつ親近感が薄いことについては制度的・歴史的背景がある。

障害の医学モデルと社会モデル

障害は長らく医学的に扱われてきた。いわゆる「正常な人の能力」からいずれかの部分が乖離した人は，その部分を「正常な人の能力」に近づけるように，治療やリハビリテーションが行われた。このように医学的な障害課題へのアプローチを**医学モデル**（または個人モデル）と呼ぶ。

かつては一般社会では，「正常値から外れる」障害者の能力に沿った対応がしにくいと考えられ，障害者用に作られた地域（コロニーと呼ばれた）や施設で障害者を受け入れようと考えられた。そしてコロニーや施設では，医学的なアプローチが重視された。

しかしそのような隔離政策は，障害者を（医療従事者に対して）受け身にし，自立性を弱める傾向にあった。さらには，非障害者にとって障害者を「見えない存在」にする結果をもたらした。

その反省をもとに修正されたアプローチは**社会モデル**と呼ばれる（杉野［2014］，森［2015］）。社会モデルとは，障害の要因を医学や障害者個人のみに求めるのではなく，社会の側にも求めるアプローチである。仮に自分の足が不自由だったとしても，もし車椅子が便利に利用可能で，建物にスロープやエレベーターがついており，交通手段も車椅子を受け入れる設備が整っていれば，移動の不自由という障害課題は解決される。このように社会の側に変化を求めるのが社会モデルの考え方である。

第5章　高齢者と障害者　**109**

自立生活運動と地域に根ざしたリハビリテーション（CBR）

社会の側が十分な環境整備を行えば，障害者は施設やコロニーで生活する必要はなく，一般社会のなかに入っていくことができる。そうすることにより，障害者と非障害者の接点が増え，障害者の社会参加の度合いが高まるはずである。

このように，障害者が施設から出て地域で暮らしはじめる運動を**自立生活運動**と呼ぶ。1960年代アメリカの西海岸から始まったこの運動は，日本でも何人かの先駆者たちによって広められた（中西[2008]，横田ほか[2016]，渡辺[2003]）。彼らは，社会の側が十分変化して受け入れ態勢が整う前に施設から出て，地域で生活を始めた。そしてむしろそのことが社会の側の変革を促したのである。ちなみに，ここで用いる「自立」という語は，経済的自立を必ずしも意味せず，むしろ障害者に関する事柄すべてを障害者が自己決定することを意味している。

途上国における自立生活運動は，障害者にとってさらにハードルが高かった。舗装された道路，エレベーター，点字ブロックなどの普及率が低いなかで地域で生活しなければならないからである。そのような逆境を乗り越えて，タイやパキスタンで自立生活運動を始めた人々もいた（奥平[2011]，中西[2008]，二ノ宮[2010]）。

しかし途上国における一般の障害者は，そもそも施設でサービスを受けること自体少なく，何もサービスを受けずに自宅にとどまっていることの方が多かった。彼らはすでに居住地域のコミュニティのなかに暮らしているので，「施設から出てコミュニティに入る」という自立生活運動の方向性が適用不可能であった。

そこで現実的に，途上国の地域に家族と暮らす障害者たちに対して，①車椅子や松葉杖，白杖といった器具や，医療サービスを供与

したり，②障害者がどのような権利をもっており，世界の障害者が
どのような活動をしているかを伝えたり，③自らの能力や可能性に
気づき，生活を自分で変えていく意欲と自信を与えたりすることが
試みられた。この試みを**地域に根ざしたリハビリテーション**（Com-
munity-Based Rehabilitation：CBR）と呼ぶ（久野・中西［2004］，中西
［2008］）。ちなみにここでの「リハビリテーション」は医学的な機
能回復訓練に限定せず，障害者への働きかけ全般を含んでいる。

　CBR の具体例として興味深いのが，バングラデシュの NGO，障
害開発センター（Centre for Disability in Development：CDD）の取り
組みである（山形［2011］）。バングラデシュでは，北海道の 2 倍よ
り少し狭いぐらいの面積に 2500 もの数の NGO が活動している。
それらの NGO はそれぞれに，女性のエンパワーメント，教育活動，
保健・衛生活動，マイクロファイナンス（小規模金融）といったさ
まざまな分野の活動を地域で展開している。彼らは日常的にサービ
スを提供している住民たちと密接な関係を築いている。一方，それ
らの地方 NGO の多くは障害者の課題については知識も経験も浅い
状態にある。そこで首都ダッカの近郊に本部と訓練所をもつ CDD
が，数多くの地方の中小 NGO のスタッフの研修を数週間行い，そ
の後それらの NGO スタッフがそれぞれの地元に戻り，リハビリテ
ーションや知識・情報の普及，そして障害者自身が主体として取り
組むための意欲や自信，行動様式を獲得するように支援する，とい
うわけである。CDD はこの方法を Community Approaches to
Handicap in Development（CAHD）と名付け，この方法の普及に
よって，2010 年にマグサイサイ賞（「アジアのノーベル賞」とも呼ば
れる権威ある賞）を受賞している。

　以下では筆者が 2009 年に視察した CAHD の実践例を紹介しよ

う。バングラデシュの西部ラジシャヒ県に平等女性厚生協会（Samata Nari Kallyan Sangstha：SNKS）と称するNGOがある。このNGOは地域の女性の平等をめざして設立されたのであるが、社会開発に関わることは何でも行っている。しかし、障

脳性麻痺の男児と彼のための歩行練習用具を作成して歩行訓練を指導するイムラン・ホセン氏（バングラデシュ・ラジシャヒ県，2009年，筆者撮影）

害については知識も情報もなかったので、スタッフのイムラン・ホセン氏らをダッカのCDDに送り、研修を受けさせた。研修後イムラン氏はラジシャヒ県に戻り、CBRの実践を始めた。

イムラン氏はラジシャヒ県のバガ郡の障害児の家庭を回り、リハビリテーションをしたり、基本的動作（歩行、食事等）のための補助具を作成したりしていた。写真は、脳性麻痺の児童（左）と、彼の歩行訓練のためにイムラン氏が身近な材料で作成した歩行練習用具（右）である。

SNKSのような地方のNGOは障害に関する基礎知識、障害者の権利、補装具やリハビリ技術の進展、障害者の自立やエンパワーメントの実例について必ずしもくわしいわけではないが、CDDのネットワークに入っていることで、これらの知識・情報にアクセスすることができる。

国連・障害者の権利条約

世界全体で障害者の地位を高め、社会参加を進めていくために、

国連は**障害者の権利条約**（Convention on the Rights of Persons with Disabilities：CRPD）を 2006 年に採択し，この条約は 2008 年に発効した。2024 年までに世界のほぼすべての国々がこの条約に加盟している。各国はこの条約に則り国内法を制定することにより，条約の内容を実現していくことになる。

CRPD は，すべての障害者の権利を保障し，尊厳を尊重することを謳っている。障害者のなかの多様性を認め，あらゆる差別を禁止すると共に，障害者に対する**合理的配慮**（reasonable accommodation）を社会に対して求めたことが大きな特徴となっている。

合理的配慮とは，障害にともなうさまざまな不平等や不利益を解消するための改善や変更が「大きすぎる負担とまでいえない場合に」実現されるべき義務をさしている。「大きすぎる負担」についてはケース・バイ・ケースで異なるので，障害者とサービス提供者との間で，何が必要で何が可能なのかを話し合い，解決策を探ることが常に求められる。合理的配慮の必要性をまったく無視し，試みもせずに否定することは障害者差別にあたる。

この他 CRPD は，障害者の自立生活，リハビリテーション，情報アクセス，教育，法的能力，司法アクセス，虐待防止，政治参加，労働，手話とろう文化，国際協力などについて定めている（松井・川島編 [2010]）。

▷ **途上国の障害者の貧困**

一般的に，障害者は非障害者よりも経済的に弱い立場に置かれている。この傾向は途上国においてより顕著である。

ノルウェー産業科学技術研究所（SINTEF）は，とくに南部アフリカ，東アフリカ地域において独自の標本調査を行い，障害者の経

済条件についての調査を行った。具体的には、ウガンダ、ケニア、ザンビア、ジンバブエ、ナミビア、マラウイ、南アフリカにおいて調査を行い、教育・メディアへのアクセス、識字率、雇用、所得について、障害者が非障害者より不利な状況にあることを示している（Eide and Ingstad eds. [2011]）。

南アジアのネパールにおける障害者に対する標本調査では、教育や雇用に対する障壁の高いことが明らかにされている（Lamichhane [2015]）。また、フィリピンの首都マニラと、地方のバタンガス州ロザリオ市での障害者標本調査の結果からは、障害者の貧困人口比率が障害者を含む全人口の貧困人口比率と比較してかなり高いこと、障害種別によっては未就学率がかなり高いこと、さらには教育水準等を考慮したとしても、女性障害者の所得が男性障害者よりも際立って低いことなどが明らかにされている（森・山形 [2013]）。

1人当たり所得の低い途上国においては、資金面だけを考えれば、社会福祉の充実への道のりは遠く険しい。高齢者や障害者自身の能力や意欲、地位を高めていくことによって資金不足を補い、彼らの福祉向上を加速させることが求められている。

⁓ *Report assignment* レポート課題

5.1 どの途上国において、どの分野の社会福祉（高齢者、障害者、児童、保健）が進んでいるだろうか。1つの国を選んで、その国の社会福祉について調べてみよう。本章の引用文献が参考になるだろう。

保健と感染症

すこやかに生きるために

第 **6** 章 *Chapter*

巡回医療サービス（インド・デリー市内，2008年，筆者撮影）

Quiz クイズ

Q6.1 プライマリー・ヘルス・ケアとは何だろうか。
- a. 地域に根ざした伝統医療　b. 高次医療サービス
- c. 医師がいないなかで行う地域医療サービス
- d. 救急搬送サービス

Q6.2 以下の感染症の中で「3大感染症」に含まれていないものを示せ。
- a. マラリア　b. HIV／エイズ　c. ペスト　d. 結核

Answer クイズの答え

Q6.1　c.

　国際保健におけるプライマリー・ヘルス・ケアとは，医師や看護師といった医療従事者が少ない途上国において，地域のヘルス・センターなどで提供される初期医療（必須医薬品の提供，衛生教育等）を意味している。

Q6.2　c.

　ペストは歴史的に全世界で流行した感染症だったが，抗生剤が発見されてからは，世界の一部でしか感染がみられない。3大感染症のHIV／エイズ，結核，マラリアは，その死者が毎年数十万人にも及ぶ。

Keywords キーワード

平均寿命，母子保健，ユニバーサル・ヘルス・カバレッジ（UHC），プライマリー・ヘルス・ケア，顧みられない熱帯病，HIV／エイズ，ワクチン，新型コロナウイルス

Chapter structure 本章の構成

徐々に改善する保健水準	保健サービスをすべての人に届ける	感染症対策
・伸びる平均寿命 ・改善する母子保健 ・重要性を増す生活習慣病	・プライマリー・ヘルス・ケア：医師の不足を補う保健改善 ・経口補水療法	・3大感染症：HIV／エイズ，結核，マラリアの現状 ・顧みられない熱帯病 ・新型コロナウイルス感染症の経験から

本章の問い

　途上国において，人々はどれだけ健康になったのだろうか。課題として残されていることとしては何があるのだろうか。

　医師や看護師といった医療人材が不足するなかで，それでも人々の健康状態を改善するためにどのような取り組みがなされてきたのだろうか。

　2020年代初め，世界は新型コロナウイルス（COVID-19）に苦しんだ。他にどのような感染症が重要なのだろうか。新型コロナウイルスに対して世界はどのように対処したのだろうか。このような感染症の予防や治療として何がなされるべきなのだろうか。

第6章　保健と感染症

1 徐々に改善する保健水準

▷ **伸びる平均寿命**

　21世紀に入り，世界の人々の健康水準は全体として改善している。20世紀終わりには，サハラ以南アフリカでHIV／エイズの感染が拡大し，その致死率も高かったことから，アフリカの人々の健康が大きく損なわれることが危惧された。しかし後述のように，21世紀初めには抗エイズ薬が広く提供されるようになり，致死率が大きく下がった。

　これを反映して，サハラ以南アフリカの平均寿命は延びている（世界銀行 World Development Indicators による）。1960年の**平均寿命**は41.4歳であった。つまり1960年に生まれた子どもは，平均的には41.4歳までしか生きられないと考えられた。それから約20年経った1982年，この地域の平均寿命は49.2歳にまで改善された。しかしその後の20年の間，平均寿命は49〜50歳の水準にとどまった。これにはHIV／エイズの蔓延や，頻発した武力紛争の影響があったものと思われる（⊃第1章，武内［2000］を参照）。2001年以降，サハラ以南アフリカの平均寿命は着実に上昇し，16年には60歳を超えた。今やアフリカで生まれた子どもは，平均して60歳以上まで生きることが期待できるのである。

　サハラ以南アフリカ以外の地域においては，1960年代から今に至るまで，ほぼ一本調子に平均寿命の増加が続いた。2020年からの3年間は新型コロナ禍によって，世界のどの地域も平均寿命の微減を経験した。しかし，新型コロナウイルス感染拡大が収まった

2022 年以降は再び世界各地域で平均寿命の増勢が回復するものと期待される。

▷ 改善する母子保健

平均寿命が短い国は，乳幼児死亡率が高い傾向にあった。高齢者の生存率がそれほど低くなくても，若年層の死亡率が高ければ，平均寿命は短くなってしまうのである。

一般に乳幼児の健康を維持するのは難しい。高温そしてしばしば多湿の自然環境下では，感染症のリスクが高い。病原体が何であれ，乳児が下痢をし脱水症状に陥れば，命を落とすことにつながりかねない。

また妊婦の健康を維持することも，途上国においては大きな課題である。妊娠，出産時は母体がさまざまなリスクにさらされる。超音波検査や帝王切開が利用可能でない医療環境において，妊産婦死亡率は高くなりがちである（梶原 [2008]）。子どもを産み育てるという生殖行為が，当事者の自由意志のもと，身体的，精神的，社会的に良好な状態で行われることを**リプロダクティブ・ヘルス**（reproductive health）と呼ぶ（松山 [2018]）。

図 6-1 は開発途上地域や世界の 5 歳以下乳幼児の死亡率の推移を示したものである。まず世界全体では，1990 年に 9.3% だった乳幼児死亡率が徐々に低下し，2022 年には 3.7% に下がったことがみてとれる。生まれた 100 人の乳幼児のうち，5 歳までに命を落とす子が 4 人以下にまで抑えられたことを意味する。

このような**乳幼児死亡率**の低下傾向は世界全体で観察される。たとえば南アジアでは，1990 年の値が 13.0% であったが，2022 年には世界平均より低い 3.6% にまで下がっている。南アジアは長ら

第 6 章 保健と感染症 **119**

図 6-1 世界の 5 歳以下乳幼児死亡率

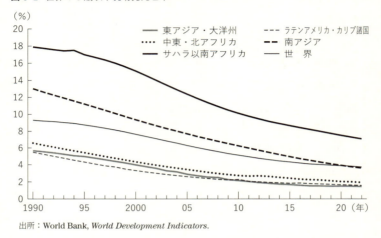

出所：World Bank, *World Development Indicators*.

く**母子保健**に大きな課題を抱えている地域とみなされてきた。それだけに，南アジアの乳幼児死亡率が大きく下がったことは特筆される。

一方，今なお乳幼児死亡率が高いのはサハラ以南アフリカである。サハラ以南アフリカにおいても乳幼児死亡率は過去 30 年間で大きな低下をみせている。1990 年には 17.9% という高さであり，これは 10 人中 2 人弱の子どもが 6 歳になる前に命を落としていたことを意味する。それから 30 年以上を経過した 2022 年には 7.1% にまで低下している。これは大きな改善といえる。しかし水準としては南アジアの値の約 2 倍の高さである。したがってよりいっそうの改善が求められる。

妊産婦死亡率も世界全体で低下している。国連や世界銀行の推計（世界銀行 World Development Indicators より）によれば，世界の妊産

婦死亡率は，2000年には出生10万人当たり339人という割合であった。この値が2020年には223人にまで低下している。つまり世界の妊産婦死亡率は2000年から2020年までの20年で約3分の2の値にまで低下したわけである。

しかしこの実績も「持続可能な開発目標（SDGs ➡第12章）」が定める「2030年までに妊産婦死亡率を出生10万人当たり70人以下に引き下げる」というターゲット達成のためには，十分とはいえない。というのは70人という値は223人の約3分の1の値に相当し，それを2020年から30年までの10年で達成しなければならないからである。

妊産婦死亡率低下についても大きく立ち遅れているのがサハラ以南アフリカである。2000年には802人，20年には536人となっており，世界の妊産婦死亡率の平均値を引き上げる役を演じてしまっている。2020年の536人という数値は，00年の802人と比較すれば大きく改善しているが，それでも世界平均の223人の2倍以上の値である。

このように世界の母子保健については，これまで大きな課題を抱えていた南アジアにおいて目覚ましい改善がみられたことから，今後はサハラ以南アフリカに対する重点的取り組みが必要である。

▷ 重要性を増す生活習慣病

途上国の保健においては感染症の予防と治療が長らく重要視されてきた。しかし近年，感染症対策の改善と，人々の生活水準の向上の両者が相まって，保健問題における**非感染性疾患**の重要性が高まっている（青山［2018］，峰松［2013］）。

表6-1は死因に占める非感染性疾患の割合を，開発途上地域別

第6章　保健と感染症　**121**

表 6-1 非感染性疾患の死因に占める割合

(単位：%)

地　域	2000 年	2010 年	2015 年	2019 年
東アジア・大洋州	75.1	81.1	83.2	84.9
ラテンアメリカ・カリブ諸国	67.2	68.1	74.6	75.5
中東・北アフリカ	68.2	74.8	73.6	78.5
南アジア	44.1	54.8	61.3	65.3
サハラ以南アフリカ	23.8	30.0	33.7	36.4
世　界	60.8	67.6	71.2	73.6

注：死因として非感染性疾患，感染性疾患，傷害の 3 つがあげられている。
出所：World Bank, *World Development Indicators.*

に示している。比較的高所得の「東アジア・大洋州」「ラテンアメリカ・カリブ諸国」「中東・北アフリカ」では死因に占める非感染性疾患の割合が 2000 年の時点から比較的高く，その割合が 19 年に至るまで上昇している。一方南アジアにおいては，2000 年には 44.1％ であったが，19 年には 65.3％ となり，急速に上記 3 地域に追いついていることがわかる。サハラ以南アフリカも，2000 年の 23.8％ から 19 年に 36.4％ へと上昇している。このように非感染性疾患の重要性は，すべての開発途上地域で高まっている。

　非感染性疾患の例としては，心血管疾患，癌，呼吸器疾患，糖尿病があげられる。これらの疾患は，不健康な食事，運動不足，喫煙，飲酒などに起因するため，**生活習慣病**と呼ばれている。

　図 6-2 は，2011 年と 21 年の，20 歳から 79 歳の人口に占める糖尿病患者の割合を地域別に示している。先進国が多く含まれる「ヨーロッパ・中央アジア」の糖尿病患者比率は 2011 年に 6.5％ で，21 年には 7.0％ へと微増している。また北米においては 2011 年に

図 6-2 20 歳から 79 歳人口に占める糖尿病患者の割合

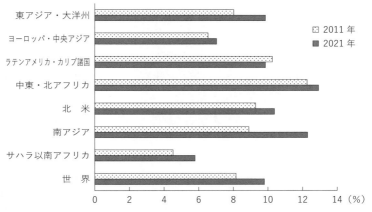

出所：World Bank, *World Development Indicators*.

9.3%，21 年に 10.4% である。

これに対して，開発途上地域においても糖尿病患者比率がすでに高水準に達していたり，急上昇していることがわかる（図 6-2）。東アジア・大洋州においては 2011 年に 8.0% であったが，21 年には 9.9% に達し，北米の水準に迫っている。中東・北アフリカは 2011 年の時点で世界一の高さ（12.3%）であり，21 年には 12.9% へと比率を高めている。南アジアにおいては 2011 年に 9.0% であったが，21 年には 12.3% となり，北米を追い抜いた。たとえばバングラデシュの都市においては，低所得層ほど安価なビスケットや，日本でいう「スナック菓子」，そして練乳と砂糖で極度に甘さを強めた紅茶で空腹を満たすことが多い。このようにカロリー摂取過多が重要な因子となりうる糖尿病が開発途上地域で増加していることに注意したい（峰松［2013］）。

第 6 章　保健と感染症

さらに喫煙も開発途上地域で深刻な課題であることを指摘しておきたい。2020年において，世界の成人の喫煙者比率は23.0%であるが，南アジアにおいては27.1%，東アジア・大洋州においては26.3%となっている（世界銀行，*World Development Indicators*による）。この2地域が世界で最も喫煙者比率の高い地域であり，ヨーロッパ・中央アジア，北米よりも高い値を示している。これらの地域においては，喫煙が生活習慣病の原因となるという意識が低いといえる。

2　ユニバーサル・ヘルス・カバレッジ
すべての人々に行き届く保健サービス

　途上国では，医療従事者も医薬品も機材・施設も不十分である。そのような状況下で，どのようにして保健サービスを地域に住む人々に届けることができるだろうか。そのための取り組みを**ユニバーサル・ヘルス・カバレッジ**（Universal Health Coverage：UHC）と呼ぶ。本節ではUHCを達成するための政策について述べる。

▷　**プライマリー・ヘルス・ケア**——医師の不足を補う保健改善

　途上国においては人口当たりの医療従事者数が小さい。そしてその少ない医療従事者が高収入を求めて海外に出稼ぎに行く傾向があり，医療従事者の希少性がより高まっている（WHO [2006]，山形 [2008]）。

　どの国においても首都の拠点病院には，医療従事者や機材が配置されやすいであろう。しかし地方に住む一般の人々は，体調が悪くなったらどのように対処したらよいのだろうか。

この課題に答えを与えるのが**プライマリー・ヘルス・ケア**（Primary Health Care：PHC）である。PHC は，患者が医師の常駐する病院に到達する前に，地域の保健施設や保健師などが初期手当を行うサービスのことである（WHO [2008]，藤屋 [2013]）。

インド・デリーのヘルス・センターのボランティアたち（2009 年，筆者撮影）

　写真は，インドの首都デリーの低所得コミュニティにおいて PHC を実践するヘルス・センターに集まったボランティアたちである。なかでも前に座っている 2 人は初期ケアに関する訓練を受けており，このセンターに常備されている必須医薬品に関する知識がある。また緊急初期対応についても学んでおり，必要に応じて，患者を高次医療に橋渡しすることができる。

　このようにして，医療従事者や病院が近くにない状況下でも，病気の予防や初期治療，衛生教育などを行うのが PHC の特徴である。

経口補水療法

　さらに PHC の代表的治療方法といえるのが，**経口補水療法**（Oral Rehydration Therapy：ORT）である。ORT は，医療従事者の介助なしでも乳児の致命的な脱水症状を緩和できる有効な手段である。

　後述のように，熱帯においては感染症リスクが高い。とくに乳児はコレラ，赤痢等により下痢を起こし脱水症状に陥りやすい。脱水を放置すれば命にかかわる。そのような場合，医療設備が整ってい

る環境では点滴静脈注射が用いられるが，途上国の地方では，多くの場合，注射を打つことのできる医療従事者がおらず，点滴用の液体も備えつけられていない。

そこで代替手段として開発されたのが，口から水分と塩分と糖分を適量摂取することを可能にした ORT である。日本でいえば顆粒かつおだしが入っているような小袋に 10 グラム程度の適量の糖分と塩分が封入されており，それを煮沸後の水 500 ミリリットルに混ぜればできあがりである。これを乳幼児に飲ませれば，病原体が何であるか突き止める前に，取りあえず脱水には対処することができる。このような一般人でも対処可能な ORT はバングラデシュで開発・普及したものである。バングラデシュの薬局では 10 グラムの一包 5 タカ（約 8 円）で販売されており，低所得者でも手が届く価格である（山形［2023］113〜115 頁）。

ORT の例が示すように，医療従事者や医薬品，機材が十分備わっていない途上国においては，その状況を前提とした予防，治療の努力が地域においてなされている。この努力の総体が PHC と呼ばれている。

3 感染症対策

2019 年末に中国で感染拡大が確認された新型コロナウイルスによって，その後の 3 年間，世界中の人々が行動制限を受け，世界経済も大きなダメージを受けた。本書の執筆時点（2024 年 7 月）までで，世界で 7 億 8000 万件に迫る感染があり，約 700 万人が命を落としている（WHO のデータによる）。

126　第Ⅰ部　国際協力の課題別アプローチ

新型コロナウイルスは世界中に感染が広まり，当初は重症化率が高かったので世界全体で治療・予防対策が急ピッチで進められた。しかし残念ながら，他の多くの「ほとんどが途上国で起こる感染症」に対しては，新型コロナウイルス対策としてなされたほどの強度や熱意をもった予防や治療がなされているとはいえない。本節ではそれらの感染症の特徴と感染対策についてまとめる。

▷　3大感染症──HIV／エイズ，結核，マラリア

　HIV／エイズ，結核，マラリアは世界の「3大感染症」として知られている。これらの感染症は，約3年間猛威を振るい，その後には鎮静化した新型コロナウイルス感染症と異なり，長年にわたり毎年数十万人もの死者を出しているからである。HIV／エイズによる死者は2023年1年間に63万人と推定されており，その91% が開発途上地域に住む人々である（UNAIDS [2024]）。マラリアによる犠牲者は2022年に60万8000人とされており，そのほぼすべてが熱帯に住む人々である（WHO [2023b]）。結核による死者はそれらを上回る130万人（2022年）である（WHO [2023a]）。結核感染率はサハラ以南アフリカ（2022年に人口10万人当たり208人）と南アジア（同207人。世界平均は133人）が顕著に高く，途上国における深刻性がいまだに高い感染症である。

　エイズは，後天的免疫不全症候群（Acquired Immune Deficiency Syndrome：AIDS）の略称であり，その病原体はHIV（Human Immunodeficiency Virus）というウイルスである。HIVに感染すると，体内の免疫系が破壊され，通常では重症化しないような感染症が重症化してしまう。この二次感染の重症化を「エイズの発症」と呼ぶ。

　現在は抗エイズ薬の普及により，HIVに感染しても，免疫系の

第6章　保健と感染症　　**127**

破壊を食い止めることが可能となっている。しかし2001年の世界貿易機関（WTO）閣僚会議で「公衆衛生に関わる特許保護を緩める」ことを容認したドーハ宣言が合意される以前は，特許保護期間中にある抗エイズ薬の価格が，1年の治療に1万ドル以上を要するほど高価だったので，途上国の感染者は治療をあきらめることが多かった。ドーハ宣言後は年間350ドル程度に低下し（2002年），その後は途上国の感染者に対して無償提供もなされている（山形[2023]136～146頁）。

ドーハ宣言前の2000年においてサハラ以南アフリカの成人（15～49歳）HIV有病率は5.7%の高さであり，ボツワナでは25.3%，南アフリカでは13.0%，ケニアでは8.7%に及んでいた。アフリカのなかでも南部アフリカ，東アフリカにおいて，感染の広がりが際立っていた。抗エイズ薬を処方しないと致死率が高かったので，当時のサハラ以南アフリカにおいては，2020～23年に世界的に感染が広がった新型コロナウイルス感染症よりも深刻な問題ととらえられていた。現在ではサハラ以南アフリカにおいても感染率が低下（2022年に3.8%）し，感染者に対する抗エイズ薬処方率も高まっている（同年，80.9%）。

エイズの**ワクチン**は未完成であるが，HIV感染を予防する医薬品（HIV曝露前予防内服薬）も開発・普及しており，対処法の選択肢が増えている（谷口[2023]）。

結核は，結核菌を病原体とする感染力の高い感染症である。ストレプトマイシンなどの抗生剤が複数利用可能で，治療法は確立されている。しかしHIV感染者が二次感染として結核を発症すると重症化する。複数の抗生剤に対する耐性を有する結核菌に感染すると治療の可能性が狭まるので，多剤耐性菌を生まないようにするため

に，医療従事者の監視の下で薬を処方する「直接監視下短期化学療法（Directly Observed Treatment, Short-course：DOTS）」が推進されている（御手洗 [2012]）。

マラリアは，マラリア原虫を病原体とし，ハマダラ蚊によって媒介される感染症である。発症すると高熱を発し，重症化すると死に至る可能性がある。サハラ以南アフリカにおいて感染者が高く，たとえば2022年には，2億5000万人が新規に感染したと推定されている（WHO [2023b]）。

ただし，感染者は多いものの，成人になるにつれ徐々に免疫を獲得することから，成人のマラリア死亡率は低い。死亡率が高いのは子どもと，胎児を宿している妊婦である。したがって，マラリアは母子保健の大きな課題と認識されている。

顧みられない熱帯病

途上国の多くは熱帯に位置しているが，熱帯においては3大感染症に加え，**顧みられない熱帯病**（Neglected Tropical Diseases：NTDs）が1億人以上の人々の健康を害している（表6-2）。

20を数えるNTDsのうち，ハンセン病やブルーリ潰瘍は身体の変形，リンパ系フィラリア症は足や陰嚢の腫れ，オンコセルカ症は失明をもたらすことがあり，それらは偏見や差別の原因となってきた。またNTDsの特徴は，患者の多くが途上国の低所得層であり，彼らの購買力が低いことから，製薬会社がNTDs向けの医薬品開発に対して消極的なことである。このことから国連などが予防・治療の支援を行っている（矢島・小林 [2013]，WHO [2020]）。

20のNTDsのうち毒ヘビ中毒以外のすべてが感染症である。また19の感染症のうち9が寄生虫を病原体としている。医学者のウ

表 6-2　顧みられない熱帯病（NTDs）

疾患名	病原体	媒介生物
ブルーリ潰瘍（熱帯性潰瘍）	細菌	
シャーガス病	原虫	カメムシ
デング熱・チクングニヤ熱	ウイルス	蚊
メジナ虫症（ギニアワーム）	寄生虫	ミジンコ
エキノコッカス症	寄生虫	犬，家畜
食品媒介吸虫症	寄生虫	巻貝，魚，甲殻類
アフリカ睡眠病	原虫	ハエ
リーシュマニア症	原虫	ハエ
ハンセン病	細菌	
リンパ系フィラリア症（象皮病）	寄生虫	蚊
菌腫，クロモブラストミコーシス，その他真菌感染症	細菌	
オンコセルカ症（河川盲目症）	寄生虫	ブユ
狂犬病	ウイルス	犬，コウモリ
疥癬，その他外部寄生虫感染症	寄生虫	
住血吸虫症	寄生虫	巻貝
毒ヘビ中毒	―	蛇
土壌伝播寄生虫症（回虫症等）	寄生虫	
条虫症・嚢虫症	寄生虫	豚
トラコーマ	細菌	ハエ
ヨーズ（イチゴ腫）	細菌	

出所：矢島・小林［2013］，WHO［2020］より筆者作成。

ィリアム・キャンベルと大村智は，イベルメクチンと名付けられた抗寄生虫薬を開発した貢献が認められて，2015 年にノーベル生理学・医学賞を受賞した。イベルメクチンは寄生虫由来の NTDs のうち，リンパ系フィラリア症，オンコセルカ症，外部寄生虫感染症，回虫症の治療薬として広く用いられている。イベルメクチンのような治療薬のさらなる開発が求められる。

新型コロナウイルス感染症の経験から

　新型コロナウイルスの感染拡大と，その感染対策に関して私たちが目の当たりにしたのは，先進国を含む世界中の人々（なかでも高所得国の人々）が大規模に感染し，重症化率も高いという事態に直面すると，高所得国はかなりの資金を治療や予防に割り当てたこと，そしてそれをみた製薬会社が，治療薬やワクチン開発に研究開発投資や人員を大きく振り向けたことである。いうなれば，先進国や新興国の政治的指導者たちはコロナ禍を政治的危機ととらえ，製薬会社は大きなビジネス・チャンスとしてとらえた，ということである。その結果として，過去に３大感染症対策としては振り向けられなかったほどの資源が新型コロナウイルスに対して向けられた。

　その研究開発投資結果は華々しかった。「通常は数年かかる」と考えられていた新感染症に対するワクチン開発が，新型コロナウイルスに限っては８カ月で成し遂げられた（山形［2022］）。中国武漢での新型コロナウイルスによる肺炎の集団発生が2019年12月8日で，ロシアが世界で初めて国産ワクチンを承認した（通常新薬開発時に必要とされる第３相最終試験は省略して）のが2020年8月11日であった。このスプートニクＶと名付けられたワクチンはウイルスベクターワクチンという新手法によって開発されたものであった。すると中国も負けじと8月22日に「すでに（ロシアに先立つ）7月22日に，中国は医療従事者らを対象にした中国製ワクチンの緊急使用を正式に開始していた」（やはり第３相試験は省略）と発表した（山形［2022］表2）。トランプ政権下のアメリカは2020年5月にOperation Warp Speedと名づけられた官民ワクチン開発促進枠組みを構築し，文字どおり国の威信をかけてワクチン開発が進められた（山形［2023］148～159頁）。

第6章　保健と感染症　**131**

第3相試験結果が公表されたワクチンとして初めて接種されたのは Pfizer/BioNTech が開発したもので，2020年12月8日にイギリスで接種が行われた。この頃，先進国首脳の関心事は主に「自国民に対して，有効で安全なワクチンを十分な数だけ確保すること」であった。

　そのようななかで，2020年2月に EU から離脱し，孤立化が懸念されたイギリスは，自らが主要資金提供者である GAVI アライアンス（設立当時名称は Global Alliance for Vaccines and Immunization）主導で，途上国を含む世界各国へワクチン分配を行う COVAX という枠組みを2020年6月に立ち上げた。COVAX には，バイデン政権成立後にアメリカが加盟したこともあって，世界のほとんどの国が加盟した。

　GAVI アライアンスは，2020年8月7日に，AstraZeneca / University of Oxford のワクチンが開発されたら，その価格を3ドル（約500円弱）に抑えることを宣言した（山形 [2022]）。たとえば日本で感染症の予防接種は数千円（ポリオ，麻疹）から1万円以上（黄熱病，狂犬病）する。これはワクチンの価格に医師の手数料を上乗せした額であるが，それを考慮に入れたとしても3ドルというワクチン価格は格安である。COVAX は低所得国への無償供与に加えて，有償で供与する際にもこのような低価格帯で途上国に販売したことから，他のワクチン供給国や製薬会社のワクチン価格を抑制するのに寄与したといえる。

　さらに COVAX のワクチン供給は，サハラ以南アフリカ諸国にとって量的に大きな意味をもった。2021年8月半ばまでの間，サハラ以南アフリカ諸国への新型コロナワクチン供給量のうち実に69.0% が COVAX を通じたものであった（Takasu and Yamagata

[2022], Table 2）。その他は購入が 16.6%，寄贈が 13.8% であった。サハラ以南アフリカ諸国のワクチン入手に関して，COVAX が支配的な役割を果たしたことがわかる。

このように新型コロナウイルス対策には，各国の競争と協調（とくに COVAX による）の双方が影響して，多種のワクチンが迅速に開発され，途上国を含めた国々に配分されたことは驚くべきことであった（山形 [2022]）。このことは，コロナ禍の社会において，多くの人的損失，社会的摩擦があったことと共に記憶にとどめられるべきである（慕容 [2022]）。

今後，新型コロナウイルスのような大きな影響を世界に与える新たな感染症に備えるため，パンデミック条約の合意を WHO がめざしているが，医薬品配分の公平性に関して先進国と途上国の対立が解消できないため，本書執筆時点（2024 年 7 月）では合意に達していない。

途上国の人々の健康水準は長らく感染症に大きく左右されてきた。一方コロナ禍によって，感染症リスクは高所得国の人々にとっても無視しえないことが明らかになった。現在，途上国の感染症対策は一定程度の進歩を遂げたことから，生活習慣病のような非感染症疾患の重要性が相対的に高まっている。今後は感染症・非感染症疾患の双方の課題に対する国際協力が求められる。

// Report assignment レポート課題 ////////////////////////////////

6.1 興味のある感染症を 1 つ選んで調べてみよう。その病原体，感染媒体，感染経路は何だろうか。どのような人の感染リスクが高いだろうか。その

第 6 章　保健と感染症　**133**

感染症予防のためにはどんな方法が有効だろうか。

環境と開発

持続可能な発展に向けた国際環境協力　　第 7 章

国連気候変動枠組条約第 21 回締約国会議（COP21）において採択された「パリ協定」の歴史的な瞬間に立ち会えた会議参加者からは，しばらくの間歓声と拍手が送られた（パリ，2015 年 12 月，鄭撮影）

Quiz クイズ

Q8.1 2022 年の二酸化炭素の排出量の多い国は，1 位中国，2 位アメリカ，3 位インド，4 位ロシア，5 位日本となっている。この 5 カ国のうち，1 人当たりの二酸化炭素排出量が一番多い国はアメリカであるが，2 位は，どこの国だろうか。
a. 中国　**b.** インド　**c.** ロシア　**d.** 日本

Q8.2 水俣条約は，水銀の環境への流出を防止するため，2013 年に条文案が合意され，2017 年に発効した国際環境条約である。下記の産業のうち，水銀を最も多く環境中に流出してしまっている産業は，どの産業だろうか。
a. 非鉄金属産業　**b.** 石炭火力発電所　**c.** セメント産業
d. 小規模金採掘

Answer クイズの答え

Q8.1　c.

2位は，ロシア。ロシアは天然ガスを利用しているのに加え，フレアリング（余剰のガスの燃焼）が多いと考えられている。

Q8.2　d.

最も多いのは，小規模金採掘。水銀を用いて，金を回収している。金を回収するための水銀の利用量（2012年）は，インドネシア（427トン），ペルー（327トン），コロンビア（175トン）が多いと推計されている。

Keywords キーワード

環境影響評価，大気汚染，水質汚濁，温室効果ガス，地球環境問題，共通だが差異のある責任，水銀汚染，気候変動，プラスチック汚染

Chapter structure 本章の構成

> 開発援助に起因する環境問題（1980年代～）
> ・援助国による環境影響評価・途上国による環境影響評価

> 途上国の公害問題への協力
> （1990年代～）
> ・大気汚染・水質汚濁・生物多様性の喪失など
> ・環境センター・アプローチ

> 地球環境問題への対応
> （1990年代後半～）
> ・気候変動と途上国
> ・水銀汚染

> これからの環境協力
> ・気候変動関連自然災害への対応
> ・プラスチック汚染

本章の問い

　途上国における貧困問題の解決に向けて，インフラの整備など，さまざまな開発協力が行われてきた。その一方で，経済開発にともなう大気汚染や水質汚濁，森林破壊などが進んできた。また，二酸化炭素の排出量が増え，地球温暖化がより深刻になってきている。

　日本でも，経済成長のなかで，水俣病，イタイイタイ病など，環境汚染によって人命が失われた。1970年の「公害国会」で，公害問題への対応が進むようになった。途上国における経済開発を進め，貧困を解決するとともに，人々の健康と環境を守るためにどのような取り組みが必要だろうか。また，地球温暖化，プラスチック汚染などの地球環境問題にどのように取り組むべきだろうか。

1 開発援助における環境配慮（1980年代〜）

▷ 開発援助にともなう環境破壊の防止

　さまざまな開発プロジェクトにより環境が破壊される可能性があるため，開発プロジェクトの計画段階で環境影響について調査するべきとの考え方が，1970年前後に，先進国を中心に意識されるようになった。最も早く**環境影響評価**（環境アセスメント）を導入したのは，アメリカである。1969年に制定された国家環境政策法に基づき，環境を破壊する可能性のあるプロジェクトに対して，事前に環境影響評価を行い，事業計画の中止を含め代替案をまとめ，実施の是非を含め，開発プロジェクトの内容を検討することとなった。

　その後，オーストラリア（1974年），タイ（75年），フランス（76年），フィリピン（78年），イスラエル（81年），パキスタン（83年）と，先進国および欧米先進国から支援を受けている途上国で，環境影響評価の制度が構築されてきた。

　国際援助機関も，国際協力プロジェクトについて，環境影響評価を行うようになってきた。1979年にアメリカの国際援助機関であるアメリカ国際開発庁（USAID）は，環境影響評価を実施すべきプロジェクトを規定した Executive Order 12114 を制定している。世界銀行は，1984年に「環境に関する政策および手続き」を採択し，プロジェクトの特定・準備をする段階で，環境を考慮することが規定された。

　1985年6月には，経済協力開発機構（OECD）が「開発援助プロジェクト及びプログラムに係る環境アセスメントに関する OECD

138　第Ⅰ部　国際協力の課題別アプローチ

理事会勧告」（OECDについては**第8章**を参照）を採択した。開発援助に際して，環境影響評価を実施するプロジェクトやプログラムの例をあげ，制度構築を促している。

日本では，国際協力事業団（JICA：2003年に国際協力機構に改称）が，OECDの勧告を受けて1988年12月に，「分野別（環境）援助研究会報告書」をとりまとめた。この報告書では，開発計画を作成するプロセスのできるだけ早い段階から，環境に配慮することを求めている。また，ダム建設計画（1991年），農業開発調査（92年），社会・経済インフラ整備計画（92年），林業開発調査（93年），鉱工業開発調査［工業開発編，鉱業開発編，火力発電所編］（93年），水産開発調査（94年）と，分野別のガイドラインを1990年代前半に整備した。

借款など資金面を中心に途上国支援を行っていた海外経済協力基金（OECF）も，1989年に「環境配慮のためのOECFガイドライン」を作成した。OECFは，1999年に日本輸出入銀行と統合し国際協力銀行ができたが，2008年には，海外経済協力部門は国際協力機構（JICA）に統合されている。

国際協力機構は，2010年4月には，「環境社会配慮ガイドライン」と「異議申立手続要綱」を公布し，22年1月には，「国際協力機構 環境社会配慮ガイドライン」を作成した。

▷ 途上国による環境影響評価

援助する側だけでなく，援助を受ける途上国も，開発プロジェクトに際して，環境影響評価を行うようになってきた。フィリピンやタイなど，1970年代に環境影響評価に関する法令を作成した国もあるが，多くの国は，工業化によって**大気汚染**や**水質汚濁**が進み，

表 7-1 途上国における環境影響評価に関する法令の整備（1970 年代後半から 90 年代前半にかけて）

国	年	環境影響評価関連の法令
フィリピン	1977	大統領令 1151 号で，環境影響評価制度を定め，翌年大統領令で，環境影響評価システム導入
タ イ	1978	国家環境質向上保全法の改正で，環境影響評価制度を導入
パキスタン	1983	環境保護法で，環境影響評価手続きを定める
マレーシア	1985	環境質法改正で環境影響評価を義務づけ
インドネシア	1986	環境影響評価に関する政令
中 国	1986	建設プロジェクト環境保護管理弁法で導入
スリランカ	1988	国家環境法の改定で環境影響評価制度を導入
インド	1991	環境保護法に基づく環境森林省告示で，環境影響評価を義務づけ
ネパール	1992	国家環境影響評価ガイドラインを公表
エジプト	1994	環境法で，環境影響評価プロセスを義務づけ
ベトナム	1994	環境保護法で，環境影響評価の対象を規定
カンボジア	1996	環境保護・天然資源管理法で環境影響評価について規定
	1999	環境影響評価実施プロセスの施行令（No. 72）
バングラデシュ	1995	環境保全法で，環境影響評価，その審査や手続きを規定

出所：地球・人間環境フォーラム編 [1996]，作本編 [2006] などを参考に筆者作成。

環境汚染への関心が高まった段階で，環境影響評価に関する法令が制定されてきている（表 7-1）。

2 途上国の公害問題への協力（1990年代〜）

日本の経験を伝える

　日本は，戦後工業化を進めるなか，水俣病や四日市ぜんそくなど，深刻な公害問題が全国各地で発生した。1967年には公害対策基本法が制定され，68年には大気汚染防止法が制定された。さらに，1970年には，国会で，公害問題が議論され，廃棄物の処理及び清掃に関する法律，海洋汚染防止法，水質汚濁防止法など14の法律が制定・改正された。この国会は「公害国会」と呼ばれる。

　1980年代には，韓国や台湾，香港で工業化が進み，日本と同様，大気汚染，水質汚濁が問題となった。また，1980年代末から90年代にかけて，東南アジア諸国や中国でも工業化が進むようになり，公害問題が発生した。東アジア，東南アジアの工業化にあたっては日本企業も進出しており，なかには環境問題が生じた事例もあった（日本弁護士連合会公害対策・環境保全委員会編 [1991]）。

　このような状況のなか，日本の公害対策の経験を伝える取り組みが1980年代後半から進められるようになった。1990年には，三重県四日市市に国際環境技術移転センターが設立された。四日市市では，石油化学コンビナートからの大気汚染により，四大公害病の1つ，四日市ぜんそくが発生したため，大気汚染対策が進められた。その経験をふまえ，大気汚染対策技術を中心に，途上国の能力向上を図る機関が設立された。また，1992年には，国連環境計画国際環境技術センター（UNEP-IETC）が大阪市と滋賀県草津市に設立された。2010年の行政事業のレビューにより滋賀の事務所が閉鎖さ

れ，大阪事務所に統合されている。

▷ 環境センター・アプローチ

1980年代後半のオゾン層破壊，地球温暖化などの地球環境問題への関心の高まりは，途上国への環境協力をさらに拡大する形となった。1992年，ブラジルのリオ・デ・ジャネイロで開催された「環境と開発に関する国際連合会議」で，日本政府は，「92年から5年間で9000億円から1兆円をめどとして環境ODA（政府開発援助）を拡充・強化する」と発表した。実際，5年間で，1兆4400億円（133億ドル）の支援を行った。

日本の環境ODAの柱として，大気汚染や水質汚濁などのモニタリングの能力向上を主たる目的として，環境センターを，タイ，インドネシアに設置した。また，既存の環境センターの調査・分析能力の向上のための協力を行ってきた。中国，チリ，メキシコ，エジプトでも，能力向上に向けた協力をしてきた（片山［2005]）。

3 地球環境問題への対応（1990年代後半～）

1980年代後半，フロンガスの大気中への排出にともなうオゾン層の破壊や二酸化炭素等の**温室効果ガス**の大気中への排出による地球温暖化など，地球規模の環境問題への対応が必要との認識が徐々に広がってきた。1992年にブラジルのリオ・デ・ジャネイロで開催された「環境と開発に関する国際連合会議」（地球サミット）では，地球温暖化，オゾン層の破壊などを背景に，**地球環境問題**への対応が議論された。この会議のなかで，地球環境問題には先進国がまず

142 第Ⅰ部　国際協力の課題別アプローチ

率先して取り組み，途上国は支援を受けながら対応する考え方が合意された。これは**共通だが差異のある責任**と呼ばれており，同サミットでまとめられた「環境と開発に関するリオ宣言」の 27 の原則の 1 つとして，国際的に合意されている。

> 第 7 原則
>
> 各国は，地球の生態系の健全性及び完全性を，保全，保護及び修復するグローバル・パートナーシップの精神に則り，協力しなければならない。地球環境の悪化への異なった寄与という観点から，各国は共通のしかし差異のある責任を有する。先進諸国は，彼等の社会が地球環境へかけている圧力及び彼等の支配している技術及び財源の観点から，持続可能な開発の国際的な追及において有している義務を認識する。

「共通だが差異のある責任」の原則は，さまざまな国際環境条約で言及されている。たとえば地球温暖化問題では，温室効果ガスの 1 人当たり排出量の多い先進国から温室効果ガス削減をするとともに，途上国の温室効果ガス削減対策に先進国が協力するといった取り組みである。この原則は，年々深刻化している気候変動・温暖化問題の解決をめぐる国際交渉において最も重要な考え方となっているが，先進国と途上国間の論争にもなっている。以下，オゾン層の破壊や，国連のもとでの気候変動をめぐる重要な国際交渉と国際条約およびその意義について説明する。

▭▷ オゾン層破壊

冷蔵庫やエアコンに使われていたフロンガスが大気中に拡散する

ことにより，オゾン層が破壊されることが明らかになってきた。1985年に「オゾン層の保護のためのウィーン条約」が採択され，88年に発効した。この条約では，第4条で，「開発途上国の必要を特に考慮して，技術及び知識の発展及び移転を直接に又は関係国際団体を通じて促進する」と規定している。具体的には，「他の締約国による代替技術の取得の円滑化」「代替技術及び代替装置に関する情報及び特別の手引書又は案内書の提供」「研究及び組織的観測に必要な装置及び設備の提供」「科学上及び技術上の要員の適当な訓練」が求められている。

1989年には，規制対象となるオゾン層破壊物質を特定したモントリオール議定書が発効した。この議定書では，フロンガスなどの大気中への排出を抑制すべき物質を規定し，各国が取り組むことになった。「共通だが差異のある責任」の原則を適用し，先進国がまず削減を進め，その後，途上国が削減するという形となった。

▷ 水 銀 汚 染

先進国よりも途上国の方が環境に負荷を与えている環境問題として，**水銀汚染**がある。金鉱を含んだ鉱石を細かく破砕し，水銀を混ぜると，金と水銀が結合し，他の鉱物と分離できる。その後，熱を使って水銀を蒸発させることで，金が回収できる。ただし，この方法で金を回収する場合，水銀汚染を引き起こす。金の回収に水銀を使わない技術もあるが，途上国の小規模金採掘の現場では，水銀を使用して金を回収している場合がある。

このような水銀の流出につながる不適切な金採掘を含め，人の健康を守るために「水銀に関する水俣条約」が，2017年に発効している。条約の目的として，「水銀及び水銀化合物の人為的な排出及

び放出から人の健康及び環境を保護することを目的とする」と第1条で規定されている。

　しかし、途上国では、水銀の使用を十分に制限できておらず、水銀汚染が広がっている。国連環境計画がまとめた水銀に関する報告書（UNEP [2019]）によると、環境中に流出している水銀の37.7%が小規模金採掘によるものであると推計している。2023年には、23カ国で小規模金採掘に関するアクションプランを策定したことが報告されている。

▷　気候変動・地球温暖化

　気候変動は、地球全体の気温および気象パターンの長期的な変化をさしている。温暖化はそのなかの1つである。これらの変化は太陽活動の変化や大規模な火山噴火などによる自然現象の場合もあるが、18世紀後半の産業革命以降は主に人間活動によって排出される温室効果ガスが気候変動を引き起こしており、とくに、化石燃料（石炭、石油、ガスなど）の燃焼と放出される二酸化炭素が主な原因とされる。

　気候変動の深刻化を食い止めるために、国際社会は国連を中心に解決策を探ってきた。第1回世界気候会議が1979年にジュネーブで開催され、気候変動・地球温暖化の問題が国際的に認識されはじめた。1988年に国連環境計画（UNEP）と世界気象機関（WMO）が協力し、科学者から成る助言機関の**気候変動に関する政府間パネル**（IPCC）が設立された。2年後の1990年にIPCCが第1次評価報告書を発表し、気候変動が現実の問題であることが科学的に確認された（表7-2）。

　1992年には**気候変動に関する国連枠組条約**（UNFCCC、以下、条

第7章　環境と開発　**145**

表 7-2　気候変動に関する主な国連交渉・合意

年	主な合意または交渉
1988	「気候変動に関する政府間パネル」（IPCC）を設立
1992	「気候変動に関する国連枠組条約」（UNFCCC）を採択
1997	COP3：「京都議定書」を採択（2005 年発効）
2007	COP13：「バリ行動計画」を採択
2009	COP15：「コペンハーゲン合意」を策定
2011	COP17：「ダーバン合意」を採択
2015	COP21：「パリ協定」を採択
2021	COP26：「グラスゴー気候合意」を採択

出所：筆者作成。

約）が採択され，各国の署名を経て 1994 年に発効した。条約の目的は，大気中の温室効果ガスの濃度を安定させることである。1995 年に条約の第 1 回締約国会議（COP1）がドイツ・ベルリンで開催され，各国は具体的行動と実施ルールを定めるために，一連の国際交渉を経て，97 年に条約のもとで**京都議定書**（以下，議定書）を採択した。これは，国際社会が気候変動に取り組むための初の国際条約であり，京都市で開催された第 3 回締約国会議（COP3）で採択されたため，「京都」の名が冠された。議定書には，先進国に対して温室効果ガス排出削減の法的拘束力をもつ目標が設定されたとともに，「京都メカニズム」など温室効果ガスの削減にさまざまな画期的取り決めが合意された。

「共通だが差異のある責任」原則のもとで，議定書では日本，アメリカ，EU など先進国のみが，2008 年から 12 年までの第一約束期間で温温室効果ガスの削減を行うことが義務づけられた。日本は，1990 年比で 2008〜12 年に 6% の温室効果ガスの排出量削減を義

146　第 I 部　国際協力の課題別アプローチ

務づけられた。アメリカには 7%，EU には 8% の削減義務がある。これらの目標が達成できなかった場合には罰則が適用される。

　一方で上記の目標を達成しやすくするための補完的な措置として「京都メカニズム」が導入された。京都メカニズムには，先進国同士で行われる「共同実施」，「排出権取引」および先進国が途上国で温室効果ガスの削減事業を行う**クリーン開発メカニズム**（Clean Development Mechanism：CDM）の 3 つがある。とくに 3 つめの CDM では，先進国が途上国と協力し，そこで得られた削減量の一部を，削減事業を実施した先進国の目標達成に充てることができる。

　京都議定書は，気候変動・温暖化問題に取り組むための世界初の合意であったが，中国やインドなど新興国が排出量を増しているなかで，先進国のみ削減義務を負うのはきわめて不公平であるとアメリカが強く訴えた。その結果，アメリカは 2001 年に同議定書を離脱した。アメリカの離脱にもかかわらず京都議定書は，日本の外交努力によって 2005 年に発効した。しかしこの後，アメリカをはじめとする先進国と途上国の両方が受け入れられる新たな国際条約をめぐる議論が始まった。

▷ **パリ協定**

　2007 年に，条約のバリ会議（COP13）で，12 年以降の国際的な枠組みを検討するためのバリ行動計画が採択された。2009 年にコペンハーゲン会議（COP15）が 100 カ国を超える首脳参加のもとで開催されたが，法的拘束力のある合意には至らず，「コペンハーゲン合意」と称される政治的文書が策定されるにとどまった。コペンハーゲン会議の教訓を生かし，2011 年のダーバン会議（COP17）は「ダーバン合意」を採択し，「すべての国が参加する法的拘束力のあ

る協定を 2020 年までに締結する」という大きな前進をみせた。先進国と途上国との間は「共通だが差異のある責任」原則のもとで対立と論争を繰り返しながら長年にわたって交渉した末，2015 年にパリ会議（COP21）でパリ協定（以下，協定）が採択された。これは，2020 年以降の世界の気候変動対策として京都議定書の後を継いだものである。

協定は，すべての国に対して温室効果ガスの排出削減目標を設定することを求め，地球全体の気温上昇を摂氏 2 度未満，できれば摂氏 1.5 度以内に抑えることをめざしている。2016 年に協定が発効し，20 年に適応されている。条約の締約国は自ら決めた温室効果ガス削減目標（Nationally Determined Contributions：NDCs）を提出し，5 年ごとに目標を更新していくことが求められている。

協定の意義は多岐にわたるが，少なくとも以下の点が重要であると思われる。1 つめは，地球温暖化の緩和（mitigation）である。協定の主要な目標は，産業革命以前の水準からの地球全体の気温上昇を 2 度未満，できれば 1.5 度未満に抑える努力を行うことである。これにより，気候変動による極端な気象現象や生態系への悪影響を軽減することをめざしている。2 つめは，各国による自主的な緩和（排出削減）目標設定と報告であり，その進捗を定期的に報告することを求めている。このアプローチにより，各国が自国の状況に応じた現実的な目標を設定しやすくなっている。3 つめは，気候変動への適応（adaptation）である。適応とは，すでに起きている環境問題やそれによってもたらされる被害を解決するための手段である。協定は，温室効果ガス排出の削減だけでなく，気候変動に対する適応の重要性も強調している。とくに，気候変動の影響を受けやすい途上国に対する支援を強化するための枠組みが含まれている。

148 第 I 部　国際協力の課題別アプローチ

4つめは，透明性と相互レビューである。これは，各国の取り組みの透明性を確保し，進捗状況を相互に評価する仕組みを整えることを意味している。相互レビューによって，各国が約束を履行するための圧力が働き，国家間の信頼性の向上が期待できる。これに関連して5つめは，長期的な枠組みへの見通しである。協定は，気候変動対策を長期的に推進する枠組みを提供している。具体的に参加国は，5年ごとに自国のNDCsを更新し，自主的目標を次第に強化することが求められている。このような手法により，持続的な努力が促進されると期待される。最後に，気候資金の拡充である。協定は，途上国が気候変動対策を実施するための資金支援を先進国が提供することを義務づけている。たとえば，コペンハーゲン合意以来，先進国全体で2020年までに年間1000億ドルの資金を提供する目標が設定された。しかし，この金額は気候変動の深刻化を食い止める，または被害に対処するにははるかに不足であると考えられるため，投資資金規模の拡大を途上国から強く求められている。2024年に開かれたCOP29では，気候資金について，これまで年間1000億ドルだった支援目標を，2035年までに年間少なくとも3000億ドルに引き上げることに合意した。

▷ 先進国と途上国との対立

しかし，気候変動をはじめとする地球環境問題をめぐっては，先進国と途上国はこれまでさまざまなテーマで対立を繰り返してきた。その根本にあるのは**歴史的責任**についてである。途上国は，18世紀後半の産業革命以降に大量の温室効果ガスを排出してきた先進国に歴史的責任があり，先進国が主導して排出削減を行うべきだと主張してきた。一方で先進国は，現在の排出量には途上国，とくに新

興国が大きく寄与しており，途上国も排出削減の責任を負うべきだと訴えてきた。このような排出責任をめぐる論争は，パリ協定の締結によっていったん落ち着いたが，近年の交渉で再び対立をみせている。

まずは前述した気候資金である。途上国は，気候変動対策を実施するための資金が大幅に不足しているとし，先進国からの支援を強く求めている。とくに，2020年までに年間1000億ドルの気候資金の提供を設定されているが，資金の提供状況とその適正な配分が常に論争の的となっている。次いで，技術移転によって，途上国は気候変動対策のための最新技術やノウハウを共有することで，途上国も効果的に排出削減や適応策を実施できるとし，先進国からの技術移転が必要だと主張している。しかし，脱炭素関連技術の多くは，それらの知的財産権を民間企業がもっているため，技術移転は容易には行われないという事情がある。

もう1つの争点は，適応の優先度である。途上国は，気候変動の影響を受けやすく，適応が急務とされているが，先進国は再生可能エネルギーの普及などで排出削減（緩和）に重点を置くことが多い。したがって途上国は，適応への支援が不足していると訴えている。さらに途上国は，先進国が起こした気候変動によって「**損失と損害（Loss and Damage）**」を被っているとして，先進国による補償を求めている。それに対して先進国は，補償の法的義務を負うことに慎重であることから，これが大きな対立点となっている。

これらに加え，公正な**移行（Just Transition）**という論点もあげられている。先進国は，化石燃料からの脱却をめざして再生可能エネルギーへの移行を積極的に進めているが，その一方で，途上国は経済成長を求めて化石燃料に依存している場合がまだ多い。そこで，

150 第I部　国際協力の課題別アプローチ

途上国における公正な移行が必要であるとし,経済的・社会的影響を最小限に抑えるための支援を先進国に求めている。

このように,先進国と途上国は,上記の問題で立場が大きく異なっている。これらの問題は,今後の対策の効果的な実施に向けて解決しなければならないため,両者間の対話と相互理解をよりいっそう深化させることが不可欠である。

4 これからの国際環境協力

各国の国内で環境問題が発生し,国内のみに被害が生じているのであれば,各国が国内法を整備して規制をかければ十分で,国際的な環境条約を作る必要はない。しかし実際には,汚染物質が水流や気流に乗って,国境をまたいで移動しており,国際的な取り決めが必要になっている。また,温暖化の主な原因物質とされる二酸化炭素が環境中に増加することで,地球上の生態系に深刻な影響が及ぶという事象がすでに発生しており,これらに対して,既存の国際制度を通じて早急に対応しなければならない(表7-3)。以下では,これまで本章で取り上げた課題のなかから,とりわけ地球規模の環境問題に関する国際協力について説明する。

▷ 自然災害への対応

現在,気候変動関連の自然災害に関しては,国際的な条約や協定が締結されておらず,今後の対応は,災害に関する既存の国際枠組みによってなされると思われる。防災に関連する国際枠組みは主に国連のもとで形成されてきた。たとえば,1994年に日本の横浜市

表 7-3 本章で言及した環境問題の比較

	大気汚染／水質汚濁	気候変動	プラスチック汚染
汚染源	排水や排ガスに含まれる有害物質	二酸化炭素に代表される温室効果ガス（一般に排出される気体）	プラスチック（一般に流布した素材）
先進国と途上国の発生・対処義務に関する違い	国際的な義務はないが、健康被害を防止する観点から各国で規制。複数国を対象にした地域条約あり	パリ協定（2015）：削減目標は、各国の自主設定（NDCs）による	条約交渉が始まっているが、いまのところ義務は決まっていない。途上国からの発生量が多い
科学的知見	健康被害や環境影響を明らかにする	IPCCによる勧告として、平均気温上昇を摂氏2度、できれば、1.5度に抑える	生態系への影響はある。人体への影響ははっきりしていない
適切な処理のあり方	排水、排ガス中の有害物質除去	代替エネルギーの利用や効率向上による排出抑制	プラスチック（とくに使い捨てプラ）の使用抑制。廃棄物の収集と回収
合意の性質、法的拘束力の有無	汚染物質が越境する可能性があり、地域的な国際条約もある	NDCsの提出のみが義務。目標の達成に関しては非拘束的	条約に向けた交渉が進んでいる

出所：筆者作成。

で開催された第1回国連防災世界会議では、「より安全な世界のための横浜戦略と行動計画」が採択された。国際的取り組みを強化するための初の包括的な枠組みである。また、2005年には兵庫県で第2回国連防災世界会議が開催され、「兵庫行動枠組」が採択された。これは横浜戦略をさらに発展させた枠組みで、災害リスクに対する理解と認識の向上、災害リスクに対するガバナンスの強化、災害リスクを削減するための投資の充実、さらに災害時の対応、災害

後復興の準備と強化が主な内容となっている。

　そして 2015 年に仙台市で開催された第 3 回国連防災世界会議において，「仙台防災枠組 2015-2030」が採択された。兵庫行動計画を継承しつつも，災害による損失の減少や，各国が目標を設定して達成の進捗を定期的に報告し経験の共有が強調されている。

　自然災害には，地震，火山活動，津波，台風，豪雨，熱波などさまざまな種類があり，各国による経験の伝承と情報・最新技術を常に共有することが不可欠である。こうした機能を果たそうとしているのが，自然災害リスクの軽減と持続可能な開発を支援するために設立された「国連防災機関（United Nations Office for Disaster Risk Reduction：UNDRR）」である。UNDRR は，各国の防災政策策定に必要なガイドラインの提供，防災能力を強化するためのワークショップや最新の知見と経験を共有するための国際会議とフォーラムの開催，災害リスクの評価とモニタリングといった取り組みのあり方を描いている。とくに，UNDRR が 2〜3 年ごとに主催する「グローバル・プラットフォーム」は，各国政府，国際機関，市民社会，民間団体などさまざまな関係者が一堂に会し，それぞれの取り組みを議論し評価する重要な行事である。

　しかしながら，台風，豪雨，洪水，海面上昇などの気候変動関連災害は発生頻度や規模が次第に増加しており，既存の国際制度のみに基づく対応では，必ずしも十分とはいえない。今後は，各国による気候変動適応計画の策定と防災体制の準備と強化が求められる。とくに，防災教育を通じて一般市民の意識向上を図ったり，複数の災害が同時に発生する，いわゆる「複合的災害」への対応力を高めたりすることがいっそう重要になる。たとえば，2022 年にパキスタンで発生した洪水では，気候変動の進行による災害規模の大きさ

第 7 章　環境と開発　**153**

パキスタン，バロチスタン州ジャファラバード県のソーバトプルで，冠水した道路を歩く子供たち（2022年10月）
写真提供：Fida HUSSAIN / AFP

が顕著であった（写真）。国土の3分の1が水没しただけでなく，食料や医薬品の不足，衛生面の悪化といった深刻な事態が発生した。このような大規模災害の場合，被災国，とくに途上国が独自の対応を取るのは容易ではない。

　大規模な自然災害への対応には国際協力が依然重要である。途上国では防災のための資金がきわめて不足しており，公的資金のみならず民間の協力を取り入れた国際防災基金の拡充と効果的な配分が肝心である。また，防災に関する技術と知見，とりわけ早期警戒システムやリスク評価・管理手法を，国際協力を通じて普及させることや，仙台防災枠組のような国際的ガイドラインの改定と強化と実施が求められる。今後は，持続可能な開発目標（SDGs ➡第12章）と連動させつつ，包括的な防災対策を推進することがますます重要となる。

▷ プラスチック汚染

　2022年3月，国連環境総会は，**プラスチック汚染**に関する国際交渉委員会を設け，プラスチック汚染に関する国際条約の締結に向けた交渉を始めることを決議した。2022年11月下旬から条約交渉が始まった。「共通だが差異のある責任」の原則についても，条約に盛り込むべきであるとの意見が各国から表明されている。対策として，使い捨てプラスチック製品の抑制，拡大生産者責任の適用，

資金調達メカニズムなどについても議論されている。

その一方で，プラスチック汚染については，途上国からの流出量が先進国を上回っていると推計されている。たとえば，海へのプラスチックの流出量を推計したジェナ・ジャンベックの研究では，中国が最も多く135万トンから353万トン，インドネシアが48万トンから129万トン，フィリピンが28万トンから75万トン，ベトナムが28万トンから73万トンと，アジアの中進国が上位を占めている（Jambeck et al. [2015]）。所得が上昇し，プラスチックの使用量が増加する一方，廃棄物の収集・適正処分が十分にできていないため，自然環境への流出量が多くなってしまっている。

さらに，中国やインドネシア，カンボジアなどでの埋立処分場の排水に関する調査では，処分場からの排水にプラスチックが含まれ，川にプラチックが流れこんでいることが明らかになっている。

日本も1960年頃には，廃棄物の収集，処分が十分に行われていなかった。1961年の廃棄物の収集対象人口は，50％に満たなかった。JICAが作成したビデオでは，当時の繁華街で子どもがごみをポイ捨てしたり，ごみが道路脇で山積みになったりしていた様子が描かれている（JICA「日本の経験－廃棄物管理－」。YouTubeで公開されている）。東京都は，1964年に開催された東京オリンピックに向けて，来日する外国人にとっての東京の印象を良くするために，廃棄物の収集体制を改善するとともに，住民にも協力を求めた。

当時，廃棄物の適正処理は，ごみを媒介とした伝染病対策として，地域の環境問題とみなされ，地球環境問題とは認識されていなかった。しかし，海洋プラスチック問題が，2015年頃から注目されるようになった。2015年8月には，カリブ海で研究者が捕まえた亀の鼻に異物があることに気づき，異物を取ったところプラスチック

製のストローだったことが明らかになった。亀が飲み込んだストローを吐き出そうとした際に亀の鼻の方にストローが入ってしまったのではないかと，発見した研究者が語っている。環境中に流出したプラスチックは，陸から海へと流出し，海流に乗って他国の海にも流れ着く。また，マイクロプラスチックは風に乗って大気中にも拡散している。さらに，人間の血液中からもプラスチックがみつかっている。

　先進国で始まった大気汚染や水質汚濁といった公害問題への対策，それらを未然に防止するための環境影響評価といった政策が，途上国でも取り組まれてきた。一方，地球環境問題については，「共通だが差異のある責任」の原則のもとで，先進国が対策を先に進め，途上国支援のための資金提供・貸与やモニタリングなどの技術移転が進められている。しかし，近年，途上国が主たる汚染源とみられる水銀汚染，プラスチック汚染などの問題が明らかになってきた。さまざまな環境問題に応じたキャパシティ・ビルディングが，必要となってきている。

▰▰▰ *Report assignment* 　レポート課題 ▰▰▰▰▰▰▰▰▰▰▰▰▰▰▰▰▰▰▰▰▰▰▰▰

7.1　多くの環境問題のなかから1つを選び，どのような国でその問題が生じているのか，どのような対策が有効なのか，どのような国際協力が必要なのか，まとめてみよう。

7.2　途上国では，ごみがポイ捨てされている。ポイ捨てを防ぐためには，どのような政策が有効だろうか。

Part

第 II 部

国際協力の担い手

Chapter

8 国と国との協力
9 国際機関の協力
10 市民社会による国際協力
11 企業による国際協力

国と国との協力

第 8 章

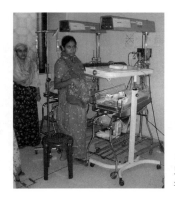

日本の政府開発援助として贈与された新生児保育器（バングラデシュ・ダッカ，2004年，筆者撮影）

Quiz クイズ

Q8.1 ヒモ付き援助とは何か。
 a. 国家安全保障を目的にした援助
 b. 資材調達を援助供与国企業に条件づける援助
 c. 援助効果を上げることが義務づけられている援助
 d. 無償援助，借款，技術協力といった諸形態が連動した援助

Q8.2 OECD 加盟国（西側先進国）における 2022 年の日本の政府開発援助（ODA）供与額は何位だろうか。
 a. 1 位 b. 2 位 c. 3 位 d. 4 位

Answer クイズの答え

Q8.1　b.

　ヒモ付き援助とは，援助供与国（途上国に援助を行う国）が，援助プロジェクトに用いられる資材を自国製品に限定するような援助をさす。ヒモ付き援助は，援助供与国企業が儲かる援助ということでもある。

Q8.2　c.

　日本は 1992 年から 2000 年まで，政府開発援助（ODA）供与額が OECD 加盟国のなかで 1 位だったが，現在は 3 位である。

Keywords　キーワード

二国間援助，政府開発援助（ODA），経済協力開発機構（OECD），ヒモ付き援助，援助協調，パリ宣言，援助受入国のオーナーシップ，グローバル・サウス，中国

Chapter structure 本章の構成

援助の始まり	途上国のためのODA	新興ドナーと中国
・第二次世界大戦後の援助 ・旧植民地と旧宗主国の関係	・贈与（無償援助・技術援助）と借款 ・援助の原則と援助協調 ・OECDの取り組み	・グローバル・サウスの台頭 ・中国の対外援助 ・協調的債務再編に向けて

本章の問い

　本章では，政府開発援助（ODA），なかでも「ある国からある国への援助」（二国間援助と呼ぶ）について説明する。

　まず，ある国が別の国を支援するという国際協力の仕組みがどのようにして始まったのかを問う。

　その後，しばしば「効果を上げていない」として批判される政府開発援助が，21世紀に入ってからどのように改革されてきたのかを探る。

　最後に，20世紀まで援助を受け取る側にあった途上国のなかで，公的融資では主要供給者になった中国の対外援助の特徴と課題を展望する。

1 援助の始まり

　第二次世界大戦という地球規模の破壊が終わった 1945 年以降，大きな被害を受けた国々への支援が始まる。それは「ある国からある国への協力」と「新たに設立された支援機関を通じた協力」とに分けられる。前者を**二国間援助**（bilateral aid）と呼び，後者を多国間援助（multilateral aid）と呼ぶ。本章では二国間援助を扱い，次章で多国間援助を扱う。

▷ 第二次世界大戦という世界的災禍

　第二次世界大戦までの先進国と途上国の関係は基本的に植民地関係であった。たとえば南アジアのかなりの地域は 1858 年以降英領インドとされ，イギリスの一部として扱われた。ロンドンのイギリス政府が英領インドの人々に対して取る政策は「国内政策」であって，対外政策ではなかったのである。これはフランスとフランス植民地（例としてセネガルなどいくつかの西アフリカ諸国），オランダとオランダ植民地（例として現在のインドネシア）でも同様である。

　しかし第二次世界大戦は，ほとんどの植民地宗主国に甚大な戦禍をもたらした。ヒトラー率いるドイツは 1940 年にフランス，オランダを占領し，イギリスにも空爆した。1944 年にアメリカ軍の協力を得たノルマンディー上陸作戦が成功した後，フランスやオランダ等は解放され，ドイツは降伏する。この間，ドイツに占領されたヨーロッパ大陸に位置するフランス，オランダはもちろんのこと，イギリスも大きな損失を被った。現在の先進国のなかでは，アメリ

カのみが（ハワイを除いて）国土を戦場にしていなかった。

　このようにヨーロッパの国々は戦争で疲弊していたのに対して，アメリカのみが他国に対して支援をする余力があった。そこでアメリカが主導する世界復興体制が構築されていく。まず 1944 年 7 月にアメリカのブレトンウッズで多国間援助の枠組みが形成される。次章で詳述するように，長期開発資金融資の担い手として世界銀行が，短期流動性資金融資の担い手として国際通貨基金が設立された。

　これに加えてアメリカは，国対国の協力としてヨーロッパ諸国を支援する欧州復興計画（European Recovery Program）を立ち上げた。この計画は，提唱者である当時のアメリカ国務長官ジョージ・マーシャルの名をとって**マーシャル・プラン**と呼ばれた。マーシャル・プランはイギリス，フランス，オランダなど第二次世界大戦を共に戦った「連合国」に加え，敵対していた西ドイツやイタリア，オーストリアも対象にした大規模復興支援であった（西垣ほか [2009]）。このように二国間援助の始まりは，アメリカによるヨーロッパ諸国を対象としたマーシャル・プランだったといえる。

▷ 旧植民地と旧宗主国の依存関係

　ヨーロッパ諸国の国力が低下するなかで，それらの国々の植民地が独立を果たす。イギリスの植民地としては，1947 年にインドとパキスタンが分離独立し，48 年にはビルマ（現在のミャンマー）とセイロン（同スリランカ）が独立を果たす。フィリピンは 1946 年にアメリカから独立し，インドネシアは 49 年にオランダから独立する。そしてカンボジア，ラオス，ベトナムが 1953 年，54 年に相次いでフランスから独立した。多くのアフリカの国々の独立は 1960 年代に成し遂げられる。

第 8 章　国と国との協力　**163**

数十年から100年以上にわたって展開された植民地支配は，植民地の人々から宗主国に対して，敵意のみならず，ある種の心理的近さをも形成させた。第二次世界大戦が終わり，独立を達成してみると，植民地の人々にとって最も近しい先進国は旧宗主国であることが多かった。植民地支配の間に，旧宗主国の言語を学んだ人々は，旧宗主国の文化やスポーツ（旧英領諸国にとってのクリケット等）に慣れ親しんでいるうえ，高等教育を得ようとすると，旧宗主国の言語を学ぶことが有利になることが多かった。

また旧宗主国は，植民地時代に築いた旧植民地との経済・社会・文化的結びつきを，旧植民地が独立した後も，一定程度維持することに利益を見出した。その利益を維持するために，旧宗主国が旧植民地に対して二国間援助をすることが動機づけられた。**序章**の表序-2に「高所得国が低所得国を支援する理由」をまとめたが，そのなかで「自己利益」や「共通利益」がこの動機に合致する。

さらに，旧宗主国の良心的な人々は，旧宗主国から旧植民地に対して，支配による損害に対する償いがなされるべきだと考えた。この「償い」としての二国間援助の動機も，表序-2で掲げられている。

このように，旧植民地が独立した後でも，二国間援助という形で旧植民地と旧宗主国が関係を維持することが，双方にとって意義があった。結果として，旧宗主国が旧植民地に対して行う二国間援助は，それ以外の地域に対して行う二国間援助よりも，顕著に多いという傾向が一般的にみられる（西垣ほか [2009]）。

フランスの二国間援助は旧仏領の国々に対して多く配分されている。それらの国々ではしばしば公用語がフランス語であり，多言語が用いられている国の共通語としての役割をフランス語が果たして

いる。イギリスの二国間援助も旧英領諸国に重点的に配分されている。イギリスは旧英領諸国を中心とする国々で英連邦（Commonwealth of Nations）を組織しており，加盟国を優遇している。**第13章**で述べるように，日本の二国間援助も戦後賠償から始まったという歴史をもっているため，日本が第二次世界大戦中に侵攻した東アジア諸国に対して重きを置いている。

2　途上国のためのODA

ODAのタイプ

政府開発援助（Official Development Assistance：ODA）は，**贈与**（grant）と**借款**（loan）に分けられる。贈与はさらに，**無償援助**と**技術協力**に分けられる（山形［2015］）。

無償援助は，途上国が必要とする機材や物資，サービスや，それらに相当する金額を寄贈する形態の援助である。

技術協力は，人と人の交流から，知識や技能を援助供与国から援助受入国に伝えるタイプのODAである。援助供与国の専門家を受入国に派遣して技術移転を行うことや，援助受入国の研修生や留学生を供与国に受け入れ，彼らの能力を高めることが技術協力の内容である。

無償援助や技術協力の財源は主に，援助供与国が国民から徴収する税金である。

借款は低金利融資である。多くの場合，途上国において収益を生むプロジェクト，たとえば道路，港湾，橋梁などの交通インフラストラクチャー（**インフラ**と略される），発電，ガス・水道供給といっ

た公共サービスの資金調達を助けるために提供される。民間の金融機関もこれらのプロジェクトに対して融資をする可能性はあるのだが，途上国の返済能力が低いと思われていたり，政治・経済リスクが大きいと思われていたりすると，民間企業はこれらの公共サービス提供機関に対して融資をしない。そこで援助供与国・機関（ドナーと呼ばれる）が低金利融資を行うのが借款である。

借款は，金利が低く，償還期間が長く，支払い猶予期間が長いものだけが，ODA に分類されている。たとえば，金利が年利 1 ％，償還期間が 30 年，支払い猶予期間が 10 年，といった融資を**国際協力機構**（Japan International Cooperation Agency：JICA）が実施すれば，それは ODA に分類される。この融資の場合には，30 年後には融資した元本と利子を完済しなければならないが，返済は融資がなされた 10 年後から始まる，ということになる。

借款の主たる財源は税金ではなく，公的機関が人々から預かっている資金である。日本を例にとって話せば，私たちは高齢者になった後に年金を受け取るため，年金保険料を払っている。また，ゆうちょ銀行に預金をしている人もいる。これらの資金は後々，年金として，あるいは預金を引き出して人々の手に戻ってくるのであるが，それらの資金は，他の生産的用途に運用して利益を得る必要がある。そうでなければゆうちょ銀行の利子を払うことはできず，年金基金も拡大しないことになる。したがって日本年金機構やゆうちょ銀行は**財政投融資**という形で多方面に資産を運用するのであるが，その運用先の 1 つが「ODA の借款」である（下村［2020］81 頁）。

借款のもとになる原資は，税金のなかから「ODA の贈与」に充てられる資金より大きいので，借款を用いることにより，より大規模なプロジェクトに対して資金提供が可能となる。これに対して，

166 第 II 部 国際協力の担い手

通常無償援助の対象となるのは，道路や橋に比べれば低額で実施可能な，学校の校舎，病院の機材等である。

　借款の割合が多いドナーは，次章で説明する世界銀行などの国際開発金融機関と，日本，中国，韓国といった東アジアの国々である。欧米の ODA は贈与が中心である（西垣ほか［2009］143～155頁）。東アジアの3カ国はいずれも貯蓄率が高いので，公的機関に預けられた預金が途上国への借款に動員されていると考えられる。

▷ ODA の原則

　ODA は，援助受入国の一時的ニーズを満たすものと位置づけられる。どの国も自国民から税を徴収し，それを財源として国を建設し，国政を行っていく。国を興していく一時期に，開発のための資金需要を国内で賄いきれないこともあろう。その資源ギャップを埋めるのが，外国からの ODA である。

　このような発想から，ODA は恒常的に必要とされる経常支出（公務員の賃金や国の施設の運営費等）には充当せず，投資支出（インフラや生産設備の建設費）を主とするという**投資支出原則**がある。

　また，援助受入国が国内で調達できる物資は受入国政府が用意し，輸入の必要な物資を国外から ODA として調達する発想から，ODA は，外貨で輸入できる物資の購入に充てるという原則がある。これを**外貨原則**と呼ぶ。投資支出原則，外貨原則は，援助受入国と供与国の負担の分担原則の基本とされているが，これらの原則を厳密に適用した結果，援助受入国側が担うはずの経常支出の不足によって援助プロジェクトが進まないケースが顕著となった。そこで現在では，用途を投資支出や外貨分などと限定せず，援助受入国が比較的自由に支出できる資金として投入する形態の ODA がなされている。

第 8 章　国と国との協力　**167**

この形態の援助を**財政支援**（budget support）と呼ぶ（山形［2023］172〜174頁）。

さらに，後述の**経済協力開発機構**（OECD）が推奨する原則として，**アンタイド**（untied）原則がある。アンタイドとはタイド（tied）の対義語である。タイドは「ヒモ付き」とも呼ばれる。

タイド援助，または**ヒモ付き援助**とは，援助プロジェクトに用いる資材の調達先を援助供与国企業に限定する援助のことをさす。自国製品利用という条件付きであることを「ヒモ付き」と表現しているのである。

ヒモ付き援助は，表序-2で示した援助動機のなかで，「自己利益」に基づいて援助を行う人々にとっては歓迎すべき形態である。なぜなら援助によって自国製品の売り上げが伸び，自国企業が潤うからである。しかし，一般に援助受入国側はヒモ付き援助を好まない。というのは，調達先を援助供与国製品に限定されなければ，より広い選択肢のなかから最もプロジェクトの目的に合致して，最も安価な資材を選択できるからである。**OECD** は，この援助受入国の便宜を最優先することから，「資材の調達先を援助供与国企業に限定しない」というアンタイド原則を推奨している。

しかしどの国にも「自己利益」動機で国際協力を行おうとする人々がいる。彼らの政治力が強ければ，アンタイド原則は弱められてしまう。1つの妥協的方法として**途上国アンタイド**という条件も編み出されている。これは資材の調達先として「援助供与国企業と途上国企業」には資格を与えるものの，援助供与国以外の先進国企業は調達先から排除するという調達方式である。

OECD の取り組み

　OECD の前身は欧州経済協力機構（Organization for European Economic Cooperation：OEEC）で，マーシャル・プランを通じてアメリカから援助を受けるヨーロッパ諸国の組織として設立された。1960 年代に入り，ヨーロッパの復興が進展すると OEEC は改組され，1961 年に OECD が設立された。その目的は，加盟国の発展と協力であり，主な機能は加盟国の政策協調である。日本は 1964 年に OECD に加盟した。

　OECD の政策協調枠組みの 1 つに開発援助委員会（Development Assistance Committee：DAC）がある。DAC は加盟国の ODA 政策を相互に監視し，改善のための提案を行う。前述のアンタイド原則についても，加盟国それぞれがどの程度実行しているかを評価し，発表している（日本の ODA についての最新の評価報告書として OECD [2020] を参照のこと）。

　長らく OECD 加盟国が，援助供与国の中心であった。共産圏の援助供与国として中国やソビエト連邦（ソ連）もあったが，これらの国々から途上国への援助の詳細は明らかにされなかった。1991 年にソ連が崩壊すると，ロシアはしばらくの間，他国を支援する余力を持たなかった。一方，OECD は加盟国に詳細な ODA 情報の提供を求め，それを一般利用に供するためにデータベース化したので，OECD 加盟国の援助は透明性を増した。

　図 8-1 は，OECD/DAC 加盟国 31 カ国のなかで ODA 供与額の上位 5 カ国の供与額の推移を示したものである。現在 ODA 供与額が最大なのはアメリカである。アメリカは 1980 年代前半に援助供与額が最大であったが，その後日本が供与額を増やし，1992 年から 2000 年までは日本にトップ・ドナーの座を明け渡している。ア

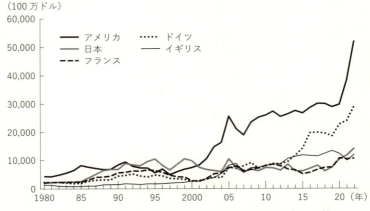

図 8-1 ODA 供与額上位 5 カ国の ODA 供与額の推移

出所：OECD データ "Aid (ODA) disbursements to countries and regions [DAC2A]" (https://stats.oecd.org/Index.aspx?DataSetCode=TABLE2A) による。

　メリカは，2001 年の同時多発テロ以降，イスラーム教徒がアメリカに向ける反感に対してより意識的になった。当時，イスラーム教徒が人口のなかで比較的多くを占めるサハラ以南アフリカ諸国でHIV／エイズが非常に大きな問題となっていたことから，HIV／エイズ関連援助プログラムを創設するなどして，ODA を拡大した。今世紀に入ってからアメリカはトップ・ドナーの地位を維持している。2022 年には供与額を前年の約 382 億ドルから約 520 億ドルに急増させているが，そのうち約 92 億ドルは 22 年 2 月にロシアが侵攻したウクライナに向けられた支援である（21 年のアメリカの対ウクライナ ODA は約 3 億ドル）。

　2010 年代半ばから 22 年まで ODA 供与額で第 2 位なのはドイツである。2022 年の供与額は約 291 億ドルに達している。ドイツは

2023 年に名目国内総生産（GDP）が日本を抜いて，アメリカ，中国に次ぐ第 3 位となったヨーロッパの大国である。

日本の ODA 供与額は 2022 年に約 141 億ドルに増加し，2021 年，22 年は第 3 位にある（図 8-1）。**第 13 章**で詳述するが，1992 年から 2000 年まで日本はトップ・ドナーだったことが特筆される。

イギリスとフランスも西側先進国のなかで主要ドナーとしての地位を確立している。2022 年にはそれぞれ ODA 供与額において，4 位，5 位の位置にある。

援助効果向上のための援助協調

序章の表序-2 で示したように，ODA の実施はさまざまな動機に基づいてなされている。人道主義的動機もあれば自己利益的動機もある。時代によって前者が強まる時期もあれば後者が顕著となる時期もある。大まかにいえば，21 世紀の最初の 10 年間は世界の貧困削減を前面に掲げた人道主義が広く推進されていたのに対して，2010 年代から現在（2024 年）までは**自国中心主義**と自国の**安全保障**のための国際協力が勢いを得ている，といえる（紀谷・山形 [2019]）。

OECD/DAC は，ODA が（援助供与国ではなく）途上国の長期的繁栄に資することを目的として，加盟国との間でさまざまな取り決めを交わしてきた。その代表的な取り決めの 1 つが，1970 年に国連決議として採択された「先進国の ODA を国民所得の 0.7% 以上にする」という **0.7% 目標**である（OECD [2003]）。この 0.7% 目標は持続可能な開発目標（SDGs **⬥第 12 章**）の目標 17「パートナーシップで目標を達成しよう」のターゲット 2 にもあげられている。

これは 1970 年に合意された目標でありながら，いまだに達成さ

れていない。2024 年 4 月の OECD のプレス・リリースによれば，2023 年における OECD/DAC 加盟国合計の ODA 供与額の，加盟国全体の国民所得に対する比率は暫定値で 0.37% にとどまっており，22 年の値と同一であった（OECD [2024]）。0.7% 原則を達成しているのは DAC 加盟国 31 カ国中，ノルウェー，ルクセンブルク，スウェーデン，ドイツ，デンマークの 5 カ国のみである。

1990 年代は，紛争や HIV／エイズによってアフリカ諸国の経済発展が停滞し，1991 年のソ連崩壊に端を発した体制移行のために社会主義諸国経済も混迷したことから，途上国全体にとって試練の時代であった。ODA が供与されてもこれらの地域の経済が好転する兆しがみえなかった。

その反省に基づき，OECD/DAC は 2003 年に「援助効果向上に関するハイレベル・フォーラム」を開催し，国際協力担当大臣が ODA の効果を上げる方法を話し合った。2005 年の第 2 回フォーラムでは表 8-1 に掲げるようなパリ宣言を発表した。

パリ宣言は，1990 年代の国際開発の停滞の原因を，ドナーのまとまりのなさに帰し，ドナーが相互に協力・調整すること（**援助協調**と呼ぶ）を求めたものである。第 1 に，国際開発は途上国が主導し，ドナーはその支援に徹するという原則（**オーナーシップ**原則）を確認し，その次にドナー側が援助受入国のやり方に合わせること（アラインメント）とドナー同士の手続き共通化（ハーモナイゼーション）を求めた。さらに成果主義や説明責任といった経営管理的な手法が応用された。

パリ宣言の 5 原則に基づき，ドナーは途上国が作成した貧困削減戦略文書（Poverty Reduction Strategy Paper：PRSP）に従って協力を行った。またアラインメントやハーモナイゼーションを推進す

表 8-1 パリ宣言における援助効果向上のための 5 原則

1. オーナーシップ（Ownership）

援助受入国が，開発戦略の策定と実施についてリーダーシップを発揮し，援助供与国・機関等はそれを尊重して支援すること。

2. アラインメント（Alignment）

援助供与国・機関の援助実施制度・手続きを，援助受入国の制度・手続きに合致させること。

3. ハーモナイゼーション（Harmonization）

援助供与国・機関等が，協働して援助効果を上げるために，それぞれの事業を調整し，手続きの共通化，透明化を図ること。

4. 成果主義の採用（Managing for Results）

援助受入国，援助供与国・機関等ともに，開発援助による成果が上がっているかどうかを監視し，実績を上げるよう取り組むこと。

5. 相互説明責任（Mutual Accountability）

援助受入国，援助供与国・機関等ともに開発成果に対する説明責任を果たすこと。

出所：OECD [2005].

るために，教育や保健，水供給，運輸交通インフラといった分野ごとに援助受入国政府主導のセクター別ドナー会合を開催し，受入国政府・ドナーの調整を行っている。このようなセクター別援助協調の方法を**セクター・ワイド・アプローチ**と呼ぶ（紀谷・山形 [2019]）。

これらの取り組みが一因となってか，21 世紀に入ってから，サハラ以南アフリカや南アジアといった低所得層が多い地域を含む世界全体において貧困削減が一定の進展をみせている（●第 2 章）。

第 8 章　国と国との協力　**173**

3 新興ドナーと中国

グローバル・サウスの台頭

21世紀に入り，先進国または中進国の仲間入りをする元途上国が増加した。韓国やチリ，トルコ，メキシコがOECDに加盟した。インドや中国，ブラジル，南アフリカはロシアとともにBRICS（Brazil, Russia, India, China, South Africaの頭文字を取っている）を結成し，互いの開発プロジェクトに対して相互に融資を行っている。BRICSには2024年1月からエジプト，エチオピア，イラン，アラブ首長国連邦が加わっている。

20世紀までは途上国と援助受入国は同義語だった。いくつかの途上国は経済発展を遂げ，援助受入国の立場を維持しつつも，援助を供与することも開始した。今世紀に入ってから新たに援助供与国になった国々を**新興ドナー**と呼ぶ。彼らは「援助受入国」の意味合いのある「開発途上国／発展途上国」ではない新たな呼称を好んだ。それが**新興国**（emerging countries）および**グローバル・サウス**である。グローバル・サウスは，1950年代に西側資本主義世界，東側社会主義世界と，それらのいずれにも属さない国々が提唱した**第三世界**に近い概念である（山形 [2024]）。

中国の対外援助

新興ドナーの代表が**中国**である。2000年から17年まで途上国全体に提供された公的資金の累計は，G7諸国（アメリカ，イギリス，イタリア，カナダ，ドイツ，日本，フランス）が1兆8180億ドルだっ

たのに対して，中国は一国だけで 8430 億ドルであった（Malik et al. [2021]）。その特徴は，譲許性の低い（いいかえれば，商業金融に近い）融資を多額に供給していることである。別のいい方をすれば，OECD/DAC の基準で ODA に分類されるような低金利，長い償還期間，長い据置期間の借款は少ない，ということである。図 8-1 で上位 5 カ国の ODA 供与額を検討したが，中国の途上国への公的資金供与のうち ODA に分類されるものだけをみてみると，中国は第 6 位のドナーであると推定されている（Kitano and Harada [2016]）。

　中国の対外援助の歴史は，中国が中華人民共和国として成立した直後の 1950 年の北朝鮮，北ベトナム（当時）への支援に遡る（渡辺 [2013]）。1950 年代後半に中国とソ連との対立が激しくなると，ソ連，台湾に移った中華民国政府，西側資本主義諸国との勢力争いの一環として，中華人民共和国をいち早く承認してくれた国（ギニア等）への協力を行った（Brautigam [2009] pp. 31-34）。しかしその後中国は大躍進政策（1958 年）の失敗，文化大革命（1966〜76 年）等のため，対外援助は 1970 年代後半から削減されていく（渡辺 [2013]）。したがって，20 世紀末には中国のドナーとしての存在感は薄れていった。

　21 世紀に入り中国は**一帯一路構想**を掲げ，途上国への公的融資の大口提供者となる意志を明らかにした。表 8-2 は中国の主要貸出主体の融資条件の平均値（Malik et al. [2021] による）を，日本の JICA による貸出（円借款と呼ぶ）条件と比較したものである。まず中国の商務部（「部」は日本の省にあたる）は無利子借款を供与している。利子は課されないが元本の返済は必要であり，その償還期間は約 20 年で，返済は平均で 8.6 年後から求められることがわかる。

表 8-2　中国と日本の途上国への融資条件比較

	貸出主体／形態	金　利 （%）	償還期間 （年）	うち据置期間 （年）
中国	商務部	0.0	19.7	8.6
	中国輸出入銀行	3.2	17.0	2.9
	国家開発銀行	5.3	11.5	1.2
日本	円借款：後発開発途上国 かつ貧困国	0.4	40	10
	円借款：中進国以上	2.4	30	10

注：「中進国以上」の条件の詳細は「一般条件，固定金利，基準ケース」に拠っている。
出所：中国については Malik et al.［2021］の Table 7。日本については，以下の JICA のウェブ
　　サイト（2024 年 4 月 1 日版）：https://www.jica.go.jp/activities/schemes/finance_co/about/
　　standard/index.html。

　これを JICA の貧困国向け融資条件と比較すると，利子率は円借款の方が 0.4％ と高いが，償還期間は 40 年に設定されており，融資の後 10 年後から元本と利子の返済が始まることから，償還期間と据置期間については円借款の方が借入国にとって有利である。

　次に中国の主たる融資主体である中国輸出入銀行と国家開発銀行の融資条件と中進国向け円借款の条件を比較してみると，ODA として認められる円借款の方が，利子率が低く，償還期間，据置期間ともに長いことがわかる。中国の公的融資の額としては商務部の無利子融資より中国輸出入銀行や国家開発銀行の融資の総額の方が多いので，全体としてみれば中国の融資条件が借り手にとって厳しめであり，譲許性が低いことがみてとれる。

　さらに中国の融資契約は他のドナーと比較して機密事項が多く，他の債権者より優先して債務支払いを受ける工夫（プロジェクトから

176　第 II 部　国際協力の担い手

得られる収入を中国側も管理できる口座に積み立てる等）がなされていることも実証的に明らかになっている（Gelpern et al. [2021]）。

▷ 協調的債務再編に向けて

このように世界の主要な公的融資供給国となった中国であるが、コロナ禍の世界経済停滞もあってか、新規融資は伸び悩んでいる。2019年からの3年間は、新規融資額より返済額が多くなり、融資が純減となっているとする研究もある（Horn et al. [2023]）。中国もOECD/DACドナーも共に融資している債務国が返済不能に陥るケースがザンビア、スリランカなどで生じている。従来のOECD/DACドナーと中国を含めた新興ドナーが、どのようにして協調的に国際金融課題に取り組んでいけるかが、今問われている（山形[2024]）。

Report assignment レポート課題

8.1 途上国を1つ選び、その国にどのような援助国・機関がどのような内容の援助を行っているか調べてみよう。その国への援助にはどのような特徴があるだろうか。外務省の「国・地域」ウェブサイト（https://www.mofa.go.jp/mofaj/area/index.html）の情報が役に立つだろう。

国際機関の協力

第 9 章 Chapter

スーダンの北ダルフール地方において WFP（世界食糧計画）が実施した 5 歳以下の子どもの急性栄養不良の改善・予防活動（2008 年，佐藤由佳子撮影）

Quiz クイズ

Q9.1 国連に勤める日本人は，2022 年末時点で何人くらいだろうか。
a. 125 人　b. 437 人　c. 961 人　d. 2083 人

Q9.2 世界銀行や地域開発銀行などの国際開発金融機関の筆頭拠出国でないのは次のどれか。
a. 日本　b. イギリス　c. アメリカ　d. サウジアラビア
e. 中国

Answer クイズの答え

Q9.1　c.

961 人。これは専門職以上の人数で，女性は全体の 62.1% にあたる 597 人。日本政府は 2025 年までに 1000 人達成の目標を掲げている（2023 年 8 月 30 日付外務省報道発表「国連関係機関における日本人職員数（2022 年末）」）。

Q9.2　b.

日本はアジア開発銀行の，アメリカは国際復興開発銀行（世界銀行）の，サウジアラビアはイスラム開発銀行の，中国はアジアインフラ投資銀行のそれぞれ筆頭拠出国。くわしくは，本章第 2 節「国際開発金融機関」を参照のこと。

Keywords キーワード

人道・開発・平和の連携（Humanitarian-Development-Peace Nexus），国連開発システムの改革，国連持続可能な開発協力枠組み（UNSDCF），ブレトンウッズ機関，BRICS

Chapter structure 本章の構成

```
┌─────────────┐ ┌─────────────┐ ┌─────────────┐
│  国連と     │ │  国際開発   │ │ 特定の地域・│
│ 関連諸機関  │ │  金融機関   │ │ 分野を所掌  │
│             │ │             │ │ する機関    │
└─────────────┘ └─────────────┘ └─────────────┘

┌─────────────────────────────────────────────┐
│             国際機関と日本                  │
└─────────────────────────────────────────────┘
```

本章の問い

　2020年，新型コロナウイルス感染症拡大の初期には，世界保健機関（WHO）が「国際的に懸念される公衆衛生上の緊急事態」宣言やワクチンの緊急使用許可などで注目を集めた。2022年2月のロシアによるウクライナへの軍事侵攻と，その後2年半以上経っても終わらない戦争，そして2023年10月からのイスラエルとパレスチナ（ハマス）の戦争に対し，国連安全保障理事会の機能不全が指摘されている。第Ⅰ部でみてきた途上国における開発課題や地球規模課題に対し，国際機関はどのような役割を果たしているのだろうか。また，国際機関と日本・日本人は，どのようなつながりがあるのだろうか。

第9章　国際機関の協力

1 国連と関連諸機関

　国際協力を担う国際機関（複数の国家が加盟している機関）は国際連合（国連）以外にも沢山あるが，本章では主に国連について紹介する。国連とはどのような組織なのだろうか。第Ⅰ部でみてきたように，国際協力によって解決すべき課題が変わってきている今，1945年に設立された国連は，どのように変わってきたのだろうか。

国連の主要機構

　そもそも，何のために，国連は設立されたのか。それは国連憲章に明確に記載されている。第1条第1項は「国際の平和及び安全を維持すること」で始まり，平和に対する脅威を取り除き，国際的紛争の調整や解決を「平和的手段によって且つ正義及び国際法の原則に従って実現すること」で結ばれる。諸国間の友好関係を発展させること，という第2項に続き，第3項は「経済的，社会的，文化的又は人道的性質を有する国際問題を解決することについて，並びに人種，性，言語又は宗教による差別なくすべての者のために人権及び基本的自由を尊重するように助長奨励することについて，国際協力を達成すること」とある。このため，国連の三本柱は**平和・開発・人権**といわれている（後述）。

　国連憲章第7条に記載のある主要機関は，総会，安全保障理事会，経済社会理事会，信託統治理事会，国際司法裁判所，事務局の6つである。ただし，信託統治理事会は1994年に国連最後の信託統治地域であったパラオが独立したことにより，活動を停止した

(United Nations [n. d. a])。総会（General Assembly）はすべての国連加盟国（2024 年 7 月現在 193 カ国）で構成され，全加盟国が平等に一国一票の投票権をもち，憲章の範囲内のすべての問題について討議し，加盟国に勧告することができる。しかし，国連の目的の 1 番めにある「国際の平和及び安全を維持すること」については，その主要な責任は安全保障理事会が負う。**安全保障理事会**（Security Council）は 5 つの常任理事国（中国，フランス，ロシア，アメリカ，イギリス）と，2 年間の任期で選出される 10 の非常任理事国からなる，少数の加盟国による協議の場であり，常任理事国が「拒否権」をもつ。

2022 年 2 月に始まったロシアによるウクライナへの軍事侵攻や，23 年 10 月に始まったイスラエル軍によるガザ侵攻は，国連の機能不全を浮き彫りにしたといわれるが，次の 2 つの動きにも注目したい。2022 年 2 月 25 日安全保障理事会に出されたロシアに即時撤退を求める決議案がロシアの拒否権発動により否決された際には，総会の緊急特別会合が開催され，3 月 2 日にロシアにウクライナに対する軍事力使用の即時停止等を求める国連総会決議 **A/RES/ES-11/1** が賛成多数で可決された。なぜ，安全保障理事会で否決されたものとほぼ同様の決議案が総会で審議できたのか。それは，1950 年に採択された「平和のための結集」という国連総会決議により，安全保障理事会が常任理事国の全会一致が得られず国際の平和および安全の維持に対する責任が果たせない場合には，総会が代わって即時にその問題を取り上げる権限が与えられているためである。

もう 1 つの動きは，ガザの人道状況が悪化するなかで起きた。事務局（Secretariat）のトップであるアントニオ・グテーレス国連事

務総長は，2023 年 12 月 6 日に，国連憲章第 99 条「事務総長は，国際の平和及び安全の維持を脅威すると認める事項について，安全保障理事会の注意を促すことができる」に基づいた行動を取った。安全保障理事会に対し，即時の人道的停戦を促すよう訴えたのである。2017 年 1 月から現職を務めるグテーレス事務総長が第 99 条に基づく行動を取ったのは初めてであった。残念ながら，12 月 8 日，安全保障理事会の人道的停戦についての決議案は 13 カ国の賛成を得たものの，アメリカの拒否権により否決された（イギリスは棄権）。それから半年以上経った 2024 年 6 月 10 日，ようやく戦争当事者に対する即時停戦を要請する決議 S/RES/2735（2024）が採択された。ロシアとウクライナの和平調停に国連がどのような役割を果たせるかについては非常に限られているとする意見もある（東[2023]）。また，上記のガザでの停戦決議後も（2024 年 12 月現在）戦闘が続いている。「国際の平和及び安全を維持すること」に対し，国連は無力だろうか。この点は，本節の最後で再度検討しよう。

国連システム

国連は，前述の主要機関以外にも，80 以上の関連諸機関がある。その全体像の呼称として使われる**国連システム（The United Nations System）**には，主要機関以外に，主に総会の決議によって設立された「基金と計画（Funds and Programmes）」や「その他の機関（Other Entities）」，特別協定によって国連と結びついている「専門機関（Specialized Agencies）」，経済社会理事会の下部組織である「地域委員会」などがある。「基金と計画」には，筆者が勤務した国連開発計画（UNDP，本部ニューヨーク）のほか，飢餓のない世界をめざして活動する世界食糧計画（WFP，本部ローマ），すべての子ど

184　第 II 部　国際協力の担い手

もたちの権利が守られる世界の実現を掲げる国連児童基金（UNICEF，本部ニューヨーク），環境問題に取り組む国連環境計画（UNEP，本部ナイロビ），**第3章**で論じた性と生殖に関する健康を推進する国連人口基金（UNFPA，本部ニューヨーク）などがある。

「その他の機関」には，難民・国内避難民を保護・支援する国連難民高等弁務官事務所（UNHCR，本部ジュネーヴ），ジェンダー平等と女性のエンパワーメントに取り組む国連女性機関（UN Women，本部ニューヨーク），パレスチナ難民の保護・支援に特化した国連パレスチナ難民救済事業機関（UNRWA，本部アンマン），そして人類の生存，開発，福祉に関する緊急性の高い地球規模課題に対する研究を行うために設立された国連大学（UNU，本部東京）などがある。

「専門機関」には，前述の世界保健機関（WHO，本部ジュネーヴ），教育・科学・文化に関する国際協力を推進する国連教育科学文化機関（UNESCO，本部パリ），労働者の代表，使用者の代表，政府代表の3者が平等な発言権をもつ国際労働機関（ILO，本部ジュネーヴ），すべての人々の食料安全保障の達成をめざす国連食糧農業機関（FAO，本部ローマ）などがある。また，後述する世界銀行（World Bank，本部ワシントン DC）と国際通貨基金（IMF，本部ワシントン DC）も国連の専門機関という位置づけである。

「地域委員会」は，アフリカ，ヨーロッパ，ラテンアメリカとカリブ，アジア太平洋，西アジアの5つに分かれている。このうちアジア太平洋経済社会委員会（Economic and Social Commission for Asia and the Pacific：ESCAP）の本部はタイのバンコクにある。

このほか，「関連組織」に原子力技術の平和利用推進を目的とする国際原子力機関（IAEA，本部ウィーン）や，1951年の設立時には国連システムの外の国際機関であったが，2016年に国連システム

の一員となった，世界的な人の移動（移住）の問題を扱う国際移住機関（IOM，本部ジュネーヴ）がある。また，主要機関である国連事務局の一部局として，国連人権高等弁務官事務所（OHCHR），国連人道問題調整事務所（OCHA），国連防災機関（UNDRR）などがある。国連気候変動枠組条約の事務局（UNFCCC Secretariat）は 1992年に設立され，本部はドイツのボンにある。つまり，**第 I 部**で取り上げた国際協力が行われている課題は，すべていずれかの国連諸機関が扱っているのである。

▷ 国連諸機関による人道・開発・平和の連携

数多くある国連諸機関は，それぞれに与えられた任務・役割・権限（mandate）があるものの，それらはすべて国連憲章第 1 条の目的達成に資するものといえる。先に，国連の三本柱は平和・開発・人権と記したが，これは筆者が UNDP での勤務が長いために頻繁に目にした説明であり，別の組織に勤めていれば，国連の目的は第 1 条から，「平和構築，人道支援，開発支援，人権尊重の推進だ」と考えるかもしれない。「はしがき」で述べたように，本書では「国際協力」と「開発協力」「国際開発協力」を同一の意味で用いている。しかし，「国際協力」の代わりに「国際開発協力」という言葉を使った場合，それには「人道支援」や「平和構築」が含まれない，と感じる国連職員もいるのである。

とくに，人道支援機関と開発支援機関の間には，ギャップがある。たとえば，第 8 代国連難民高等弁務官（1991～2000 年）であり，国際協力機構（JICA）理事長（2003～12 年）でもあった緒方貞子は，「**人間の安全保障**」概念（●第 13 章）の発展過程を説明する際に両機関のギャップについて次のように述べた。「緊急支援，紛争防止

や解決，平和構築などに取り組んできた機関は，引き続き暴力から人々の『保護』に目を向けるし，開発に関心がある機関は，貧困，飢餓，感染症，疾病，自然災害に目が向くものなのです。さらに方法もスピードも違いますし，それぞれの行動規範も異なります」（野林・納屋編［2020］247頁）。緊急対応を要する人道支援とより長期の関与を必要とする開発支援のギャップは，2016年5月にトルコのイスタンブールで開催された世界人道サミットでも取り上げられ，「新しい活動方法（a new way of working）」で緊急に必要な人道支援を行いつつ，人々の抱えるリスクや脆弱性を削減することで「人道と開発の分断を乗り越える」ことへの誓いが表明された（United Nations［2016］p. 10）。

　2017年1月に就任したグテーレス国連事務総長は，前年12月に総会で行った宣誓スピーチで，国連そして国際社会の最大の欠点は紛争が予防できないことであり，「紛争を予防するためには，平和と安全，持続可能な開発，人権という国連の3本柱を通じ，根本的な原因に取り組むこと」を最優先課題とすべきだと論じた。さらに「紛争の予防と解決や，平和の維持と定着を開発と結び付ける平和の導線」を作る必要性と，「危機発生当初から人道と開発の側面をより密接に結び付けることで，被災コミュニティを支援し，構造的・経済的影響に取り組み，脆弱性と不安の新たな悪循環を予防するための支援」の必要性を訴え，「人道的対応，持続可能な開発，持続的な平和は，同じ三角形の三辺を構成する」と述べた（国際連合広報センター［2016］）。OECD は，**人道・開発・平和の連携**（Humanitarian-Development-Peace Nexus：HDP ネクサス）につき一定の進展はみられるものの，包括的な資金調達戦略の必要性や，紛争等の被害を受けているコミュニティにより近い主体（地元 NGO など）

が計画立案に意味のある形で含まれるべきだ，などの9つの提言をしている（OECD [2022]）。なお，人道支援と開発支援のギャップがあると記載したが，たとえばWFPのように両方に取り組む機関もある。

2019年からの国連開発システム改革

UNDPは「国連における開発の主導機関」と「国連諸機関の調整役」という2つの異なる役割を果たしていた。UNDP国事務所の常駐代表（UNDP Resident Representative）は，同時に国連常駐調整官（UN Resident Coordinator）であり，当該国で活動するすべての国連諸機関を代表していた。しかし，2019年1月に実行に移された，開発のための実務的活動を担う機関によって構成されている**国連開発システムの改革**により，国際協力の現場で活動するすべての国連機関の調整を担う役割は，UNDPの手から離れることになった。この改革は，先に引用したグテーレス事務総長の宣誓スピーチにも含まれていた。事務総長は，現在の課題は国連の対応能力を超えつつあるため，国連を「根本的かつ継続的に改革」する必要性を訴え，その優先課題の1つとして「本部と国別のレベルで，国連開発システムの包括的な改革」に取り組む，と宣言した。

2024年現在，国際協力の現場で国連諸機関が各国政府と協議して作成する中期計画は，「**国連持続可能な開発協力枠組み**（United Nations Sustainable Development Cooperation Framework：UNSDCF）」と呼ばれる。以前はUNDAF（UN Development Assistance Framework），つまり「援助（Assistance）」計画だったが，より対等な立場を表現する「協力（Cooperation）」が使われるようになった。UNSDCFは，国連カントリーチームと呼ばれる，その国で活

188 第Ⅱ部　国際協力の担い手

動を行うすべての国連諸機関（その国に事務所がない組織も含む）と，相手国政府が署名を交わし，おおむね5年間の優先課題を示すものである。たとえば，東ティモールのUNSDCFは2021年から25年までの間，国連カントリーチームが取り組む優先課題を示した政府との合意文書で，国連常駐調整官と外務・協力大臣の署名の後，17の国連諸機関が名を連ねている。東ティモール政府の2030年までの中長期計画「戦略開発計画（Strategic Development Plan）2011-2030」に記載されている優先課題解決を支援するものであるが，同計画にある道路，橋梁，港湾，空港，通信などのインフラ整備などには多額の資金を要し，それは国連の強みではないため，国連諸機関が強みを発揮できる分野に絞った調整がなされている。

本部レベルでの調整機能もUNDPから事務局に移り，開発調整室（Development Coordination Office）は，アミーナ・モハメッド国連副事務総長（UN Deputy Secretary-General）が議長を務める国連持続可能な開発グループ（UN Sustainable Development Group）の事務局も兼ねる。「**国連持続可能な開発グループ**」は，34の国連諸機関がメンバーとなっているが，中核メンバーは経済社会局（DESA），FAO，ILO，IOM，OHCHR，UNDP，UNEP，UNESCO，UNFPA，UNHCR，UNICEF，UN Women，WFP，WHOである。これらの組織は持続可能な開発目標（SDGs）のターゲットに関するデータの収集や，途上国におけるSDGs達成支援に力を入れている。

国連の役割と限界

本章のはじめに国連が設立された目的を記載したが，具体的に国際協力を進めるための役割として重要なものは何であろうか。まず，国際的な「規範・基準づくり（norms and standards）」がある。後

述するOECDも地球規模課題の共通なルールづくりを担っているが，加盟国が限られていることから，国連諸機関で議論されたルールの方がより広い同意や理解を得ているといえる。

次に，国際的な「招集力（convening power）」である。分断が進んでいるといわれる現在，話し合いの場を提供しつづけることは重要である。

3つめの役割は1つめと2つめの役割と関連している。それは，国際目標，約束，条約の策定と達成状況の監視である。たとえばSDGsや，国連気候変動枠組条約第21回締約国会議（COP21）で採択されたパリ協定（Paris Agreement）では期限を切ったいくつかの目標が掲げられており，それらの進捗状況をチェックするのも国連の役割である。

また，主要な役割とまではいえないが，「正当性（legitimacy）」の付与がしばしば国連に求められる。たとえば，日本政府が福島第一原子力発電所に貯蔵されていた処理水を放出する前に，IAEAに対してその妥当性の検証・評価を依頼したのは，正当性をもった機関からの「お墨付き」を得るためだったといえる。

国連には3つの姿があるといわれている（Jolly et al. [2009]）。第1は加盟国政府で構成される国連，第2は職員によって構成される国連，第3は，第1と第2の国連と日常的にやり取りをし，国連の考え，政策，優先課題や活動に影響を及ぼしているNGO，学術研究機関，コンサルタント，専門家，独立委員会，その他のグループや個人によってなる国連である。国連の限界を考えるためには，この3つの観点が重要である。第1の国連（総会，安全保障理事会，経済社会理事会等）は，加盟国の集まりであり，会議に参加する各国代表はその国の方針を主張する。つまり，国連は加盟国の上にある

190 第Ⅱ部 国際協力の担い手

機関ではなく，各国政府が対等な立場で議論をする場なのである。一方，第2の国連，つまり事務局や国連諸機関であるが，これらの機関で働く職員は出身国を代表しているのではない。国連憲章第100条にあるとおり，任務遂行にあたっては，いかなる政府からの指示も求めたり受けたりしない。しかし，その活動範囲や政策・方針を決めるにあたっては，活動している国の同意が必要である。第3の国連も非常に重要ではあるが，最終的な判断や決定は第1や第2の国連が行うという限界がある。

　近年，国連は無力であり，過去の遺物であるとする悲観論がある。それは本当に正しいのだろうか。ロシアとウクライナの戦争が2年半に及び，イスラエル軍によるガザでの攻撃も2024年7月現在9カ月以上続いており，3万8000人以上の死者が出ているうえに，食糧や医療設備不足などの人道危機が続いている。拒否権をもつ常任理事国が紛争当事者になった場合，もしくは紛争当事者の同盟国である場合，安全保障理事会は，国連の第1の目的である「国際の平和及び安全の維持」のために効果的な手段を講じることができていない。しかし，国連の主要機関の1つである国際司法裁判所は2024年7月19日，イスラエルによるパレスチナの占領は国際法違反であり，イスラエルは新規の入植活動を即時停止し，入植者を退去させるよう勧告を出した。これは今起きている人々の生命に対する危機を止められるものではないとしても，「国際法の原則」に従った行動を加盟国に勧告することは，長期的に見て重要なことではないだろうか。

　また，新型コロナウイルス感染症拡大時に，WHOが世界中からのデータを収集し，数カ月の間毎日記者会見を開いて科学的見地に基づく情報を発信し，2020年1月30日には「国際的に懸念される

公衆衛生上の緊急事態」宣言を出し，その後ワクチンの緊急使用許可を出したことは，他の組織にはできなかったことであろう。一方，WHO の判断は加盟国の意向や拠出金額に大きく左右されることが明らかになったという指摘もある（西谷・山田編著［2020］）。しかし，とくに今まで直面したことのない課題への対応などで，国連諸機関が果たす役割は引き続きあるし，国連機関以外に世界中のほぼすべての国を加盟国として平和・開発・人権を推進している機関がないことも事実である。

2　国際開発金融機関

　国連諸機関は崇高な使命を有するが，資金力が限られている。では，国際協力を進めるうえで必要となる資金を提供している国際開発金融機関には，どういった組織があるのだろうか。

▷　ブレトンウッズ機関（世界銀行と IMF）

　1944 年 7 月，第二次世界大戦の終戦後の国際経済協力体制について話し合う会議がアメリカのニューハンプシャー州ブレトンウッズで開催され，**国際復興開発銀行**（または世界銀行。後述）と**国際通貨基金**（International Monetary Fund：IMF）の設立が決まった。このことから，世界銀行と IMF は「**ブレトンウッズ機関**」と呼ばれることがある。日本では国連よりも耳にする機会が少ないかもしれないが，途上国では，世界銀行の方が国連よりも存在感が大きいという印象がある。そして，実は日本もつながりが深い機関である。第二次世界大戦後の復興と高度経済成長期には，世界銀行からの融

資で東海道新幹線，発電所，製鉄所，高速道路などが建設された。世界銀行からの借入金の返済が完了したのは 1990 年である。2024 年 12 月現在，日本は世界銀行と IMF の第 2 位の出資国である。国連との最も大きな違いとして，世界銀行や IMF では，「一国一票」ではなく，出資比率に応じた議決権があるという点がある。つまり，お金を出している国がより大きな決定権をもつ。当たり前のように聞こえるかもしれないが，このことは国際協力の現場ではどのような意味をもつかを読者にはぜひ考えてほしい。なお，両機関とも第 1 位の出資国はアメリカであり，第 3 位は中国である。アメリカは日本の倍以上の出資額だが，日本と中国の差はごくわずかだ。

189 の加盟国をもつ世界銀行グループには，4 つの主要機関がある。国際復興開発銀行（International Bank for Reconstruction and Development：IBRD），国際開発協会（International Development Association：IDA），国際金融公社（International Finance Corporation：IFC），多数国間投資保証機関（Multilateral Investment Guarantee Agency：MIGA）である。通常「世界銀行」と呼ばれるのは IBRD と IDA である。世界銀行の使命は「極度の貧困の撲滅と繁栄の共有の促進」である。IBRD は中所得国と，信用力の高い低所得国の政府を対象に貸付を行う。一方 IDA は低所得国政府に対し，贈与，あるいは無利子か低利の貸付を行う。IFC と MIGA は，世界銀行グループで「民間セクター」を担当する。IBRD や IDA の貸付先が政府であるのに対し，IFC は途上国にある民間企業に対して投融資を行う。MIGA は途上国に投資する民間企業が直面する政治リスクやその他の非商業リスクを保証することで，海外直接投資を促す。

IMF は厳密には「開発金融機関」とはいえないが，世界銀行と双子のような組織なので本節にあげている。IMF の役割は，金融

の安定と国際通貨協力を促す経済政策の支援である。具体的には，経済や金融の動向の監視，金融支援，技術支援などを行う。このうち金融支援については，世界銀行の貸付が主にインフラ整備や教育，保健などの特定のプロジェクトに対するものであるのに対し，IMFは，主に輸入品に対する支払いや対外債務の返済などの国際収支上のニーズに対する短期融資を行う。第12章で，1980年代に世界銀行とIMFが主導した「構造調整政策」について詳述するが，同政策はとくにサハラ以南アフリカにおいて脆弱層に対する悪影響を及ぼした。この経験に対する反省からか，現在は「IMF融資は最も脆弱な人々を政策条件（政策コンディショナリティ）で保護すること」をも目的としてあげている（IMF [n. d.]）。

▷ 地域開発金融機関

　世界銀行は全世界の低・中所得国を貸付対象としているが，特定の地域で活動する開発金融機関があり，これらも国際協力を担う国際機関といえる。**アジア開発銀行**（Asian Development Bank：ADB）は本部がフィリピンのマニラにあり，1966年の設立以来現在（2024年12月時点）まで，歴代の総裁はすべて日本人である。68カ国の加盟国のうち，アジア太平洋域内からは49カ国で，その他アメリカ，トルコ，ヨーロッパ諸国の全19カ国が「域外加盟国」として入っている。ADBは，世界銀行や後述するAIIB，NDBなどの他の開発金融機関との協力協定を結んでいる。

　つぎに**アフリカ開発銀行**（African Development Bank：AfDB）は，1964年に設立され，本部はコートジボワールのアビジャンにある。アフリカの41カ国に国事務所を置くほか，域外では唯一，東京にアジア代表事務所を置いている。2024年から33年の10カ年戦略

では，包括的なグリーン成長の促進と，繁栄した強靭な経済の推進を2つの戦略目標としている。AfDBに加え，アフリカ開発基金とナイジェリア信託基金の3つの組織を合わせてアフリカ開発銀行グループと呼ぶ。

米州開発銀行（Inter-American Development Bank：IDB）は1959年に設立，本部はアメリカのワシントンDCにある。中南米とカリブ諸国の人々の生活の質を向上すべく設立され，現在は48カ国が加盟し，うち28カ国が貸付対象国である。民間企業への投融資を行うIDB Invest，イノベーションとベンチャーキャピタル機能をもつIDB Labと合わせて米州開発銀行グループと呼ばれる。

最後に，**イスラム開発銀行**（Islamic Development Bank：IsDB）は，1975年に設立され，57の加盟国をもち，本部をサウジアラビアのジェッダに置く。IsDBの加盟国になるには，イスラム協力機構（OIC）の加盟国である必要がある。OIC加盟国は57カ国なので，OICの全加盟国がIsDBの加盟国になっている。2024年12月現在，サウジアラビアが全資本金の22.5%を保有する。設立から50年で，IsDBのほかに研究と研修を担当するIsDB Institute，投資保険と輸出信用を担うIslamic Corporation for the Insurance of Investment and Export Credit，民間セクター開発を担うIslamic Corporation for the Development of the Private Sector，OIC諸国間の貿易促進を担うInternational Islamic Trade Finance Corporationが設立され，この5つがイスラム開発銀行グループをなす。

▷ 新しい開発金融機関

アジアインフラ投資銀行（Asian Infrastructure Investment Bank：AIIB）は，2016年に中国が主導し，57カ国（うちアジア域内の37カ

国と域外20カ国）の加盟国により設立され，2024年5月現在，加盟国は100カ国を超えており，イギリス，フランス，ドイツ，イタリア，カナダも加盟している。日本とアメリカは非加盟である。本部は中国・北京にあり，中国が26.5%の議決権をもつ。

　また，2015年に設立された「新開発銀行（New Development Bank）」，別名BRICS Bankと呼ばれる開発銀行がある。BRICSは，ブラジル，ロシア，インド，中国，南アフリカの英語の頭文字をとった略語である。BRICSならびに他の新興国・途上国におけるインフラストラクチャーや持続可能な開発のためのプロジェクトへの融資を目的とし，設立時の5カ国に加え，2024年7月現在ではバングラデシュ，アラブ首長国連邦，エジプトが加盟している。

3 特定の地域・分野を所掌する機関

▷　ODAに関する情報のとりまとめ

　経済協力開発機構（Organisation for Economic Co-operation and Development：OECD）は1961年に設立され，2024年7月現在38カ国が加盟している（⊃第8章，第12章）。その目的は，同組織のウェブサイトによると，「より良い暮らしのためのより良い政策の構築に取り組む」ことである。OECDにある開発援助委員会（Development Assistance Committee：DAC）は，政府開発援助（Official Development Assistance：ODA）に関するデータの収集や分析を行っている。とくにSDGsの目標17にある「先進国は開発途上国に対するODAをGNI比0.7％に，後発開発途上国に対するODAをGNI比0.15〜0.20％にするという（中略）コミットメントを完全に

実施する」というターゲット 17.2 に関する指標の担当国際機関（Custodian Agency）になっている。

▷ 域内協力の促進

　前述の地域開発金融機関は，資金提供が主な役割であるが，地域内の協力を全般的に促進する国際機関には，たとえばアフリカ大陸の 55 カ国が加盟するアフリカ連合（African Union），東南アジアの 10 カ国からなる東南アジア諸国連合（ASEAN），南アジアの 8 カ国からなる南アジア地域協力連合（SAARC）などがある。

4　国際機関と日本

▷ 主要パートナーとしての日本

　本章のはじめに述べた国連の安全保障理事会であるが，日本は最多の累計 24 年間（12 回），非常任理事国を務めている（United Nations [n. d. b]）。国連に対する拠出金は，加盟国の負担が義務づけられている分担金（assessed contributions）と任意拠出金（voluntary contributions）があり，分担金は通常予算に対するものと，国連平和維持活動（PKO）に対するものに分かれている。加盟国の経済規模に応じて負担が決められており，2022 年から 24 年，日本はアメリカの 22%，中国の 15% に次ぐ第 3 位の 8%，通常予算と PKO 分担金を合わせて年間約 8.6 億ドル拠出している。国連諸機関に対する拠出金や世界銀行・IMF 他開発金融機関に対する拠出金・出資金等も含めると年間約 5000 億円である。

▷ 国際機関で活躍する日本人職員

外務省は 1974 年に「国際機関人事センター」を設立し，同年から「ジュニア・プロフェッショナル・オフィサー（JPO）制度」を開始し，国際機関に若手職員を派遣している。この 50 年で JPO として派遣された人々は合計 2000 人にのぼり，現在国際機関で勤務している職員の約半数が JPO 出身者とのことである（外務省国際機関人事センター [n. d.]）。

筆者がまだ 20 代半ばの頃，『国際協力を仕事として』という本に出合った。「開発・人道援助に飛び立つ女性たち」という副題がついている（西崎ほか [1995]）。ニューヨーク，中国，ボスニア・ヘルツェゴビナ，ニカラグア，ネパール，アフガニスタン，バングラデシュ，インド，ジブチ，ブラジル，スーダンで，UNDP，UN-HCR，WFP，UNICEF，JICA，AMDA（アムダ，旧称アジア医師連絡協議会）などさまざまな機関での勤務経験のある女性たちの率直な言葉がとても魅力的で，繰り返し読んだ。比較的最近の本では，国際機関による国際協力現場の臨場感が溢れるものとして，2017年に出版された忍足謙朗『国連で学んだ修羅場のリーダーシップ』と中満泉『危機の現場に立つ』もお薦めであり，本書の読者にぜひ読んでいただきたい（忍足 [2017]，中満 [2017]）。

/// *Report assignment* レポート課題 //

9.1 国際機関に勤めている，もしくは勤めていた日本人が書いた本，ブログ，インタビュー記事のいずれかを読み，興味をもった点を 3 つと，本人に会ったら聞いてみたい質問を 3 つあげてみよう。

市民社会による国際協力

第 **10** 章 *Chapter*

市民社会の視点から世界のODAに関して提言を行う国際ネットワーク The Reality of Aid(右から4番目が筆者。パリ,2023年)

Quiz クイズ

Q10.1 以下の国際NGOのうち,ナチス占領下のギリシャへの人道支援をきっかけに活動を開始したものはどれか。
 a. オックスファム **b.** プラン **c.** セーブ・ザ・チルドレン
 d. ワールド・ビジョン

Q10.2 先進諸国の政府開発援助(ODA)のうち市民社会組織(CSO)を通じたものはどれくらいか。
 a. 1% **b.** 7% **c.** 12% **d.** 31%

Answer クイズの答え

Q10.1　a.

　オックスファムは，第二次世界大戦中のナチス占領下のギリシャへの緊急人道支援活動をきっかけに設立された。本章**第2節**を参照。

Q10.2　c.

　12%。後出の図 10-3 にあるように，先進諸国の ODA の約 12% が CSO を通じたものである。日本は 1% でしかなく高い国では 30% を超える。

Keywords キーワード

NGO，市民社会組織（CSO），市民社会，南の CSO，開発活動，アドボカシー，市民社会スペース，パートナーシップ，DAC 市民社会勧告，現地主導の開発

Chapter structure 本章の構成

〈CSO の国際協力について知る〉

```
CSO とは何かを
理解する

NGO・市民社会
組織（CSO）とは何か
```

↓

```
CSO の活動を
理解する

CSO の国際協力
CSO のアドボカシー
活動
```

〈CSO の国際協力をめぐる諸課題を考える〉

```
CSO の国際協力の 4 つのチャレンジ
```

CSO の効果・透明性とアカウンタビリティ	市民社会スペース
政府とのパートナーシップ	CSO の南北パートナーシップ

本章の問い

NGO，あるいは最近よく使われる言葉では市民社会組織（CSO）は，国際協力に不可欠な独自のアクターである。NGO や CSO とは何だろうか。どのような注目すべき特徴をもっているのだろうか。そして何よりも，どのような活動を行っているのだろうか。

また，最近の CSO はどのような課題に直面しているのだろうか。活動の効果や透明性が問われる一方で，市民社会が自由に活動できる空間が狭められている。CSO の南北間のパートナーシップや，資金源の 1 つである ODA 機関とのパートナーシップのあり方も問われている。この章では CSO の活動を概観し，現在の課題を明らかにしたい。

第 10 章 市民社会による国際協力　201

1 CSOとは何か

NGOとは何か

NGOとは英語のNon-Governmental Organizationsの略である。日本語では「非政府組織」や「民間団体」と訳されてきた。NGOとは何であるのか、国際的に一致した定義はない。NGOという用語の使用は国連から始まったといってよい。国連憲章第71条では「経済社会理事会は、その権限内にある事項に関係のある民間団体と協議するために、適当な取極を行うことができる（後略）」とされている。その国連憲章の日本語訳で「民間団体」とされている部分は、原文英語版ではNon-Governmental Organizationsである。

今日NGOは、国連との関係の有無にかかわらず、軍縮と平和、貧困解消と開発、人権、ジェンダー平等、環境といったグローバルな問題に取り組む市民の団体を総称する言葉として用いられる。一般に、政府（中央＝国家だけでなく、地方＝自治体も含む）組織でないこと、営利目的でないことがNGOである要件と理解されている。

市民社会，市民社会組織（CSO）とは何か

21世紀に入り、NGOとともに**市民社会組織**（Civil Society Organizations：CSO）という言葉がよく使われるようになっている。とくに国際機関の文書では最近はNGOではなくCSOが使われることが多い。

なぜCSOという言葉がよく使われるようになったのだろうか。NGOだけでなく、活動の一環として国際協力を行う社会運動団体、

労働組合や宗教組織なども視野に入れたい，という事情がある。また，NGO が non（非）という言葉から始まるため，否定的なニュアンスをともない，non から始まらない別の言葉が探し求められてきた背景もある。アジア・アフリカのいくつかの言語（たとえばインドネシア語）では非（non）と反（anti）を意味する現地語の単語・熟語が同じであるため，NGO の現地語の直訳の語句は反政府組織をも意味する。このことは当該社会で NGO に対する理解を得るうえで障壁となったし，政府から規制や弾圧を受ける原因ともなってきた。

さて，**市民社会**（civil society）とは何であろうか。西欧近代史を学ぶと「市民」「市民社会」「市民階級」「市民革命」といったことが盛んに出てくる。この場合の「市民」とは西欧で都市や資本主義の発達と共に台頭した商工業ブルジョアジー（有産階級）を意味した。

1980 年代末の冷戦終焉前後から再び活発化した市民社会論では，企業などの経済アクターを含む見解もあるが，政府，企業とは異なる第 3 の領域や部門として市民社会をとらえるのが一般的である。市民社会とは，NGO・NPO，さまざまな社会運動団体，労働組合，協同組合，専門家団体，学術団体など，広く非政府・非営利目的の市民により組織された団体を含むものとして理解されている。

筆者は市民社会を「政府，ビジネス・セクターとは独立した，特定の価値実現のために市民により自発的に組織化された多様な政治的・社会的活動のための領域」と定義し，それを体現する具体的な組織を CSO と考えてきた（高柳［2014］）。

▷ 国際 CSO，北の CSO，南の CSO

　国際協力の CSO というとどのような団体を想像するであろうか。プラン・インターナショナル（Plan International），ワールド・ビジョン（World Vision），セーブ・ザ・チルドレン（Save the Children）といった，欧米諸国から始まり，世界の南北（南が途上国，北が先進国を意味する）の各国に支部や系列団体をもつ国際 CSO の活動を，メディアや交通機関の広告でみることもあるだろう。世界の主要な**国際 CSO** の年間予算は 1000 億～3000 億円にもなり，巨大である。

　日本には，日本国際ボランティアセンター（JVC），シャンティ国際ボランティア会（SVA），シャプラニールといった日本の NGO がある。他の先進国にも，それぞれの国に本拠を置く CSO がある。

　今，私たちが重視すべきことは，南の人々が自らつくった CSO が近年急速に台頭していることである。**南の CSO** は 1970～80 年代から発展してきた。南の CSO には 2 つの種類がある。1 つは，南の農村や都市の貧困層が，みずから受益者となるべく結成した団体で，CBO（community-based organizations）や PO（people's organizations）と呼ばれる。これに対し，途上国のなかのある程度豊かな階層の人々が，その国の貧困層（およびその組織である CBO，PO）を支援する団体は，（狭義の）NGO と呼ばれる。

　南の CSO のなかにも，**BRAC**（旧来の名称は Bangladesh Rural Advancement Committee であったが，国際 CSO 化を機に略称の BRAC を正式名称とした）のように，バングラデシュの大手 CSO が，周辺のアジア諸国やアフリカ諸国，さらに先進国にまで活動を広げた例もある。ただ，南の諸国の市民社会の活動の活発さは，国や地域による差が大きい。フィリピン，インド，バングラデシュ，ブラジルなどでは CSO が活発である一方，一党制国家（中国，ベトナムなど）で

は政府や政党から独立した CSO が存在することが難しい。

CSO はなぜ注目されてきたのか

　国際協力は第二次世界大戦後，植民地解放が進むなかで行われるようになった。その初期においては政府機関による国際協力は，経済成長・近代化をめざしたインフラ支援や技術協力が中心であったが，貧困削減に直結するわけではなかった。一方で，貧困などの問題に直面している途上国の人々に直接の支援活動を行うアクターとして，CSO は活動していた。1970 年代に入り，開発援助において，貧困削減に直結する農村開発・保健・教育などの「**人間の基本的ニーズ**（Basic Human Needs : BHN）」を重視するアプローチが台頭するなかで，CSO への注目は高まることとなった。1990 年代に**人間開発**や**社会開発**といった考え方が台頭し，21 世紀に入ってから**ミレニアム開発目標**（MDGs）や**持続可能な開発目標**（SDGs）（⊙第 12 章）が採択・実施されるなかで CSO はますます重要なアクターとなっていった。

　しばしば CSO の利点（とくに ODA と比べて）として指摘されるのは以下の点である（Riddell and Robinson [1995]）。

- ・CSO の支援は南の貧困層や紛争・災害などの被災者に直接届きやすい。その活動は，貧困層，被災者の参加を促進しやすい。
- ・北の社会においても，政府より CSO の方が市民の国際協力への参加を促進しやすい。
- ・柔軟性に富んでいて，実験的な試みを行いやすい。

第 10 章　市民社会による国際協力　**205**

2　CSOの開発活動

　CSOの活動として,現場での開発活動,アドボカシー,市民への教育・啓発活動(開発教育)の3つがあるといわれる。ここではとくに,前2者について紹介したい。

　CSOの活動として,まずは南の開発現場での**開発活動**がある。開発活動には,紛争・災害時の緊急人道支援と,農業と農村開発・教育・保健などの長期的開発の活動がある。

▷　慈善・救援から長期的開発,そして人権ベース・アプローチへ

　CSOの現場での活動は,戦争・紛争,災害,飢餓の時の**緊急人道支援**を契機として始められる場合が多い。たとえば国際CSOのオックスファムは,第二次世界大戦中のナチス占領下のギリシャへの緊急人道支援活動を契機に結成された。またワールド・ビジョンは,1950年に始まる朝鮮戦争における孤児救援が出発点であった。しかしこうした慈善・救援ともいえる活動は対症療法的で,一時的に状況を緩和するにとどまっていた。

　そこで多くのCSOは1960〜70年代から,地域住民が自立し自力で基本的ニーズを充足できることを支援するため,教育・保健・農業と農村開発などの分野で**長期的な開発**の小規模プロジェクトを重視するようになった。農業の技術支援や学校・クリニック建設だけでなく,地域住民の**エンパワーメント**(自分たちを取り巻く問題について発言し,解決の模索に必要な能力を身につけ,社会的影響力や発言力を強化すること)が重視されるようになった。具体的にはコミュニ

ティの組織化，住民組織や南の CSO の能力強化などが試行された。また貧困層や小農民の金融サービスへのアクセスの確保・改善のため，マイクロファイナンス（小規模金融）も盛んに行われていった。

　一方で，1980 年代末の冷戦終焉後の世界では紛争や戦争が増加し，緊急人道支援の活動が，CSO にとって重要性を増した。紛争・戦争での人道支援では平和構築の視点が加わり，災害に関しても単なる救援でなく災害に強い（レジリエントな）社会づくりが重視されるようになった。

　近年の開発現場での活動では，多くの団体は**人権ベース・アプローチ**（human rights-based approaches）を重視している。このアプローチは，「開発とは国際的に認知された人権を実現することである」という理念を堅持し，貧困層や周縁化されやすい人々など「権利をもつ人々（rights holders）」と，「人権実現の義務を負う人々（duty bearers：政府，国際機関，CSO など）」との間の権利義務関係を明確化する実践的なアプローチである。

開発活動における南北の CSO の役割

　前節で，南の CSO に注目すべきことを指摘した。最初開発現場における開発活動の担い手は国際 CSO や北の NGO であった。しかし，BRAC をはじめ南の CSO が設立され，1980 年代頃から急速に台頭した。そのなかで，国際 CSO や北の CSO は，脇役に徹するべきだという声が強まっていった。この観点から，国際 CSO や北の CSO が直接開発現場に入ることを疑問視する見方さえある。この点については，第 4 節でよりくわしく論じる。

3 CSOのアドボカシー活動

アドボカシーとは

　アドボカシーとは，政府や国際機関，民間企業の活動などを対象にした政策的な働きかけをさす。具体的には，調査研究，政策提言，国際会議への参加，デモなどの抗議行動，キャンペーン，対抗イベントの開催など多岐にわたる。1960～70年代頃から，南の現場での活動の積み重ねだけでは貧困と開発に関わる問題は解決できないことが意識されるようになり，北の政策形成のプロセスに深く関わり，開発・援助・貿易・投資などの政策を貧困や周縁化に直面する人々に有利な方向にするためのアドボカシー活動の必要性が認識されるようになった。

　1990年代には，地球サミット，世界人権会議，人口と開発サミット，社会開発サミット，世界女性会議といった一連の会議でCSOはアドボカシー活動を行ったし，20世紀末の途上国，とくに最貧国の対外債務帳消しを唱える「ジュビリー（Jubilee）2000」もよく知られている。現在の多様なアドボカシー活動から2つ紹介しよう。

SDGsをめぐるアドボカシー

　SDGsについては，その策定時から多様なアクターが意見表明したが，CSOはそれら主要なアクターの1つであった。今2020年代も半ばに入り，2030年を期限とするSDGsの達成状況観察の時期になっている。その一環として，毎年7月にHigh-Level Political

Forum（HLPF）が開催され，SDGsの到達状況を検証している。この HLPF において CSO は，さまざまな提言活動を行っている。また，各国が自国の SDGs 進行状況をまとめる**自発的国別レビュー**（Voluntary National Review：VNR）発表の際には，CSO も並行して検証を行い，CSO 版の対抗レポートが作成されることもある。SDGs に関する CSO の国際ネットワークである Action for Sustainable Development（A4SD）は，CSO の立場から毎年の VNR を総括し，レポートを出版している。

▷ ODA をめぐるアドボカシー

1993 年から，ODA に関して CSO の視点から批判的な分析を行うネットワークとして The Reality of Aid（RoA）が結成され，同名のレポートが出版されてきた。RoA は，当時の OECD/DAC 諸国（◯第 8 章）の CSO が自国の ODA 政策について CSO の立場から批判的に検証することからスタートした。1990 年代後半からは，被援助国の CSO の視点を含めるため南の CSO からの寄稿も増え，21 世紀に入って，RoA の事務局を南（フィリピン）に移転している。現在は隔年で南の諸地域と OECD/DAC メンバーの両方からの執筆者によりレポートを出版している。

2018 年から OECD/DAC と CSO との定期政策協議が制度化された。RoA のメンバーを中心に，OECD/DAC との定期政策協議（DAC‐CSO 対話）に携わる非公式ネットワークとして **DAC‐CSO Reference Group**（RG）が作られている。DAC‐CSO 対話は現在，年 1 回の頻度で，OECD 本部（パリ）において開催されている（新型コロナウイルスの影響で 2020～21 年はオンライン開催）。RG のなかには，民間セクター協力，気候変動関連支援，**DAC 市民社会勧告**

第 10 章　市民社会による国際協力　**209**

(→第4節），移民・難民，平和構築などのワーキンググループが設けられ，それぞれのテーマに関する OECD/DAC 側の関係委員会への提言活動を行っている。

4　市民社会による国際協力の4つのチャレンジ

国際協力のアクターとして 1960〜70 年代頃から注目されるようになった CSO は，1990 年代頃になると重要な存在として国際社会から認知されるようになった。

CSO の効果・透明性とアカウンタビリティ

CSO の認知度が高まるにつれ，ODA と同様に，CSO が効果をあげているのかが問われるようになった。また，いくつかの CSO においては，資金の不正使用や職員による横領などの腐敗行為が報道された。不祥事の例をあげれば，2010 年のハイチ地震後の緊急人道支援の際に，オックスファムのスタッフが売買春や児童売買に関与したとの疑惑が生じた。

これに先立つ 1990 年代から，CSO 自体の**アカウンタビリティ**（説明責任）は，大きな課題と認識されてきた。アカウンタビリティは「個人や組織が認知された権威に報告し，行動に関して責任をもつ手段」と定義される（Edwards and Hulme [1995]）。

CSO の効果や透明性・アカウンタビリティの課題に応えるため，CSO の**開発効果**向上の原則づくりのためのネットワークとして Open Forum for CSO Development Effectiveness が設立された。このフォーラムの重要な取り組みとして，2010 年から 11 年にかけ

てCSOの開発効果のためのイスタンブール原則が策定された。イスタンブール原則は以下の8つからなる（Open Forum for CSO Development Effectiveness [2011]）。

1. 人権と社会正義（social justice）の尊重・促進
2. ジェンダー平等・公平性（equity），女性・女の子の権利の促進
3. 人々のエンパワーメント，民主的オーナーシップ，参加
4. 環境の持続可能性
5. 透明性・アカウンタビリティ
6. 対等なパートナーシップと連帯
7. 知識創造・共有，相互学習へのコミットメント
8. プラスの持続的変化へのコミットメント

イスタンブール原則はいくつかの国のCSOのネットワークや，CSOを支援する二国間ODA機関でCSOの評価基準として採用された。DAC市民社会勧告（後述）で，CSOの効果・透明性・アカウンタビリティを強調する際に，イスタンブール原則が参照されている。

▱ **市民社会スペース**

CSOの活動には，市民社会が自由に活動できる環境が必要なことはいうまでもない。これを**市民社会スペース**（civic space）という。市民社会スペースには，表現・結社・集会の自由など**市民的・政治的権利**が不可欠である。冷戦後，世界で民主化の大きな波があったが，21世紀に入り民主主義の後退がみられるなかで，市民社会スペースの縮小が指摘されてきた。2001年の9.11同時多発テロ以降の反テロ政策や，世界のさまざまな地域における宗教原理主義

図 10-1 Civicus Monitor 2024 による各国・地域の市民社会スペースの開放度

- □ 開かれている
- ▨ 狭められている
- ■ 妨げられている
- ■ 抑圧されている
- ■ 閉ざされている

出所：Civicus [2024].

表 10-1 Civicus Monitor 2024 の 5 段階の国・地域数と世界人口に占める割合

	国・地域数	世界人口に占める割合（％）
開かれている（open）	40	3.6
狭められている（narrowed）	42	11.1
妨げられている（obstructed）	35	12.9
抑圧されている（repressed）	51	42.4
閉ざされている（closed）	30	30.0

出所：Civicus [2024] をもとに筆者作成。

の台頭は，政府が市民社会スペースを縮小させる要因になっている。

市民社会スペースについては，市民の政策参加をテーマにする国際 CSO ネットワークの Civicus（本部は南アフリカのヨハネスブルグ）が毎年 *Civicus Monitor* を出版し，現状を分析している。各国や

地域は「開かれている」(open)，「狭められている」(narrowed)，「妨げられている」(obstructed)，「抑圧されている」(repressed)，「閉ざされている」(closed) の5段階で市民社会スペースの開放度を評価し，ランキングにしている。本章執筆時点の最新の2024年版（Civicus [2024]）によると，世界各国のランキングは図10-1のようになる。国・地域数と世界人口に占める割合は表10-1のようになるが，世界人口の70%以上が「抑圧されている」「閉ざされている」ランクの国・地域に住んでいることがわかる。

　市民社会が自由で効果的な活動を行うためには，良好な市民社会スペースが求められることはいうまでもない。市民社会スペースの現状について，CSOだけでなく次に述べるDAC市民社会勧告のなかでも大きなテーマになるほど先進諸国の関心は高く，援助国はパートナー国の市民社会スペースをいかにして維持または拡大できるかという課題の検討を進めている。

▷ ODA機関とのパートナーシップとDAC市民社会勧告

　第1節で述べたように，市民社会やCSOは，国家や政府から独立した存在であるが，それは政府からの支援を受けないことまで意味しない。ODAを用いたCSO支援は，より貧困層や紛争・災害などの被災者に直接支援し，当事者の参加を促すことをめざして始まった。早い国では1960年代後半からCSO支援が行われたが，日本は1989年と大きく出遅れた。ODAによるCSO支援は，CSOの規模を拡大させるとともに，CSOとODA機関双方にとって相互学習の機会となる効果もあった。しかしこれにより，CSOの自主性の喪失や下請け組織化，ODA機関の優先順位にCSOの活動内容を合致させることでCSOの独自性を弱めるなどの危険性も指

図10-2 ODAに占める対CSO支援の割合（2022年）

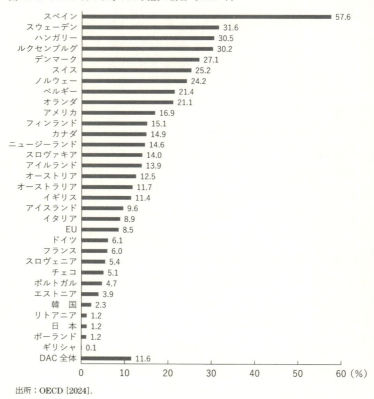

出所：OECD [2024].

摘されてきた。

　現在では，図10-2のように，DACメンバーのODAの12%近くがCSOに対して拠出することを通じて実施されたものである。上位9カ国においてはこの比率が20%を超えており，政府とCSOの間の積極的な**パートナーシップ**が実現していることがみてとれる。

日本は ODA のなかで CSO を通じて実施した割合がわずか 1% であり，DAC メンバーのなかでとくに政府・CSO 連携の低い国の 1 つである。

　DAC は CSO とのパートナーシップに関する調査研究を 1980 年代から実施してきたが，とくに 2021 年には市民社会のパートナーシップに関する文書として **DAC 市民社会勧告**（正式名称は The DAC Recommendation on Enabling Civil Society in Development Co-operation and Humanitarian Assistance）が採択され，CSO とのパートナーシップのあり方に関するスタンダードと目されている。DAC 市民社会勧告は 3 つの柱の下の 28 の条項からなるが，3 つの柱と主要なポイントは以下のとおりである（OECD [2021]）。

〈第 1 の柱〉市民社会スペースを尊重・保全・促進する
　・市民社会スペースについての政策の策定
　・パートナー国（被援助国）との政策対話
　・先進国間，国際・地域機関との情報交換

〈第 2 の柱〉市民社会に支援・関与する
　・市民社会に関する政策を市民社会と共同で策定する
　・パートナー国で市民社会の政策対話への参加促進
　・実施パートナーとしてのみならず独自の開発アクターとしての支援。柔軟で予測可能な支援（プログラム援助など）の増加
　・パートナー国の市民社会への支援

〈第 3 の柱〉市民社会の効果・透明性・アカウンタビリティの動機づけ
　・CSO の能力強化の支援
　・南北の CSO の対等なパートナーシップの支援

DAC 市民社会勧告のなかでは，DAC に対して勧告を履行するた

第 10 章　市民社会による国際協力　　**215**

めのツールキットの作成と，採択5年後に実施状況のレポート作成が求められている。同時に，DAC加盟国メンバーに対しては，勧告の内容についての広報と，実際の勧告を実現するためのCSO政策や国内法制度整備を求めている。ツールキットとしては，2023年5月に南の市民社会への直接支援についてのもの，24年7月に対等な南北パートナーシップについてのものが発表され，市民社会スペースの実現をテーマにしたものの作成が現在進められている。DAC加盟国においても，勧告についてのワークショップの開催，市民社会支援政策の改定，南のCSO直接支援プログラムの拡充などの取り組みが行われているところである。

▷ 南北CSOの対等なパートナーシップ

イスタンブール原則は南北のCSOの対等なパートナーシップを宣言し，DAC市民社会勧告も南のCSOへの直接支援の拡充と対等な南北CSOパートナーシップを奨励している。これらに基づき，南北CSOの対等なパートナーシップは，上記の2つのツールキットに反映されている。資金力に勝り南のCSOへの資金提供者となることが多い北のCSOが，南のCSOに対して優位性を行使することは1980年代頃からたびたび問題視されてきた。

その後2020年頃から，対等なパートナーシップと国際CSOや北のCSOの役割の再検討を求める声が再び高まっている。1つの背景は，CSOのみならずDACでも「現地主導の開発（locally-led development）」が議論されていることである。もう1つは，アメリカにおいて人種差別反対を主張したBlack Lives Matter運動が，世界的な共鳴を集めたことにより，植民地主義の歴史や人種主義の問題が再確認されていることである。CSOのなかには，援助の非

216 第II部 国際協力の担い手

植民地化（decolonising aid）をスローガンに用いて，対等なパートナーシップと共に国際 CSO や北の CSO の役割の再検討を求めるグループやネットワークも多い。そして対等でないパートナーシップの背景には「構造的人種主義（structural racism）」「白人救世主観（White saviour）」「白人目線（White gaze）」があると指摘している（Peace Direct [2021]）。

　この潮流は，プロジェクトやプログラムを，国際 CSO や北の CSO が直接実施するのではなく，策定・実施を南の CSO 主導で行い，国際 CSO や北の CSO はその資金を中心とした側面支援に限ることを求めている。国際 CSO や北の CSO が現地事務所の常設（とくに北出身のスタッフの駐在）をやめるべきだとの声もある。また，国際 CSO や北の CSO の目的・長期計画・戦略の策定への南の CSO の参加，国際 CSO や北の CSO のマインドセットや使用する言葉の見直し（たとえば受益者〔beneficiaries〕のような用語は使わない）も必要であるという。国際 CSO および北の CSO は，南からの問いかけと DAC 市民社会勧告に誠実に応えるという意味でも，南北の対等なパートナーシップに向けて，自らの役割を問い直す必要がある。

5　CSO の今後

　本章では CSO の役割や課題について述べてきた。本章執筆時点で気がかりなのは，ヨーロッパ諸国で極右政党が台頭していることの影響である。たとえば，2022 年の総選挙の結果極右政党が閣外協力する保守連合政権となったスウェーデンでは，ODA 政策が金

額の抑制や貿易・移民政策との結びつきを強化するなど変更されるなか，CSO とのパートナーシップに関しても，既存の契約の破棄とスキームの大幅見直しが発表されている。類似の動きは，極右政党が政権に関わるヨーロッパの他の国でも起こりつつある。

　最後に日本の CSO についてみてみよう。日本では ODA による CSO 支援が始まったのが他の先進国より遅れ，現在の CSO 支援が ODA に占める割合も DAC メンバーのなかで最下位クラスである。OECD のデータでは，自己資金による国際協力額は，カナダやドイツは日本の 2～3 倍で，日本の CSO 支援規模は，人口が 1000 万人以下のスイスやアイルランドの CSO 支援規模と同程度である。

　「日本の CSO は活動規模が小さく，社会の CSO への関心度が低い」と 1980 年代初めに指摘され，それ以降，現在の日本の有力 CSO が誕生したのであるが，2020 年度半ばに至っても，この課題が大きく改善していない現実がある。

　一方で，第 4 節で取り上げた「世界の CSO が直面する諸課題」は，そのまま日本の CSO にも該当する。日本は現在世界第 3 位の ODA 供与国であるが，CSO とのパートナーシップの小ささをどう解消していくのか，日本政府は世界の市民社会スペースの問題にどう取り組むのか，南の CSO の台頭のなかで日本の CSO の役割は何なのか，問われる課題は多い。

*** *Report assignment*　レポート課題 ///
10.1　南の現地主導の開発が強調されるなかで，国際 CSO，北の CSO が活動方法を変えた事例，先進諸国や国際機関の CSO 支援方法を変更した事例があるかどうか，調べてみよう。

企業による国際協力

第 11 章 / Chapter

イギリスにあるオックスファムのフェアトレード・ショップ
（2009 年，筆者撮影）

Quiz クイズ

Q11.1 江戸時代の近江の国（今の滋賀県）の商人たちは，「三方良し」をモットーにしていた。三方とは「売り手良し」「買い手良し」ともう 1 つは「〇〇良し」である。この 3 番めの〇〇は何だろうか。
a. 神仏　b. 先祖　c. 世間

Q11.2 途上国の生産者を支援するフェアトレード。イギリスでは年間のフェアトレード製品の消費額が約 3000 億円と推計されている。では，日本の 2023 年のフェアトレード製品消費額（推計）はいくらくらいだろうか。
a. 200 億円　b. 2000 億円　c. 2 兆円

Answer クイズの答え

Q11.1 c.

答えは「世間良し」である。ある商売の結果，売り手，買い手の双方が満足するものだったとしても，それだけでは不十分で世間（世の中全体）が良くなることに寄与するものでなければならないのである（詳細は本章第1節参照）。

Q11.2 a.

200億円。国民1人当たり消費量を比較すると，日本はスイスの100分の1でしかない。これでも，近年急速に売り上げは伸びているが，もともと日本ではフェアトレードの認知度が低く，かつ「高くて品質が悪い」というイメージも広まっているのでなかなか消費が拡大しない。

Keywords キーワード

三方良し，企業の社会的責任（CSR），ビジネスと人権，倫理的消費者運動，消費者ボイコット，ESG投資，持続可能な開発目標（SDGs），社会的営業許可

Chapter structure 本章の構成

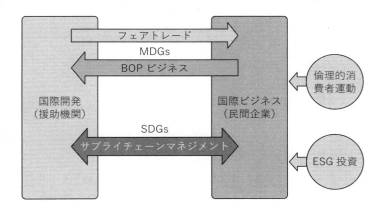

本章の問い

　経済のグローバル化が進む現代社会では，先進国に本拠をもつ多国籍企業（グローバル企業）が，地球上のさまざまな場所をつないでビジネスを行っており，一部の大企業の予算規模は中堅国家の予算規模を凌駕するほどで，世界経済にもたらす影響力は甚大である。

　そこでこの影響力を貧困削減など地球規模の社会課題解決に活用しようとする動きが始まっている。では利益を追求する私企業が，顧客でもない途上国の貧しい人のことをなぜ考えなければならないのか。持続可能な世界をめざす SDGs の枠組みが企業による社会課題解決を後押ししている背景について考えてみよう。

1 開発とビジネスの相互接近

三方良し

 江戸時代,近江地方出身の近江商人は商売上手で有名で,日本の経済・流通を支えていた。彼らの成功の秘訣は商に関する哲学「三方良し」にあるといわれた。すなわち「売り手(商人)良し」「買い手(顧客)良し」そして「世間良し」である。

 売り手だけが儲かるような取引では買い手は不満なので二度と買わないし,買い手が満足しても売り手が赤字では企業が潰れてしまい,いずれも持続可能ではない。また売り手も買い手も満足する取引だとしても,それが世間全体に害悪をもたらすもの(たとえば麻薬や武器の密売など)であってはならない。

 「三方良し」の核心はビジネスの長期的な持続可能性(サステナビリティ)にある。日本の総合商社には近江商人に起源をもつ会社が多い。たとえば伊藤忠商事もその1つであり,同社は2020年に経営理念に「三方良し」を復活させた。江戸時代(17~18世紀)の日本に起源をもつこの考え方は,21世紀の今日のグローバル・ビジネスにおける**企業の社会的責任**(Corporate Social Responsibility:CSR)や,「**ビジネスと人権**」という考え方にも通底するのである。

1%と99%

 第二次世界大戦を経て世界一の経済大国に上り詰めたアメリカは,資本主義に基づく市場メカニズムを通じた自由経済をその原動力としており,国際通貨基金(IMF)などの国際開発協力メカニズムを

通じてこれを途上国にも普及することに力を入れてきた。その代表例が1980年代の「構造調整」であったということは第12章で説明する。

しかし，資本主義経済システムがグローバルな格差を拡大しがちであることは1970年代にすでにラテンアメリカ諸国から指摘され，従属論という開発思想を生んだ（●第12章）。さらに2008年のリーマン・ショックという株価の大暴落を受けて，先進国アメリカ国内でも貧富の格差の拡大に対する批判が高まってきた。それは全人口の1%にも満たない富裕層が，世界の富の大半を独占する構造への批判として顕在化し，2011年の秋に起きたニューヨークの証券取引所街「ウォール・ストリート」を占拠した抗議活動は「99%の運動」と呼ばれた。

富裕層による富の独占は世界的な傾向であり，ノーベル経済学賞受賞者のジョセフ・スティグリッツは不平等を拡大する現在のシステムを『世界の99%を貧困にする経済』（原題は *The Price of Inequality*）という本で批判している（Stiglitz [2012]）。

そして，こうした批判の矛先は世界的な大企業とその株主に向けられることになる。なお，国際NGOオックスファムが毎年発表している「不平等報告」2024年版では，世界の上位1%（10%ではない）の富裕層が，世界の金融資産の43%を所有しているとしている（Oxfam [2024]）。

▷ 開発とビジネスの相互接近

市場メカニズムの浸透にともなう不平等の発生・拡大は，近代資本主義の成立期（18世紀後半の産業革命期）から常に一部の知識人の懸念の的であった。近代経済学の祖アダム・スミスもこの問題に言

及している。21世紀に入って，世界のビジネスリーダーが集う「ダボス会議」（世界経済フォーラムが開催する年次総会）でも「社会課題解決」に果たす民間部門の役割に注目が集まるようになった。その最初の契機はミレニアム開発目標（2001~15年）が掲げた「貧困削減」だが，持続可能な開発目標（SDGs, 2016~30年）の時代になって，よりビジネスの果たす役割への注目が高まり，ビジネスと開発，ビジネスと人権というテーマでの企業活動の「責任」さらには「義務」についての議論が深まっている（SDGsについては**第12章**）。

　一方で，開発を担ってきた国際機関，援助機関の側も先進国の援助疲れ（**⊃第13章**）を受けた国際協力予算の削減に直面し，ODA以外のゲイツ財団など民間資金を用いた貧困削減，国際保健への取り組みが加速するなかで，民間営利部門（プライベート・セクター）を開発の分野に誘導することへの強い関心が生まれ，2005年にはBOPビジネスが注目を浴びはじめる。BOPとはBase of the Pyramidの略で，BOPビジネスとは，所得階層ピラミッドの底辺に位置づけられる低所得消費者をターゲットにしたビジネスを意味する。

　こうした背景のもとに，従来「公益」を追求していた開発援助機関がビジネスに接近し，従来「私益」のみを追求していた民間企業が「公益」にも活動の視野を広げるという形で，ビジネスと開発の「相互接近」が始まるのが2010年代以降である（図11-1）。

　その前段階として，開発協力・貧困削減を指向する団体が自ら「公平な」ビジネスを行う**フェアトレード**手法に本格的に取り組みはじめたのが1990年代である。フェアトレード（fair trade）とは，途上国の生産者が生産物と引き換えに，彼らの生活に必要な収入を確実に受け取ることができるように，貿易に関わる先進国側の人々がさまざまな工夫を行う仕組みである。

224　第Ⅱ部　国際協力の担い手

図 11-1 ビジネスと開発の相互接近

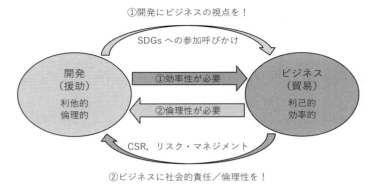

そして 2000 年代に入るとビジネスの本業に「貧困削減」「社会課題解決」を取り入れる「BOP ビジネス」が注目され，現在ではすべてのビジネス活動の連鎖のなかに，倫理性・公共性を要求する**サプライチェーン・マネジメント**（商品生産流通プロセス管理）の段階に至っていると考えられる。

BOP ビジネスの「発見」

ではまず，BOP ビジネスという利益追求（私的利益）と貧困削減という社会課題解決（公益）がどのような形で結びつくことになるのか，その論理をみてみよう。元ミシガン大学のコインバトール・プラハラードが明らかにしたのは「貧困層は貧困であるがゆえに購買力がなく，ビジネス顧客たりえない」というのは間違った思い込みにすぎない，ということだった（Prahalad [2005]）。

実は貧困層も生活改善のための「ニーズ」をもっているし，必要であれば資金を調達することが可能（露店や白タク運転手などのイン

フォーマル・ビジネスや海外送金などによって）なのに，ビジネス側が彼らを「対象外」としていることが，貧困層の生活に関わるさまざまな社会的課題を放置する結果につながっている。プラハラードはこれを「貧困であることの不利益＝BOP ペナルティ」と呼んだ。そうであれば，この BOP ペナルティを除去すれば，膨大な BOP 層（当時，世界人口の 7 割と推計された）が，ビジネスの顧客として浮上し，企業にとっての収益源になるという着想である。

　たとえば，スーパーマーケットが存在する町まで徒歩で何時間も歩かなければならない村に住んでいる人は，なかなか安価で品質の良い商品を入手することができない。つまり，「距離」や「交通の便」が人々から商品購入の機会を奪っているのである。従来こうした問題は，行政や海外援助機関が道路を整備したり，バスを運行させるなどして解決しようとしてきた。すなわち BOP ペナルティの解消は開発の問題だったのである。

　しかし，公的部門に資金や能力がなければ，開発は進まない。そのような時に，こうした人たちを顧客として取り込もうとする「ビジネス部門」が，農村部の女性を活用してセールス・ウーマンとして販売にあたらせることで商品が顧客に届くようにすれば，商品へのアクセス問題は解決する。

　また，不安定な日雇い労働で暮らしている人は 1 日の収入が限られているので日常的に使用する調味料（たとえば「味の素」）を大量パックでは買えない。そこで「味の素」を 1 回使い切りの小分け袋で販売することで，単価を極端に安くすれば，消費者の手に届くようになる。

　企業はこうした努力によって従来顧客にならなかった BOP 層のニーズを満たすことができ，1 つひとつの商品は薄利でも「世界人

口の 7 割」という巨大なマーケットに売ることで，利益を獲得することができる。プラハラードはこれを win-win 関係だと指摘したのである。

▷ 開発とビジネスの融合

このように BOP ビジネスが，途上国の貧困層の生活向上に寄与する可能性を見出した二国間援助機関，国際機関（⊃ 第 8 章，第 9 章）は 2010 年代になると，世界的な大企業や途上国の地元企業に対して BOP ビジネスに取り組むよう積極的に促し，そのための補助金を用意しはじめた。

こうした**官民連携**（Public Private Partnership：PPP）の代表例が，イギリスの国際開発省（現在は外務・英連邦省に統合，Department for International Development：DfID）が資金を提供しボーダフォン社が開発した携帯電話を利用した送金システム M-PESA（エム・ペサ）である。まだ携帯電話も普及しはじめたばかりのケニアでプリペイド方式の料金システムを導入して，貧困層の利便を高める（お金がある時だけ通話できる）と同時に，プリペイドで払い込んだ金額を別の人の携帯電話に送金できる仕組みも構築した。これによって都市に出稼ぎに来ている若者が，遠く離れた故郷の親に簡単に仕送りできるようになったのである。

アフリカの農村において送金は貴重な収入源である。村でも生活のために現金は必要だが，現金収入を得られる雇用機会が限られているので，これを出稼ぎで補おうとする。従来は都市に出稼ぎに行っている子どもたちが里帰りする時にお金を渡したり，都市との間を行き来する村の知り合いにお金を預けたりすることで，出稼ぎによる収入を親に届けていた。しかし里帰りには交通費がかかるしそ

の間は都市での仕事ができない。途中で泥棒に遭う危険もある。また知り合いに運んでもらうと手数料を取られるという形で費用が発生していた。ところが、M-PESA の導入によって、瞬時に、安全に、手数料なしで仕送りできるようになったのである。

この方式はあっという間にアフリカ中に広まり、この結果過去20年間でアフリカの農村部の現金流通は格段に拡大した。これがアフリカの貧困削減に一定程度寄与したことは間違いない。同時に企業としては携帯電話顧客の拡大、携帯電話の販売増という形で収益が上がった。この意味で M-PESA は企業利益と社会課題解決の win-win 事例の代表例といわれるのである。

2 倫理的消費者運動とボイコット

パーム油とキットカット

企業活動、それも世界的なネットワークをもつ多国籍企業の途上国での活動（とくに原材料調達と一次加工作業）は、途上国の経済にきわめて大きなインパクトをもつ。マクロ経済的には「外資導入による雇用創出と輸出による外貨獲得」が貧困削減に貢献するというセオリーが一般的である。

これは嘘ではないが、先進国の多国籍企業が途上国に投資（プランテーション開発、鉱山開発、工場建設）をするのは、安価（かつ劣悪な労働環境）でも働く労働力の調達可能性が高いこと、生産・採掘過程における環境基準が緩いこと（かつ賄賂によってお目こぼしが可能）、などが強い誘因となっており、途上国政府もこうした点をむしろ「強み」としてグローバル企業を誘致することさえある。

228　第Ⅱ部　国際協力の担い手

この結果，先進国で操業する際にはありえないような労働条件（長時間労働，防護手段なしの危険労働，虐待・差別）と環境破壊（生物多様性の喪失，土壌流出），環境汚染（農薬・有害物質の漏出，水質汚濁，大気汚染），それによる労働者，周辺住民の健康被害などが発生する可能性が高まる。

　従来こうした事例はほとんど生産現場の外に知られることなく黙殺されがちであった。しかしながら，現代ではインターネットやスマートフォンの普及によって，途上国の首都から離れた農村部で起きていることでも，瞬時に先進国の消費者にも知られるようになっており，こうした背景のもとに世界的な環境・人権の市民団体（NGO）は，先進国での**倫理的消費者運動**を展開している。こうした運動を主導することで多国籍企業の活動を批判し，その行動を変更させることをめざしているのである。

　一例として国際環境団体のグリーンピース（本部オランダ・アムステルダム）が，ネスレ社（本社スイス）のチョコレート菓子キットカットの原材料として使用されているパーム油をめぐって繰り広げたYouTubeでの批判を紹介しよう。パーム油は，アブラヤシの実からとれる植物油で安価であるため，現代世界では広く食品，化粧品などに利用されており，主たる生産地はインドネシア，マレーシアで熱帯雨林を伐採したプランテーションである。

　グリーンピースはアブラヤシのプランテーションが拡大することで熱帯雨林が失われ，スマトラ島に生息するスマトラゾウ，スマトラ虎やオランウータンが絶滅する危機に瀕している，と批判し熱帯雨林を伐採することをやめるように求めている。このため，キットカットを食べることはオランウータンを殺すことであるというメッセージを込めたYouTube動画を拡散した。この動画はかなり衝撃

第 11 章　企業による国際協力　　**229**

的な内容だったため当初ネスレ社はグリーンピースに抗議した。しかしこの動画に対する世界の消費者の反応は大きく，むしろ大量の抗議メールがネスレ社に寄せられる事態となった。

これをみてネスレ社はブランド価値の低下を恐れ，半年後に「今後，熱帯雨林を新たに切り拓いた畑からのパーム油を利用しない」という調達方針を出すに至った。すなわち，環境配慮からというよりも消費者からの批判を回避するために「持続可能な調達」に取り組むこととなったのである。

▷ フェアトレードと児童労働

倫理的消費者運動は環境保護だけが対象ではない。チョコレートの原材料であるカカオの生産のためには，かつては奴隷労働が用いられており，現在では児童労働に多くを依存している。このことを問題視するキャンペーンがなされると，欧米の消費者はその企業のチョコレートをボイコットするようになる。日本では**消費者ボイコット**運動はあまりみられないが，欧米の消費者は児童労働には敏感である。

とくに奢侈品としてのチョコレートの販売戦略にブランド・イメージは非常に重要であることから，チョコレート販売におけるイギリス最大手のキャドバリー社は 2009 年に，「（同社の看板商品である）デイリーミルク生産に使用するカカオは，100% 児童労働フリー（まったく児童労働を用いていない）のフェアトレード・カカオとする」と宣言した。これはマーケティングを動機とする「児童労働の排除」であるが，結果として途上国における児童労働を減らす効果がある。企業のサプライチェーン・マネジメントと社会課題／開発課題解決は密接に結びついていることを示す一例である。

230 第Ⅱ部 国際協力の担い手

スマートフォンと紛争加担

　倫理的消費者運動がめざすのは，企業に対する圧力によってサプライチェーン上の人権問題に注目が集まり，ブランド・イメージを気にする企業と先進国政府，途上国政府が，人権を擁護するための仕組みを構築せざるをえなくなることである。

　その1つの例がアメリカで2010年に制定された「ドッド・フランク法」である。この法は，リーマン・ショックの再発防止を目的に制定された金融規制改革法だが，そこに携帯電話などの電子機器に用いられる希少金属（レアメタル）のうちアフリカの紛争地域において採掘・販売されたもの（紛争鉱物と呼ばれる）の使用禁止が盛り込まれている。この法により，該当するレアメタル（スズ，タンタル，タングステンなど）を製品に使用する企業はその原産地が「紛争地域（たとえばコンゴ民主共和国）でないこと」を証明する義務を負うこととなった。これにより，レアメタルから得られた資金が紛争に用いられることを予防しようとしているのである。

　同様に「紛争ダイヤモンド」（紛争地で産出され，紛争の資金源となるダイヤモンド）の流通を禁止すべく合意された「キンバリー・プロセス」が，2000年に南部アフリカ諸国の政府によって合意された。これは紛争地域からの違法産出でないことを示す「原産地証明」がないダイヤモンドの輸出入を禁じるもので，現在では日本を含む多くの先進国も加盟している。

　こうした規制の裏づけとなっているのは，どれほど美しいダイヤモンドであっても，それが紛争の資金調達に用いられたものであれば，それを身につけることは間接的に「紛争に加担する」ことになる，という消費者倫理である。

第11章　企業による国際協力　　**231**

ラナ・プラザ崩壊の世界史的意義

　今日のグローバル経済におけるサプライチェーン・マネジメントにあたっては，上にあげたような環境保護，紛争加担防止以外に，人権侵害の課題も多く存在する。2011年に国連総会で合意された「ビジネスと人権に関する国連指導原則」においては，企業の原料調達から加工，販売に至るサプライチェーンに携わるすべての労働者や関係者（工場周辺地域の住民，流通を担う他企業の労働者も含む）の人権擁護が，「国家の義務」であると同時に，「企業の責任」でもあると明言した。

　これは国家のみならず，私企業に対しても人権擁護の取り組みを強く促したものである。2011年時点ではこの指導原則に強制力はなかったが，その後さまざまな世論の高まりを受け，とくに先進国では企業のサプライチェーンに関わる**人権デュー・デリジェンス**（due diligence：事前に人権侵害リスクがないかを点検すること）が義務化される傾向が強まっている。2024年にはEU各国で人権デュー・デリジェンスの法制化が進み，EUに本拠を置く企業とビジネスをしようと考える外国企業は，人権に配慮することが義務づけられつつある。

　この動きに大きな影響を与えたのが2013年4月にバングラデシュの首都ダッカ郊外で起こったラナ・プラザ崩壊事件である（写真）。バングラデシュにおける縫製産業の隆盛にともない，このビルではフロアごとに異なる地元企業家が縫製工場を運営し，世界的ブランドの下請け縫製を行っていた。大量の女性労働者を雇用して複数の会社が縫製品生産を行っていたのである。しかしこの8階建てのビルは違法に増床されており強度に問題があったうえに，すでに壁面に亀裂があって危険な状態であることが明らかだった。こ

232　第Ⅱ部　国際協力の担い手

のため，女工たちは「工場に入りたくない」と訴えたが，各工場のオーナーは「ブランドから指示された納期に間に合わない」という理由で無理に操業し，とうとう建物が崩落し一気に1000人以上の従業員が圧死した。

バングラデシュのラナ・プラザ倒壊事故現場（2013年）　写真提供：AFP＝時事

　この事故が欧米で報道されると，消費者は，自分たちが着用している便利で安価なファスト・ファッションがこうした「搾取工場」で製造されており，労働者は低賃金・長時間労働であるばかりでなく命に関わる危険な労働環境に置かれていることを知って，いっせいに世界的なブランドに対する抗議行動を起こした。

　この事件を契機に，日本も含めた先進国企業は常に倫理的消費者運動の監視の目にさらされることになった。途上国の下請け，孫請け企業の労働環境改善に努めることは，本業の儲けがある時だけ支出する慈善（フィランソロフィー）やCSRではなく，本業の中核部分であるサプライチェーン・マネジメントの不可欠な要素としてとらえられるようになったのである。この意味で，ラナプラザ事件は企業の姿勢の転換を促す歴史的な意義をもっているといえよう。

3 SDGsとサプライチェーン・マネジメント

サプライチェーン上の倫理的リスク

たとえばオンライン・ショップで売っている 1000 円の綿の T シャツについて考えてみよう。この T シャツが，読者のあなたの手に届くまでのサプライチェーンは開発課題に富んでいる（図 11-2）。

まず綿花生産地では農民が綿を栽培する。栽培のために農薬を大量に散布すれば，土壌や周囲の河川を汚染する恐れがある。農民が防護服を着ずに農薬や化学肥料を散布すれば化学薬品をあびることによる健康問題が発生するかもしれない。バナナ・プランテーションでの農薬の空中散布による周辺村人の健康被害も広く知られている。

農薬代が高くて借金が払えずに自殺する農民の事例はインドでしばしば報道されている。これは貧困という開発課題である。またせっかく生産しても，市況が悪いと生産コスト割れの価格でしか販売できないこともある。こうなると農民は仲買人や高利貸しに借金をしなければならず，借金が返済できないと，借金の代わりに土地を取られてしまうこともある。ここには「農民の搾取」「貧困の罠」という社会課題が潜んでいる。

仲買人に買い取られた綿は紡績工場で糸になる。かつて日本では紡績工場で働く女工たちの労働環境が劣悪で『女工哀史』と題する本が出版された（細井［1925］）。

紡績によって生産された糸は，次のプロセスで生地（布）になり，さらに次の縫製プロセスに入る。この縫製工程は最も労働集約的

図11-2 サプライチェーンと倫理的リスク

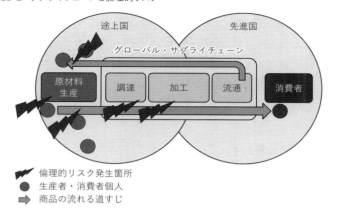

(生産コストに占める労賃の割合が大きい) なので世界のアパレル・ブランドは少しでも労働力の安い途上国に工場を建てたり，その地域の縫製工場に生産注文を出す。これらの工場の賃金や労働環境はしばしば劣悪なので，「**搾取工場 (sweatshop)**」と呼ばれることもある。このようにして「現代の女工哀史」が展開されるのである。ここには貧困と人権侵害というリスクが潜んでいる。ラナ・プラザはその典型である。

さらに，南の途上国から，消費地である北の先進国に輸送する際の二酸化炭素排出も膨大なものになるし，売れ残った商品の廃棄もまた，製造にかかったコストやエネルギーの無駄遣いという意味で倫理的な問題をはらむ。

読者のあなたが気に入ったTシャツを着ることで得られる満足と引き換えに，こうした「倫理的リスク」が発生しているかもしれない，という想像力が「倫理的消費者運動」の原点である。

Tシャツのサプライチェーンは，実はここで終わらない。あなたは着古したり，飽きてしまったTシャツを捨てる。捨てられたTシャツは古着として途上国に送られたり再利用されることもあるが，多くの場合はゴミとして焼却されるときに二酸化炭素を排出する。一部のブランドが「古着の店頭回収」をしているのは，この問題に対処している姿勢をみせるためである。

⟹ ESG 投資家の圧力

企業が，自らサプライチェーン上の人権リスクに対応する理由は，消費者からのプレッシャーのみではない。企業が活動を続けるためには資本が必要で，通常グローバル企業は活動資金を資本市場から借りることで事業を維持拡大する。その資金の貸し手が投資家であり，近年では投資家が ESG 投資を重視しはじめているためである。Eは環境（Environment），Sは社会（Social），Gは企業統治（Governance）を示す。

従来投資判断をする際に重視されていた，資金のやり取りや利益の見込みなどを示す財務諸表（financial statements）以外の側面も投資判断の際に重視する傾向が強まっており，いくら投資利益が見込まれてもサプライチェーン上に環境破壊や人権侵害がある企業には資金が集まらない。そうした企業に投資することは，投資家，銀行などの評判・評価を損なうことになるからである（reputation risk）。このため，人権デュー・デリジェンスなどのサプライチェーン・マネジメントにコストがかかるとしても，企業はこれを無視できないのである。

236 第Ⅱ部 国際協力の担い手

追い風としての SDGs

製造業分野の日本の中小企業は，さまざまな分野で高い技術力を有するものが少なくないが，せっかくの技術力も継承する若手社員が入社しなければいずれ消滅してしまい，日本の経済力もそれにともなって停滞することが懸念されている。とくに地方の中小企業の事業承継問題は深刻である。そうした地方の中小企業も，原材料調達や製品販売で途上国とつながる長いサプライチェーンを有している場合が少なくない。

そうした企業が SDGs に取り組む動機の1つに，優秀な若手人材の採用がある。ミレニアム世代，Z 世代と呼ばれる若者たちは小学校，中学校の頃から SDGs を学び，持続可能な社会に対する知識と感性を養ってきている。そうした若者にとって，単なる利潤追求だけでなく，SDGs に象徴されるような環境保護を追求することによる「地球益」，差別や人権に関わる「人類益」，紛争防止や平和を希求する「公益」にも取り組む企業は，働き甲斐のある企業とみなされうる。

SDGs の目標は多岐にわたるため，多くの企業はまず省エネなどの取り組みやすい目標に着手する。これは最初の一歩としてはよいことである。ただ，SDGs の17の目標は「互いにつながっている」ので，SDGs への取り組みをさらに進めるためには，自らのサプライチェーンを点検して，そこに環境汚染や人権侵害といった倫理的リスクが潜んでいないかをチェックしてみることが有効であり，その時の参照軸として SDGs はとても有用なのである。

一例をあげよう。日本国内の自社や下請け工場で働いている外国人労働者を取り巻く労働環境が，日本人と同じように整えられているのかをチェックしてみるとしよう。彼らは言葉や文化の壁がある

ため，日本人の従業員より多くの配慮を必要とする可能性が高い。しかし，厳しい経営環境にある中小企業にとって追加的な福利厚生を考える余裕はないかもしれない。また，SDGs に取り組んでいるのは企業だけではなく，目標 10「格差をなくそう」に取り組んでいる地方自治体や市民団体も存在する。そうした異なるパートナーとともに，外国人労働者の労働・生活環境の改善に取り組むことは 1 社だけで取り組むよりも多くの可能性を拓いてくれる。場合によっては同業他社と，あるいはサプライチェーンの上流，下流の企業と，さらには消費者と連携して，外国人労働者の労働環境を改善し，それによって格差を縮小することも可能である。

さらに，消費者との連携はフェアトレードや倫理的消費という形で，企業と消費者を協働させる。こうした協働は，SDGs という「共通言語」があることで容易となるし，日本ではこの共通言語は小学生でも知っているのである。

▷ 社会的営業許可という概念

なぜ，私的な利潤を目的とする私企業が「公益」をめざす SDGs に取り組むようになるのか，これで理解できただろうか。

途上国に進出している日本企業も少なくないが，進出する理由は，「労賃が安い」「環境規制が緩い」「労働組合が禁止されているのでストライキがない」「税制の優遇が受けられる」「人口が多く有望な市場である」などさまざまである。しかし，とくに最初の3つは時にサプライチェーン上の倫理的リスクを誘発しやすい。「安い賃金でも働きたいと思う人がいるのだから，そうした人たちに雇用を提供するだけでも十分だ」「途上国政府の規制を守っているのだからそれ以上の環境保護コストをかける必要はない」「労働者の権利

は途上国の規制の範囲なので，外国の企業であるわれわれに責任はない」という言い訳は，SDGsの時代となった今，許されなくなっている。なぜ，途上国政府の規制を守り途上国政府から許可を取っているのに批判されるのだろうか。それは「人々」の存在を忘れているからである。

　地球上のどこに，どんな身分，どんな宗教，どんな経済状況下に生まれようが，「人権」はすべての人に等しく与えられているという考え方は，現代では広く共有されており，SDGsは人権の保護を大きな柱としている。そしてビジネスと人権国連指導原則は，国家に「人権を守る義務」があるだけでなく，操業する企業には「人権を擁護する責任」があると主張する。それゆえに，国家が操業を許可しても，周囲に住む人々，働く人々の人権を侵害するようなビジネス行為に対しては**社会的営業許可**（social license to operate）が下りないのである。このsocialとは，単に工場周辺の社会だけでなく，先進国の消費者を含めた「地球社会」までの広がりをもつ言葉である。

　日本に住む私たちも，消費者として，投資家として，そして企業人として，さらには開発援助の担い手として，さまざまな形で地球上の人々とつながっている。私たちはこの「つながり」の力を用いてこうした人々とパートナーシップを組むことで，「たった1つの地球」で「誰1人取り残さない」，持続可能な世界を作り上げていくための，重要なアクターとなりうるのである。

Report assignment レポート課題

11.1 グローバル企業のホームページをみて，各社がどのような調達方針をとっているか，それが途上国の開発とどのように関連するかを考えてみよう。

11.2 欧米・日本でのこれまでの消費者ボイコット運動を調べ，ボイコットに至った原因を調べてみよう。

11.3 スマートフォンをめぐって，どのような倫理的消費者運動があるのか，調べてみよう。

第 III 部 Part

国際協力の未来

Chapter

12　世界の国際協力潮流
13　日本の国際協力潮流
14　どのような社会をめざすのか

世界の国際協力潮流

第 12 章

左：カンボジアでの自衛隊による能力構築支援（測量実習）（2019 年，防衛省提供）写真提供：時事通信フォト，右：海外協力隊が日本の技術協力で開発された教科書を使用して同僚教員に講義している様子（パプアニューギニア，2023 年）写真提供：JICA

Quiz クイズ

Q12.1 下記の国を人間開発指数（HDI）が高い順に並べてみよう（HDI は，1 人当たり国民総所得，平均寿命，平均就学年数などによって測られる指数。本文参照）。
a. キューバ **b.** カタール **c.** アメリカ **d.** トンガ **e.** 日本 **f.** スリランカ

Q12.2 1990 年の世界の ODA 総額は 430 億 3900 万ドル，FDI（海外直接投資）総額は 336 億 800 万ドルであった。2022 年，世界の ODA 総額は 1025 億 1300 万ドルと，1990 年に比べて約 2.4 倍に増加した。同じ年に，FDI 総額はおよそいくらになっただろうか。
a. 800 億ドル **b.** 1500 億ドル **c.** 5000 億ドル **d.** 9000 億ドル

Answer クイズの答え

Q12.1　c. → e. → b. → f. → a. → d.

アメリカ, 日本, カタール, スリランカ, キューバ, トンガの順。1 人当たり国民総所得がそれほど高くなくとも, HDI では比較的上位にくる国があることがわかる。

A	B	C	D	E	F	G
HDI 順位	国　名	HDI	平均寿命(歳)	平均就学年数（年）	1 人当たり国民総所得（ドル）	F の順位と A の差
20	アメリカ	0.93	78.2	13.6	65,565	− 11
24	日　本	0.92	84.8	12.7	43,644	9
40	カタール	0.88	81.6	10.1	95,944	− 38
78	スリランカ	0.78	76.6	11.2	11,899	24
85	キューバ	0.76	78.2	10.5	7,953	40
98	トンガ	0.74	71.3	10.9	6,360	34

出所：UNDP, *Human Development Report 2023-2024*, 付表 1 より筆者作成。

Q12.2　d.

正解は 9000 億ドル。FDI は 336 億 800 万ドルから 9295 億 5100 万ドルへと 27 倍以上に激増した。途上国向け民間資金が顕著に増加した一例である。

Keywords キーワード

持続可能な開発目標（SDGs）, 途上国, 南北問題, 構造主義, 構造調整政策, 社会開発, 人間開発, 平和構築, ミレニアム開発目標（MDGs）, 民間部門

Chapter structure 本章の構成

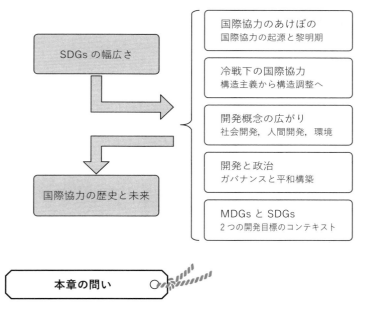

本章の問い

　なぜ「持続可能な開発目標（SDGs）」には，貧困削減，ジェンダー平等，経済成長，環境保全，平和と公正など，多様な目標が含まれているのだろうか。本章ではこの問いを手がかりに，開発そして国際協力の課題が時代とともに拡大していった軌跡を辿る。開発の主眼は当初工業化に置かれたが，1980年代の構造調整政策は政府主導の工業化政策を困難にした。一方で，1990年代になると，教育や保健・衛生などの社会開発，環境と開発，そして平和構築をはじめとする開発と政治の関わりへと関心が移行した。本章を通じて，SDGs に反映された国際協力の思想と実践が，私たちをどのようなポスト SDGs の世界へと連れていくのか，考えるヒントを得たい。

1 国際協力のあけぼの

SDGs の幅広さ

持続可能な開発目標（Sustainable Development Goals：SDGs）は，17 の目標と 169 のターゲットから構成される。貧困，飢饉，健康，教育，ジェンダー，産業，まちづくり，環境，平和など，それらが対象とする課題は多様である。これらはいずれも「開発」の目標である。貧困も，健康も，環境も，平和も，開発の課題なのである。これらに取り組む国際協力もまた，当然幅広い課題を対象にすることになる。

開発や国際協力という概念が，はじめからここまで幅広い課題を含んでいたわけではない。筆者が学生だった 1980 年代，開発といえば，それはほとんど経済開発（工業化）をさしていた。開発の文脈で平和が語られることなどなかった。なぜ開発や国際協力が，さまざまな課題を含み込むようになったのだろうか。

本章では，国際協力の取り組みを歴史的に振り返る。開発と国際協力の意味内容は，その実践や国際政治経済の動向に影響を受けて変化してきた。本章では，そうした変化の概要を辿ることとしたい。

国際協力前史

途上国に対する国際協力が始まるのは第二次世界大戦終結後のことだが，それにつながる水脈はもう少し前の時代に遡る。産業革命と科学技術の進展を受けて，欧米では 20 世紀に入ると，政策介入を通じた近代化に文明的な価値を見出す考えが強まった。科学技術

を駆使した社会工学的な政策介入は，戦間期にさまざまな国で実践されている。ロシア革命後のソビエト連邦の社会主義計画経済はその典型であったし，ナチスドイツが進めたアウトバーン（高速道路）の建設や，アメリカのニューディール政策におけるテネシー川流域開発公社（TVA）も社会工学的政策介入の例である。

同じ時期，イギリスの詩人ラドヤード・キプリングのいう**白人の責務**に示されるように，科学技術によって植民地の「遅れた」人々の生活を改善することが文明的な義務だとの考え方も欧米に広がった。1920 年代以降，アフリカやアジアの植民地に対して，新技術や農村開発計画が導入されていった（ロレンツィーニ［2022]）。

▷ 途上国の誕生

第二次世界大戦は，国際秩序に大きな変化をもたらした。アジアにおけるイギリスやフランスの植民地は日本に占領され，日本の敗戦にともなって独立運動が高揚した。宗主国側の抵抗により独立戦争に至ったケースも多かったが，1940 年代後半にはインドネシア，フィリピン，インド，パキスタン，韓国などが次々に独立を遂げ，1949 年には内戦を経て中華人民共和国が成立した。

1950 年代になると植民地独立の波はアフリカへとおよび，スーダン（56 年）やガーナ（57 年）を皮切りに独立が相次いだ。一挙に 17 のアフリカ諸国が独立を達成した 1960 年は，「アフリカの年」と呼ばれる。この年に国連総会で採択された**植民地独立付与宣言**は，「外国人による征服や支配」は国連憲章に反するとして，植民地の速やかな独立を促した。

第一次世界大戦の終結以降，ドイツ，オスマン帝国，日本などさまざまな帝国の解体のなかで独立国が生まれたが，1960 年代前後

にアフリカ諸国がいっせいに独立を果たした背景としては，「植民地独立付与宣言」に象徴される国際規範の変化が重要である。植民地に留め置くことはもはや許されない，という認識がグローバルに広がったのである。

アジア，アフリカで独立国が続々と誕生したこの時期は，**冷戦**の時代でもあった。独立した国々は東西いずれの陣営にも加わらず，自らが主導して国際の平和を追求しようとした。1955 年にインドネシアのバンドンで開催されたアジア・アフリカ会議には新興独立国を中心に 29 カ国が集まり，平和十原則を採択した。そこには主権平等，国連中心主義，協力促進などが盛り込まれ，反帝国主義と反植民地主義を訴えるブロックが立ち現れた。新たな独立国は，西側資本主義陣営（第一世界）からも，東側社会主義陣営（第二世界）からも距離を取る**第三世界**として，非同盟の立場を表明した（プラシャド [2013]）。この国々が主に**途上国**を構成し，今日のグローバル・サウスにつながっていく。

▷ 南北問題の「発見」

南北問題という言葉は，イギリスのロイズ銀行会長で，駐米大使の経験ももつオリバー・フランクスが 1959 年に使ったのが最初だといわれる。彼は講演で，「西側先進世界は，東西のバランスだけでなく，南北のバランス（南北問題の解決）に取り組まなければならない」と述べた。フランクスの言葉には，西側知識人の危機意識が表れている。

南北問題は普通，先進国と途上国との経済格差に関する課題と理解される。しかし，単に経済格差や途上国の貧困が問題だったわけではない。フランクスの言葉には，途上国の貧困を放置すれば，こ

れらの国々が東側陣営に接近するという危機感が含まれている。「南北のバランス」に留意しないと,「東西のバランス」が崩れるというわけだ。ここには,東西の緊張のなかで途上国に関与する必要性が含意されている。冷戦期の国際政治のなかで,南北問題が「発見」されたわけである。

主権国家システムの世界的拡大

第1章で述べたように,1940〜60年代にはアジア,アフリカで続々と独立国が生まれ,主権国家システムが世界大に広がった。植民地解放は歴史的必然であったが,それは現代社会に大きく2つの課題を突きつけた(山影[2012])。貧困に苦しむ国々の経済をいかに成長させ,人々の生計向上を図るかという「開発の課題」。そして,恣意的な国境線や植民地支配の影響をいかに克服して国づくりを進めるかという「国家建設の課題」である。

以下述べるように,国際社会は1960年代以降,「開発の課題」に対処する国際協力の仕組みを整えていく。しかし,「国家建設の課題」に向けた国際協力が進むのは,1990年代以降のことである。

2 冷戦下の国際協力
構造主義から構造調整へ

ケネディ政権と援助実施体制の整備

アメリカが最初に実施した途上国援助は,「ポイント・フォア・プログラム」である。これはハリー・トルーマン大統領の2期目の就任演説(1949年)における第4の重点政策として,途上国の貧困,栄養不足,疾病などを克服するための技術援助があげられたこ

第12章　世界の国際協力潮流　**249**

とをさす。具体的なプログラムの策定にあたっては，先に述べた開発前史の時代に経験を積んだ人々が登用された。

　ただし，アメリカが途上国の開発と国際協力に本格的に取り組むのは，ケネディ政権期である。1961 年に政権に就いたジョン・F. ケネディは，フランクスの問題提起に敏感に反応し，就任とともに途上国に対する国際協力を進める体制づくりに取り組んだ。途上国援助を担う**アメリカ国際開発庁**（**USAID**）を設立したほか，国連に対しても働きかけを強め，「国連開発の 10 年」を制定して，途上国の経済成長率の向上や援助増大を約束した。また，途上国の開発を専門とする**国連開発計画**（**UNDP**）の設立を主導した。

　1960 年代は，世界的に国際協力の制度構築が進展した時期である。西側先進国間で援助政策を議論する「開発援助グループ」（**DAG**）が設立されたのが 1960 年で，翌年に**経済協力開発機構**（**OECD**）が設立されると，**DAG** は**開発援助委員会**（**DAC**）に名称を変え，その内部組織となった（●第 8 章）。日本においても，途上国への資金協力を行う海外経済協力基金（**OECF**）が 1961 年，技術援助を行う海外技術協力事業団（**OTCA**）が 62 年に設立された。OTCA は 1974 年に国際協力事業団（**JICA**）となり，2008 年には OECF と統合して，開発援助を一元的に担う**国際協力機構**（**JICA**）が誕生した。

▷　**構造主義と近代化論**

　この時期の国際協力を支えた思想的背景を確認しておこう。1960 年代前半までの開発経済学では，**構造主義**と呼ばれる考え方が主流を占めた（絵所［1997］）。これは，先進国経済と途上国経済との異質性を強調するとらえ方で，後者では市場メカニズムが機能

250　　第 III 部　国際協力の未来

しないため，政府による計画（プランニング）が不可欠だと考えられた。とくに，政府主導の工業化を通じてそれまで輸入していた工業品を生産する，**輸入代替工業化**政策が推進された。

途上国経済は，資本不足，投資不足，貯蓄不足が連鎖する**貧困の罠**に陥っており，外貨不足によっても発展を制約されている。この克服のために，大量の援助投入によって投資・貯蓄面と外貨面のギャップを解決する「ツー・ギャップ・アプローチ」が援助モデルとして推奨された。

ケネディ政権期のアメリカで援助政策の理論的支柱となったのは，ウォルト・ロストウである。彼は主著（ロストウ［1961］）のなかで，伝統社会が急速な経済成長（離陸）を経て高度大衆消費社会へと変貌する**成長段階論**を提示した。投資率の上昇や伝統社会を打破しようとする勢力が主導するナショナリズムの高揚など，いくつかの条件が揃えば離陸が起こり，高度大衆消費社会へ移行すると主張した。経済成長のために伝統社会の克服を強調する議論は，**近代化論**と呼ばれる。ロストウの議論の含意は，アメリカの支援によって伝統社会を改変し，経済成長と近代化を進めることだった。

単線的で楽観的な近代化論に対しては，異を唱える声が上がった。アンドレ・フランクやサミール・アミンは，国民経済を超えた世界資本主義の存在と機能を強調し，近代化論を批判した（フランク［1980］，アミン［1979］）。世界資本主義のなかで，先進諸国は工業品の生産と輸出から富を蓄積する一方，途上国は原材料輸出に特化した低開発経済に留め置かれている。換言すれば，世界資本主義の支配従属関係のなかで，先進諸国の繁栄と途上国の貧困が表裏一体のものとして構造化されている。この構造を革命的に打破しない限り，途上国の経済発展はないと彼らは主張した。世界資本主義体制

第 12 章　世界の国際協力潮流　　**251**

の周辺に置かれた途上国は，先進国に搾取される構造のなかで，従属的発展しか望めないという考え方を**従属論**と呼ぶ。

▷ 新国際経済秩序（NIEO）

1960 年代以降，途上国は国連で非同盟運動を掲げ，第三世界としての結束を呼びかけた。彼らは援助増額を要求するとともに，従属論の影響も受けて，第三世界に有利な国際経済のあり方を求めるようになった。1974 年 5 月に採択された国連総会決議「新国際経済秩序の樹立宣言」には，こうした考え方が明瞭に示されている。

新国際経済秩序（New International Economic Order：NIEO）では，途上国の経済発展を推進すること，そのために天然資源に対する主権を確立し，一次産品の適正価格を維持し，多国籍企業の活動を規制・監視することなどが謳われた。NIEO で表明された**資源ナショナリズム**や多国籍企業への不信は，当時の途上国側の認識を反映したものだった。

こうした認識は，現実世界でも大きな影響力をもった。重要な例として，1973 年の第 4 次中東戦争をきっかけに起こった**オイル・ショック**がある。戦争を受けて，石油輸出国機構（OPEC）の主導権を握るアラブ諸国が石油価格を大幅に引き上げ，世界経済は大きく混乱した。従来先進国の大手石油企業（メジャー）がもっていた石油価格の決定権を，産油国のカルテルが奪い取ったわけである。資源ナショナリズムが現実を大きく動かした事件であった。

▷ 新古典派経済学の興隆と政策転換

一方で 1970 年代は，開発思想において**新古典派経済学**の影響が強まり，構造主義への批判が強まった時代でもあった。新古典派は，

252　第 III 部　国際協力の未来

途上国でも市場メカニズムは機能するとして,構造主義の前提を厳しく批判した。合理的農民像や教育を通じた人的資本の重要性など,この時期の新古典派はいくつもの重要なアイディアを生み出した。

市場メカニズムを重視する新古典派の議論は,現実の動きとも通ずるものだった。韓国,台湾,シンガポール,香港の「アジア四小龍」が世界市場への輸出指向工業化戦略によって急速な経済成長を遂げ,1970年代には輸入代替工業化政策を採用して失速した国々との対比が明瞭になっていた。ラテンアメリカやアフリカでは工業化が期待した成果を生まず,累積債務が深刻化していた。

こうした思想潮流や現実の動きを背景として,1980年代に急速な政策転換が実施された。イギリスのサッチャー政権（1979～90年）やアメリカのレーガン政権（1981～89年）など先進国の保守政権のもとで,市場メカニズムを重視し,政府に退場を促す**構造調整政策**が途上国に導入されたのである。財政赤字削減,国営企業の民営化,公務員数の縮小,補助金の撤廃,関税の引き下げ,為替の自由化など,政府機能を縮小させて民間部門の活性化を図る一連の政策が,世界銀行（世銀）や国際通貨基金（IMF）,先進国ドナーの融資条件（コンディショナリティ）として,途上国に課されていった。

3 開発概念の広がり

▷ 構造調整とその反作用

構造調整政策導入は,多くの途上国にとって,痛みをともなう大きな政策転換であった。1982年にメキシコが対外債務の不履行を宣言すると,民間銀行は,高リスクとみた途上国からいっせいに資

金を引き揚げ，途上国では公的資金への依存がいっそう高まった。そのため，途上国が資金を得るには，コンディショナリティに沿って構造調整政策を進めざるをえなかった。

　政府支出のドラスティックな削減は政府主導の工業化政策を頓挫させ，教育や保健衛生など社会セクターの予算も大幅に削減された。皮肉にもこれが，社会セクターの重要性が認識される 1 つの契機となった。国連児童基金（UNICEF）は，1985 年以降，同じ国連機関の世界銀行や IMF が進める構造調整政策に対して，「人間の顔をした調整」の必要性を主張した（Cornia et al. eds.［1987］）。構造調整政策による社会セクターの予算削減によって，貧困層が長期的に深刻な影響を被る恐れがあると警告したのである。

▷ 社 会 開 発

　保健衛生や教育など社会セクターに対する国際協力には，長い歴史がある。しかし，それが開発のための協力の一環だという認識が共有されるのは，比較的最近のことである。**社会開発**という言葉は，1995 年にコペンハーゲンで開催された世界社会開発サミットなどを契機に人口に膾炙するが，こうした分野への取り組みを開発に位置づけてとらえる考え方は，70 年代から目立つようになっていた。

　保健衛生の分野では，1978 年の「アルマアタ宣言」が重要である。この宣言は，旧ソ連（現カザフスタン）で開催された，世界保健機関（WHO）とユニセフ共催の国際会議で採択された。すべての人々が利用できる保健医療サービス（プライマリー・ヘルス・ケア）を整備する必要性が強調され，とくに途上国での普及のために国際協力の推進を求めた（⊙第 6 章）。

　教育が開発の文脈で注目されるのは，1980 年代以降といわれる。

254　第 III 部　国際協力の未来

当時途上国を悩ませた過剰人口問題の解決に，避妊具を配るより女子教育の充実が圧倒的に重要だといった知見が蓄積され，開発と教育のつながりが意識されはじめたのである（⊃第4章）。1990年，タイのジョムティエンで開催された「万人のための世界教育会議」では初等教育の重要性が打ち出され，国際協力の呼び水となった（黒田［2023］）。

⊃ 人 間 開 発

人間開発という概念は，1990年から始まったUNDPの年次報告書『人間開発報告書』の刊行と，それが導入した人間開発指数（Human Development Index：HDI）によって広く知られるようになった。この概念やHDIの策定には，マブーブル・ハクとアマルティア・センという2人の南アジア出身経済学者の貢献が大きい。

1990年刊行の『人間開発報告書』は，「人間開発」を「人々の選択を広げるプロセス」だと定義している（UNDP［1990］p. 10）。それに貢献する要素として，保健衛生，教育，所得の3つの側面からHDIを算出した。国民総所得が高くても，保健衛生や医療，また教育の水準が低ければ，HDIは相対的に低く算出される。人間開発概念やHDIという指数を通じて，UNDPは経済開発と社会開発の双方の重要性や両者の関係性を強調したといえよう。

こうした開発概念の広がりは，センなどが牽引する形で進んだ貧困研究とも深く関わっている。貧困研究の深化によって，それが単に「お金がない」という問題ではなく，雇用や食料に関わる物質的側面，不安感，恥辱感，劣等感など心理的側面，社会的サービス提供の達成度に関わる国家の機能，ジェンダーなどに影響する社会規範といった幅広い領域に関わる現象であることが明らかになった

(ナラヤン [2002])。貧困への対応が開発の中心課題になるとともに，開発概念や国際協力の領域も広がっていった。

環境と開発

環境問題に対する危機感は，1962年に刊行された『沈黙の春』(カーソン [1987]) をはじめ，早くから表明されていた。しかし，それが開発と結びつけられるのは，1972年にストックホルムで開催された国連人間環境会議を嚆矢とする。1980年代に大きな影響を与えたのは，87年に刊行された「環境と開発に関する世界委員会」(ブルントラント委員会) の報告書『我ら共有の未来』である (United Nations [1987])。この報告書では，貧困が環境破壊を促進し，環境破壊から最もダメージを受けるのが貧困層だという相互関係が強調され，国際協力の重要性が説かれた (➡第7章)。

気候変動や生物多様性保全など環境問題には多様な側面があるが，環境と開発という枠組みでこの問題をとらえる重要性を忘れてはならない。環境問題は貧困国，貧困層に最も深刻な被害を与えるし，環境問題への取り組みがさらに貧困層にダメージを与えることもある。

温室効果ガス世界総排出量に占めるサハラ以南アフリカ諸国の割合は4%未満にすぎないが (World Development Indicators による)，この地域は洪水や干ばつ，サイクロンの上陸など，気候変動に起因する異常気象から，毎年深刻な被害を受けている。自然保護のためと称して住民を追い出す「要塞型保全」が批判されて久しいが，途上国で自然保護と住民の生計向上とをいかに両立させるかは，依然として多くの国で課題になっている (山越ほか編 [2016])。

4 開発と政治

　1990年代,開発と国際協力の射程はさらに広がりをみせる。この時代,開発と政治の結びつきが意識され,政治的側面に関わる国際協力が積極的になされるようになった。背景として重要なのは,冷戦の終結という国際政治上の変化である。西側の自由主義陣営は,冷戦に勝利したとの認識で,自由民主主義的な政治体制を広める目的で国際協力を実施した。地方分権化や民主化支援がその例である。加えて,紛争解決に向けた国際社会の関与が深まり,平和構築がドナーの重要な任務となった。

ガバナンス

　構造調整政策では市場メカニズムが重視され,政府の役割は否定された。しかし,東アジアの経済成長に関する事例研究が明らかにしたのは,政府が開発に積極的に関与してきた事実だった(ジョンソン[2018])。急速な経済成長を達成した東アジアの国々は,総じて政治的安定を担保し,実効力のある産業政策を実施し,汚職を抑制してきた。この経験から,1990年代に入るとガバナンス(政府による統治のあり方)が開発との関係で注目されるようになった。自国の経験から構造調整政策に違和感を抱いていた日本は,政府の役割をもっと重視するよう世界銀行に働きかけた。

　こうしたなかで,世界銀行もガバナンスへの関心を深めるようになった。1997年版の世界銀行年次報告書『世界開発報告』は「開発における国家の役割」を正面から扱う内容であったし,同じ時期

から世界銀行は世界各国を対象としたというガバナンス指標（World Governance Indicators）を公開するようになった。ガバナンスと開発成果との関係にはなお不明な点が多いが，開発を進めるうえで政府の役割を無視できないという合意は確立されたといえる。

▷ 平 和 構 築

1990 年代の重要な変化として，ドナーが**平和構築**に積極的に関与するようになったことがあげられる。この変化は，冷戦の終結と深く結びついている。冷戦終結によって地域紛争の解決に対する国連の役割への期待が高まり，国連平和維持ミッションの派遣数が顕著に増加した。それとともに，再び紛争が起こらないよう国家や社会を変える取り組み——平和構築——に，ドナーや NGO など多くのアクターが関与するようになった（● 第 1 章）。

紛争に関与した戦闘員を非武装化し，指揮命令系統を解き，社会復帰を促す一連の取り組み（武装解除・動員解除・再統合：DDR）や，軍や警察を民主化して機能強化を図る取り組み（治安部門改革：SSR）など，多くの平和構築活動にドナーが関わった。この時期，国連平和維持ミッションの活動も，選挙実施や暫定統治など紛争後の国づくりに関わる内容へと変化していた。主権国家システムの世界的な広がりを受けて顕在化した「国家建設の課題」が，ようやくこの時期，本格的に国際協力の対象となりはじめたのである。

▷ 開発と安全保障の接近

1990 年代は，紛争解決など安全保障分野の国際協力が進展した時代であった。開発分野の国際協力は 1960 年代以降急速に進んだが，「国家建設の課題」に関わる安全保障分野では不十分で，国連

による平和維持活動が細々と行われていた程度だった。しかし，冷戦終結後，国連平和維持ミッション派遣数が急増し，紛争解決に国連や地域機構が深く関与するようになった。こうした文脈で，軍事組織だけでなくドナーや NGO も平和構築に深く関与しはじめた。

平和構築には DDR や SSR のように紛争後特有の取り組みもあるが，通常の開発支援も重要である。紛争後の暮らしが安定し，生計が向上すれば，紛争再発の可能性は減るからだ。この時期，「国家建設の課題」への取り組みとともに，開発と安全保障の接近がみられるようになった。『人間開発報告書』1994 年版に「**人間の安全保障**」という概念が現れるのも，こうした文脈においてである。

5 MDGs と SDGs

▷ MDGs のコンテキスト

2000 年の国連総会で決議された**ミレニアム開発目標**（Millennium Development Goals：MDGs）は，全部で 8 つの目標のうち，最初の目標が貧困と飢餓の撲滅，8 番目がグローバルなパートナーシップの推進で，残る 6 つは教育，保健衛生，ジェンダーを扱っている。つまり，MDGs は社会セクターを中心に据えた開発目標である。これまで辿ってきた開発思想の軌跡をふまえれば，この時期に社会セクターを重視する開発目標が制定された理由は明らかだろう。1990 年代には開発の中心課題が経済成長から貧困削減にシフトし，社会開発への関心が強まっていた。

MDGs の重要な特徴は，その達成が開発援助と結びつけられたことである。債務減免や援助供与に際して，途上国がオーナーシッ

プをもって貧困削減を進めるよう『貧困削減戦略文書』（PRSP）の作成が求められ，その評価基準はMDGsの達成度に置かれた。政府開発援助（ODA）供与メカニズムのなかに，MDGs達成に向けた途上国の努力が組み込まれたのである。

激変する国際環境

　山形辰史はMDGsとSDGsが「パラレルワールドの双生児」だと述べている（紀谷・山形［2019］140頁）。内容や構造は似ていても，産み落とされた国際環境は大きく異なるという意味だ。MDGsとSDGsの制定年は15年しか違わないが，その間に途上国をめぐる状況は激変し，開発や国際協力にも大きな影響を与えた。

　この間の重要な変化の1つは，ODAの影響力が大幅に低下したことである。アフリカを例にとろう。1980～90年代には，構造調整政策や政治的民主化がODAを供与する条件（コンディショナリティ）となり，多くのアフリカ諸国はODAを受け取るために厳しい政策の導入に踏み切った。それほどODAは強い影響力（レバレッジ）をもっていたわけである。

　しかし，2010年代に入ると，途上国政府の資金調達手段が多様化し，ODAへの依存度は多くの国で相対的に下がった。中国をはじめとする新興国が多額の援助を行うようになったし，一国のODAに匹敵する巨額の資金を途上国に供与するビル・アンド・メリンダ・ゲイツ財団（現・ゲイツ財団）のような民間財団も現れた。さらに，国際資本市場が発展し，途上国でも比較的容易に国債が発行できるようになった。このように開発資金の調達手段が増えた分，ODAの重要性が相対的に低下したのである。

　この事実は，別の角度からみれば，**グローバリゼーション**の進展

の結果である。**民間部門**が急成長し，そこから途上国に流入する資金が急増した。グローバリゼーションは世界経済の不平等を拡大させながら，現在も加速している。その波に乗った新興国は経済力を強め，ODAをテコに行動を変えることは難しくなった。

SDGsの仕組みと国際環境

SDGsの17の目標はMDGsの目標をカバーし，さらに経済成長，不平等，気候変動，平和と公正といったテーマが加わった。SDGsがMDGsと異なるのは，途上国に限らず世界全体の持続可能な開発をめざしており，その達成がODAと関連づけられていないことである。実際，SDGsのレビューは各国政府が行うことになっており，国際協力と結びついた仕組みは存在しない。

こうしたSDGsの仕組みは，国際環境に対応したものである。グローバリゼーションの進展のなかで，先進国国内の課題が顕在化し，財政的余裕も失われた。途上国でも資金調達における民間部門への依存度が高まり，ODAの重要性は相対的に低下した。こうした文脈では，可能な限り民間部門を巻き込む仕組みが必要である。SDGsでは，ODAとの結びつきをなくし，モニタリングのハードルを下げることで，民間部門の参加が促されたといえよう。

国際協力の歴史と未来

本章では国際協力の歴史を振り返り，開発の意味内容が広がって，SDGsに多様なトピックが含まれるようになった経緯を辿った。どうすれば経済発展を導き，人々の生計を改善できるのか。これをめぐってさまざまな開発戦略が競い合ってきた。輸入代替工業化，輸出指向工業化，構造調整，社会開発といった重点政策の変遷は，そ

第12章　世界の国際協力潮流　**261**

れを表している。いかなる政策をとるべきかは決まった正解のない問いであり，その時々の国際政治経済の動向にも影響されながら，試行錯誤が繰り返されてきた。

　近年，民間部門の重要性が飛躍的に高まった。グローバリゼーションが進むなかで，途上国の開発やその平和に向けて，民間部門をどのように取り込むかが国際協力の大きな課題になっている。ポストSDGs期においてもこの傾向は変わらないだろう。

　これまでの試行錯誤で明らかになったのは，開発が所得増加にとどまらない幅広い政策介入であり，経済セクターだけでなく，社会セクター，環境，政治など，多様な分野を考慮に入れる必要があるということだ。それは必然的に，「開発の課題」だけでなく「国家建設の課題」にも取り組む必要があることを意味する。幅広い分野の取り組みに多様なステークホルダーとの連携をどう進めるかが，今後の議論の中心となろう。

✎ *Report assignment* **レポート課題**

12.1　SDGs の 17 の目標から 1 つを選び，国際協力の歴史のなかで，これまでにどんな議論があったのか調べてみよう。その目標に関係する本書の章が参考になる。

日本の国際協力潮流

第 13 章

日本の円借款で建設されたダッカ・メトロに乗り込む人々(バングラデシュ・ダッカ,2024 年,筆者撮影)

Quiz クイズ

Q13.1 「顔の見える援助」とはどんな援助を意味しているだろうか。
 a. NGO や市民社会が行う援助
 b. 専門家派遣や研修生受け入れを通じた技術協力
 c. 援助効果が上がったかどうかによって,支援額が変わる援助
 d. 自国が援助したことを強くアピールする援助

Q13.2 「自由で開かれたインド太平洋 (FOIP)」の構想に入っていない国は,以下の国々のなかでどれだろうか。
 a. アメリカ b. 中国 c. オーストラリア d. 日本

Answer クイズの答え

Q13.1　d.

「顔の見える援助」とは，援助する側が「この支援は自分がやったのだ」と強くアピールする援助のことである。つまりこの「顔」とは「ドヤ顔」を意味している。

過去には「協力者の顔の見える援助」という意味で用いられていたこともあった。この意味で用いた場合には，aやbも正解となる。

Q13.2　b.

「自由で開かれたインド太平洋（FOIP）」は，2016年に当時の安倍晋三首相が提唱した日本政府の外交方針である。

解答を考えるための鍵は，「インド太平洋」には入っているが，「自由で開かれてはいない」と日本政府が思っている国はどこか，ということである。答えは中国である。日本政府は2022年閣議決定した国家安全保障戦略において「現在の中国の対外的な姿勢や軍事動向等は，我が国と国際社会の深刻な懸念事項」としている。

Keywords キーワード

政府開発援助大綱（ODA大綱），自助努力支援，要請主義，人間の安全保障，開発協力，顔の見える援助，自由で開かれたインド太平洋（FOIP），政府安全保障能力強化支援（OSA），オファー型協力，共創

Chapter structure 本章の構成

日本のODAの特徴	ODA後発国からトップ・ドナーへ	現在の日本の国際協力
・アジア重視 ・経済インフラと借款の高い構成比	・ODA拠出額第1位の時代 ・自助努力支援と要請主義，人間の安全保障	・開発協力大綱と援助の安全保障化 ・顔の見える援助とオファー型協力

本章の問い

　日本語で書かれたこの本の読者の大部分は日本人だろう。日本人はなぜ他国のために国際協力したい（すべきな）のだろうか。そもそも「国際協力したい」という気持ちと「日本人である」ということを結びつける意味はあるのだろうか。私（あなた）は，日本人であると同時にアジア人であり，地球人だろう。であれば「地球人はなぜ国際協力するのか」と問うてはどうだろうか。

　これらの問いに本章は答えられない。その答えは，1人ひとりが出すべきであり，教科書が示すことではないからである。本章は読者1人ひとりが答えを出す材料として，日本が過去に何をしてきて，今何をしているのかを記述する。

第13章　日本の国際協力潮流　　**265**

1 日本のODAの特徴

日本の政府開発援助（ODA）は，その構成，理念，原則の面で固有の特徴を有している。その特徴が何を意味しており，どのような経緯でそれをもつに至ったのかを考えてみよう。

アジア重視の配分

日本のODAは，アジア諸国に対して多く配分されていることが特徴である。図13-1は2022年に総額の56％がアジアに配分されていることを示している。近隣とはいえ，多くのアジア諸国が中進国になったことを考えると，現在でもアジア重視であることは特筆される。

なお，中国や韓国のODAもアジアの構成比率が高く，欧米諸国はサハラ以南アフリカに最も多くのODAを配分していることが知られている（Stallings and Kim [2016]）。

経済インフラと借款の高い構成比

ODAを配分する分野についても日本には欧米と異なる特徴がある。それは，経済インフラに配分されるODAが多いことである。

表13-1はOECD/DACの主要国とDAC加盟国全体の分野別のODA配分比率を示している。日本は輸送，通信，電力等の経済インフラに44.4％を振り向けており，他のDAC主要国やDAC平均と比較しても突出していることがわかる。さらに教育，保健，上下水道も含めた社会インフラに20.8％を充てており，インフラの比

図 13-1 日本の ODA 総額の地域別構成（2022 年）

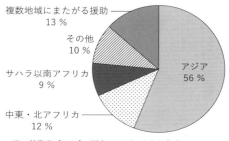

注：外務省［2024］，図表Ⅱ-2 データより作成。

重が高いことも注目される。ちなみに韓国と中国も経済分野へのODA 配分比率が高いことが報告されている（Stallings and Kim [2016]）。

このようなインフラ中心の分野別配分構造と対応しているのが形態別構成である（図 13-2）。第 8 章で述べたように，ODA は無償援助，技術協力，借款に分類される。図 13-2 はこれらに加えて，多国間援助の原資となる国際機関への拠出・出資（具体的には世界銀行グループの国際開発協会への出資等）も計上している。全体としてみると借款が 63％ を占め，無償援助と技術協力がそれぞれ 15％，10％ 配分されていることがわかる。ちなみに日本が拠出する借款は円建てで契約されることが多いので**円借款**と呼ばれている。

第 8 章で述べたように，借款の主たる財源は年金基金やゆうちょ預金などからの財政投融資であり，無償援助，技術協力の主たる財源は税金である。借款は利子と元本とを援助受入国が日本政府に返済した後，今度は日本政府が年金基金やゆうちょに利子と元本を返済しなければならないため，使途としても利益を生む経済インフ

表13-1 主要DAC諸国の二国間ODAの分野別構成（2022年）

（単位：％）

分野	日本	アメリカ	イギリス	ドイツ	フランス	DAC平均
社会インフラ（教育，保健，上下水道等）	20.8	40.2	30.7	31.7	33.0	32.7
経済インフラ（輸送，通信，電力等）	44.4	1.4	9.2	18.2	28.8	14.4
農林水産分野（農業，林業，漁業等）	3.6	2.7	3.2	3.8	2.5	3.4
工業等その他生産分野（鉱業，環境等）	16.1	1.8	13.8	17.6	12.1	9.2
緊急援助（人道支援等），食糧援助	3.2	32.7	15.3	11.2	2.2	16.8
プログラム援助等（債務救済，行政経費等）	11.9	21.2	27.8	17.4	21.3	23.6
合計	100.0	100.0	100.0	100.0	100.0	100.0

出所：外務省［2024］図表Ⅱ-7を加工したもの。約束額をベースにしている。

図13-2 日本の二国間ODAの形態別構成（2022年）

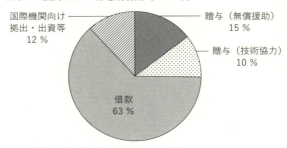

注：外務省［2024］図表Ⅱ-1データより作成。

268　第Ⅲ部　国際協力の未来

ラや社会インフラ（のなかでも上下水道）等に投入されることになる。つまり，日本のODAのなかで借款の比率が高いことと，インフラへの配分比率が高いこと，そしてインフラ需要の高いアジアへの援助に重点が置かれていることは相互に強く関連しているのである。

2 ODA後発国からトップ・ドナーへ

日本のODAの特徴を生んだ背景

このようにアジア中心，経済分野中心，借款中心，と日本のODAが性格づけられることになった歴史的・経済的背景がいくつかあった。

第1に，第二次世界大戦で破壊的被害を受けた日本の再建のために，**経済協力**という「国際協力と日本製品の市場拡大を合体させた政策」が有効と考えられたという背景がある（佐藤［2021］19～34頁）。1946年に発表された外務省報告書『日本経済再建の基本問題』には，日本がアジアに技術協力などを行うことにより，日本の工業製品の輸出拡大を行う構想が示されているという（下村［2020］28頁）。

第2に，戦後賠償が主にアジアを対象にし，その内容が経済インフラ中心だったことがあげられる（山田［2021］20頁）。1955年から始まる戦後賠償は統計上は無償援助に分類された。賠償は1951年にサンフランシスコ講和条約によって日本が占領軍からの占領状態を脱し，国際社会に復帰する条件とされていた。具体例としては，ミャンマー（当時はビルマ）でのバルーチャン水力発電所，フィリピンでの日比友好道路，インドネシアのネヤマ・トンネル，

ベトナムのダニム水力発電所等があげられる。このように ODA の始まりである戦後賠償の内容が経済支援中心であり、それらを日本企業が担ったことが、その後の日本の ODA の性格に大きく影響したと考えられる。

第3に、1950 年代後半から高かった日本の貯蓄率を反映して日本経済には貯蓄余力があり、年金や郵便貯金（当時）に積み上がった資金を財政投融資という形で国際協力に融通できた、という経済的背景がある。このような資金は借款という形で運用はできても、贈与はできなかった。多額の財政投融資が利用可能だったことが、日本の ODA が借款中心で、なおかつ利益を生むことのできる経済・社会インフラに充当されがちであったことの一因である（下村 [2020] 79〜81 頁，189 頁）。

▷ 経済成長，貿易摩擦とトップ・ドナーへの道

戦後経済復興を進め、1964 年には OECD に加盟して先進国の一員と認められた日本は、60 年代に高度経済成長を達成し、低価格の製造業品の輸出を増やしていく。それは欧米諸国に対して貿易黒字を積み上げていくことになり、1970 年代に 2 度のオイル・ショックによる不況に見舞われた欧米諸国は、円の切り上げによる貿易黒字縮小と、経済規模に応じた国際貢献を求めた。これに応じる形で日本は 1985 年のプラザ合意によって円を大幅に切り上げるとともに、ODA を増加させていく（下村 [2020] 145〜165 頁）。その結果、1990 年代初めから 2000 年まで、OECD 加盟国のなかで第 1 位の ODA 供与国となったのである（●第 8 章図 8-1）。

▷ 援助理念の要請と 1992 年 ODA 大綱

このように額においてトップ・ドナーとなった日本は，先進国のなかでリーダーシップを求められることになる。リーダーシップの重要な要素は，世界を導く理念を示すことである。1990 年代に入るまで，日本は援助理念を公にしてこなかった。

この要請に応えるため，日本は 1992 年に初めて**政府開発援助大綱**（以下 ODA 大綱）を制定した。この大綱のなかで明示された方針の 1 つは援助受入国の**自助努力支援**と，そのもととなる**要請主義**である。

要請主義とは「援助受入国政府の要請に基づいて，日本が援助する」ことを意味する。これは「日本が援助したい案件」を押しつけるのではなく，受入国主導で行う判断を日本が尊重する，というパリ宣言のオーナーシップ原則（●第 8 章）と同様の方向性である。ただし「受入国政府」を協力相手として特定しているがゆえに，受入国の市民社会等を直接の支援対象としない，という意味で用いられることもある。

自助努力支援には複数の意味が込められている。一義的には「援助受入国のオーナーシップ」尊重であるが，日本の ODA の経済インフラ重視，借款中心の特徴を正当化する論理も含まれている。その 1 つは，「返済を求めない贈与より，利子付きで返済を求める借款の方が，受入国の自助努力を促す」とする発想である（下村 [2020] 187〜188 頁，山田 [2021]）。つまり「返済を求められないと途上国は努力しない」という前提に立ち，「贈与より借款の方が，援助受入国の努力を促す」という論理を導く。

いま 1 つの経済インフラ／借款中心の援助の正当化として，「経済分野を重視した支援は，援助受入国の経済自立を促す」という論

第 13 章　日本の国際協力潮流　**271**

理がある。これは，贈与によって賄われがちな緊急支援や社会分野（保健，教育）支援がともすれば一過性の効果しか生まない可能性があるのに対して，経済インフラ支援は受入国の将来の所得増につながる可能性が高い，とする見方である。経済インフラ支援は「魚を与えるのでなく，魚を取る道具を与えている」と例えられることがある（山田［2021］3 頁）。一般に貧困削減には，保護（protection：一時的に生存を支持する）と押し上げ（promotion：長期的に生計向上を促す）の 2 つの政策が必要といわれており（Ravallion［2016］Box 1.7），自助努力支援は「押し上げ」を重視している，ということもできよう。

▷ 2003 年 ODA 大綱と人間の安全保障

日本政府は 2003 年に ODA 大綱を改定し，その目的を「国際社会の平和と発展に貢献し，これを通じて我が国の安全と繁栄の確保に資すること」と示した。自助努力支援に加え，新たに基本方針とされたのが**人間の安全保障**（Human Security）であった。

人間の安全保障とは，人々の生活が安全，安心に営まれることをめざした概念である（UNDP［1994］）。従来の「国家の安全保障」とは一線を画し，国家がその国民の安全を保障できず，むしろしばしばそれを脅かす側に回ってしまう危険を懸念して提起された。国連開発計画（United Nations Development Programme：UNDP）が最初に提唱したが，経済学者のアマルティア・センと，元・国連難民高等弁務官で JICA 理事長も務めた緒方貞子が概念化したことで知られている（Commission on Human Security［2003］）。

人間の安全保障は「欠乏からの自由（freedom from want）」と「恐怖からの自由（freedom from fear）」で定義される。センは「欠

乏からの自由」を，「貧困層の所得・消費のリスクを抑制・緩和すること」と位置づけ，緒方は「恐怖からの自由」を，「国籍国が国民を守り切れない場合に，国際社会が介入する必要性」として重要視した。

日本政府としては，1998年，小渕恵三首相（当時）が政策演説において「人間の安全保障を日本の国際貢献の柱にする」と発表し，国連に**人間の安全保障基金**を設立した。この基金のほとんどが日本政府の出資に拠っており，日本政府は2023年度までに累計約511億円を拠出している（外務省「国連人間の安全保障基金」ウェブサイトを参照）。国連機関はこの基金に応募して予算を得られることから，国連機関には，人間の安全保障と日本の関連が印象づけられている（田中［2023］，Takeuchi［2022］）。

3 開発協力大綱と現在の日本の国際協力

▷ 遅れてきた「援助疲れ」と 2015 年開発協力大綱

1980年代の日本の資産価格バブルは，89年に繰り返し実施された公定歩合引き上げ等によって崩壊した。その後10年程度に及んだ不況の対策として政府は大規模な財政出動を行った。その結果として日本の財政赤字が膨らみ，公的債務が膨らんでいった。これによって1998年度からODAは削減の方向に向かった。欧米諸国が1990年代に経験した**援助疲れ**（aid fatigue）を，日本は2000年代に経験することとなったのである（下村［2020］159～160頁，下村［2022］7～9頁）。

さらに2010年代には，中国や新興ドナーが台頭し，OECD/

DAC が援助協調原則でドナーをまとめる力が弱まっていった。このころ顕著になっていったのが**第 12 章**で示したような「開発と安全保障の接近」であり，「ODA の安全保障化」であった（志賀[2024]）。

2015 年に ODA 大綱を代替する**開発協力大綱**が閣議決定されたが，これは 13 年末に閣議決定された**国家安全保障戦略**の実質的な下位文書に位置づけられるものであった（峯ほか [2024] 92 頁，志賀[2024]）。同戦略の冒頭に「本戦略は，国家安全保障に関する基本方針として，海洋，宇宙，サイバー，政府開発援助（ODA），エネルギー等国家安全保障に関連する分野の政策に指針を与えるものである」とされている。

開発協力大綱のなかで ODA に代わって創出された**開発協力**という概念は，日本の国際協力における日本政府の役割を触媒（catalyst）に格下げし，民間セクターや地方自治体，市民社会の役割を高め，支援の受け手としては中・高所得国や日本企業をも含めるような国際協力である（山形 [2023] 図 4-4，220 頁）。公的債務が膨らんでいることを懸念した日本政府が，開発の主導者ではなく触媒に回ろうという意志は，実は 2010 年代初めから示されていた（Kharas et al. eds. [2011]）。

さらに開発協力として強調されたのが「非軍事的協力による国際平和への貢献」である。これは非軍事とことわりつつも，安全保障関連の支援（海上保安等）への支援を可能にした。実際，2015 年開発協力大綱のもとで途上国の軍関係者が関わる ODA が可能となり，その数は 2016 年から 23 年までに 138 案件に達している（松本[2024]）。

2015 年開発協力大綱には，それ以前の ODA 大綱と異なり，国

益という語が用いられたことも特徴的である。国益を象徴する用語として**顔の見える援助**がある。「顔が見える」というフレーズは，もともとは「人間的」という意味で用いられていた。たとえば*Adjustment with a Human Face*という 1987 年に刊行されたアンドレア・コルニアら編著の本の書名は，「構造調整と呼ばれた援助条件を満たすとしても，それは人間的になされるべきだ」という主張を反映していた（Cornia et al. eds. [1987]）。しかし，近年日本で用いられる「顔」という語は「日本人の顔（存在感）」を意味している。たとえば『2016 年版 開発協力白書』は，「日本は，開発途上国の国民に，日本による開発協力であることを認識してもらうための『顔の見える開発協力』を推進しています」としている（外務省 [2017] 19 頁）。この口当たりのよい言葉は実際には，内向きの国益指向を体現している（下村 [2022] 344 頁）。

▷ 2023 年開発協力大綱の特徴①
——弾みがつく「援助の安全保障化」

ODA の安全保障化と国益中心化は，2023 年開発協力大綱でさらに弾みがついている。政府は国家安全保障戦略を 2022 年に改定した。そうなると下位文書たる開発協力大綱も改定しなければならなくなる。外務省は改定の方針を 2022 年 9 月 9 日に発表し，同日付で「開発協力大綱の改定について（改定の方向性）」という詳細な文書を公表した（外務省 [2022]）。この改定指針は「開発協力大綱の改定に関する有識者懇談会」が一度も開催されないうちに公表されたという意味で特筆に値する。有識者懇談会の議論にかかわらず，改定の内容を一定の方向に導こうとする政府の姿勢がみてとれる。

「改定の方向性」は，平和のための安全保障，コロナ禍で注目さ

れた経済安全保障，そして人間の安全保障，というように「安全保障」を中心に構成される内容だった（外務省 [2022]，山形 [2023] 表 4-7，224 頁）。最終的にまとめられた 2023 年開発協力大綱には，重点政策の 1 つとして「平和・安全・安定な社会の実現，法の支配に基づく自由で開かれた国際秩序の維持・強化」があげられている。

この傾向を支える地域安全保障戦略が**自由で開かれたインド太平洋**（Free and Open Indo-Pacific：FOIP）である（Takeuchi [2022] pp. 14-16）。FOIP は 2016 年に公表された日本の安全保障戦略である。インド太平洋という地域概念は，太平洋にアメリカやオーストラリアを含み，インド洋を明示することでインドに加えて東アフリカ，南部アフリカまで広がる可能性を込めている。一方，「自由で開かれていない国」として暗に中国を排除する枠組みとなっている（志賀 [2024] 15 頁）。FOIP 諸国の結束を強めるために開発協力を用いるという発想で，FOIP が 2023 年開発協力大綱で言及されている。

日本の安全保障関連の国際協力の構造をさらに複雑化させているのが 2023 年開発協力大綱閣議決定の直前に制度化された**政府安全保障能力強化支援**（Official Security Assistance：OSA）である。OSA は ODA の Development を Security に置き換えた語なので「政府安全保障援助」というべきであろうが，より長い名称にして，ODA との関連が曖昧にされているように感じられる。外務省の OSA ウェブサイトは，「開発途上国の経済社会開発を目的とする政府開発援助（ODA）とは別に，同志国の安全保障上のニーズに応え，資機材の供与やインフラの整備等を行う，軍等が裨益者となる新たな無償による資金協力の枠組み（「政府安全保障能力強化支援（OSA）」）を導入することとしました」としており，ODA との差別化が意図

276　第 III 部　国際協力の未来

されている。ODA の担当は外務省国際協力局だが，OSA の担当は外務省総合外交政策局である（峯ほか［2024］99 頁）。しかし外務省の意図とは裏腹に，「非軍事安全保障 ODA」と OSA の実施上の区別が曖昧になっていることが指摘されている（峯ほか［2024］95～96 頁）。少なくとも援助受入国側にとっては，ある支援が非軍事ODA なのか OSA なのかが大きな違いをもたない。彼らは「日本の支援は安全保障関連も可能となった」という新しい理解をもつであろう。

▷ 2023 年開発協力大綱の特徴②
──ヒモ付き援助の進化形としてのオファー型支援

2023 年開発協力大綱では，「我が国と国民の平和と安全を確保し，経済成長を通じて更なる繁栄を実現するといった我が国の国益の実現に貢献すること」という文言で，日本の国益実現を開発協力の目的の 1 つに加えたことが特徴である。

国益を実現する方法として 2023 年開発協力大綱で大きく打ち出しているのが**オファー型協力**である。オファー型協力とは，日本側が開発協力目標，シナリオ，メニューを「我が国の強みを活かし，かつ，相手国にとっても魅力的な形で積極的に提案し，案件形成を行っていくもの」とされている（外務省［2023］）。つまり何をどう援助するかを日本側が提案（オファー）することを主旨としており，要請主義から大きく逸脱する可能性がある。この日本中心的姿勢を幾分でも弱めるべく，新たに**共創**という概念が用いられている。共創とは一般に「共に新しく創り出すこと」を意味する（◐ 第 14 章）。この語自体にまったく問題はないのであるが，2023 年開発協力大綱において用いられた「共創」とは，日本が提案したものでも，相

第 13 章　日本の国際協力潮流　**277**

手の意見も尊重して「共に創る」姿勢を維持していると弁明するために用いられている。しかし，そもそも「相手側の要請を尊重する」のが要請主義なので，その要請を聞く前に「オファー」することの独善性は，共創という語で糊塗できるとは思われない。

一方，外務省の文書「オファー型協力について」には，オファーを行う日本側の機関として，国際協力銀行（JBIC），日本貿易保険（NEXI），海外交通・都市開発事業支援機構（JOIN），海外通信・放送・郵便事業支援機構（JICT），エネルギー・金属鉱物資源機構（JOGMEC），日本貿易振興機構（JETRO）といった具体名があげられている（外務省［2023］）。今後これらの機関が得意とする特徴をもった案件が，途上国にオファーされるものとみられる。

日本の戦後賠償に際しては，日本企業が日本製品，日本技術でもって国際協力を行うことが習慣づけられ，当然視された。しかし1964年にOECDに加盟すると，この自国企業・製品優先体質（つまりヒモ付き援助体質）を改めるよう要請を受けた。そこで日本は，それに応えるべく努力した結果，1990年代にDAC主要5カ国（米英独仏日）でアンタイド比率が最高になるという成果を上げたのである（下村［2020］114頁）。

しかしいったん高いアンタイド比率を達成した後に，日本は再び，ヒモ付き強化の方向に舵を切る。2002年に**本邦技術活用条件**（Special Terms for Economic Partnership：STEP）と称する制度が創設された。これは「我が国の優れた技術やノウハウを活用」する案件であれば，日本企業・製品へのヒモ付きを正当化する仕組みである。これらの結果として，現在は改めて「日本のODAは，日本企業の受注比率が高い」とOECDから指摘されることとなった。具体的には，2020年にOECDが発表したODA評価報告書において「日

278 第Ⅲ部 国際協力の未来

本の ODA は制度的にアンタイドであったとしても，結果的に日本企業の受注率が高い（2017 年の値は約 70%）」と報告されている（OECD [2020]）。さらに援助受入国からの批判もある。STEP 案件が日本企業に受注先を制限することで，入札が不調に終わったり（資格を満たす応札者がいないため，入札が成立しない），調達費用が上がったりするという不満がベトナム側にあったことを示すレポートもある（山田ほか [2015] 78～84 頁）。

▷ 私たちの開発協力

20 世紀後半，南北問題を目の当たりにして，それを解消するはずの ODA が日本企業を利する構造になっていることを批判したのは OECD ばかりではなく，日本の市民社会だった（一例として村井・ODA 調査研究会編 [1989] を参照）。21 世紀に入り，同じ兆候が開発協力大綱，顔の見える援助，STEP，オファー型協力，FOIP などの新しい概念とともに再び現れているということを本章の結びとして強調したい。

「同じことを他国もやっている」「税金を使っているのだから国益に資するのは当然」「日本の不景気対策が国際協力より優先されるべき」という見方もあろう。その一方で，日本国憲法前文の「われらは，平和を維持し，専制と隷従，圧迫と偏狭を地上から永遠に除去しようと努めてゐる国際社会において，名誉ある地位を占めたいと思ふ」という一文に共鳴する人もいるかもしれない（荒木 [2023]，山形 [2024]）。また，途上国の人々と接点を強くもち，彼らとの共感から国際協力を支持する人もいるかもしれない（序章の表序-2 参照）。それら異なる意見をもつ人々の合意形成プロセス（国会議員選挙等）を経て，日本の国際協力の方向が決められていくことになる。

第 13 章　日本の国際協力潮流　**279**

Report assignment　レポート課題

13.1　以下の，日本の政府開発援助や開発協力を特徴づける概念から 1 つ
を選んで，①日本政府や JICA の公式文書にどのように引用されているか，
②その概念について自分はどう考えるかを記せ。

a.　自助努力支援，b.　人間の安全保障，c.　顔の見える援助，d.　自由で
開かれたインド太平洋，e.　政府安全保障能力強化支援（OSA），f. オフ
ァー型協力，g.　本邦技術活用条件（STEP）

どのような社会をめざすのか

第 **14** 章 Chapter

パプアニューギニアの首都ポートモレスビーの青空市場（2015年，筆者撮影）

Quiz クイズ

Q14.1 国連「未来サミット」の合意文書である「未来のための協定」で取り扱われている題材は次のうちどれだろうか。
　　a. AIを含むデジタル技術　b. 菜食　c. 安楽死
　　d. 地球軍創設

Q14.2 ポストSDGs（2030年以降の目標）時代の豊かさとは何だろうか。
　　a. 自然の豊かさ　b. 人間関係の豊かさ
　　c. 健康寿命が延びること　d. 積極的平和の実現

Answer クイズの答え

Q14.1　a.

「未来のための協定（Pact for the Future）」には，持続可能な開発やその実現のための資金調達，国際平和の実現，科学・技術・イノベーション・デジタルに関する国際協力などにおける 56 の行動計画が記載されている (United Nations [2024])。

Q14.2　すべてありうる。

ポスト SDGs の議論は始まったばかりであるが，これまで豊かさが GDP で測られることが多かったことへの再考の動きがある。本章第 2 節を参照。なお，d. の積極的平和については，**第 1 章**を参照のこと。

Keywords キーワード

社会的連帯経済，ドーナツ経済，ウェルビーイング，Beyond GDP，ポスト SDGs，ソーシャル・ビジネス，多文化共生

Chapter structure 本章の構成

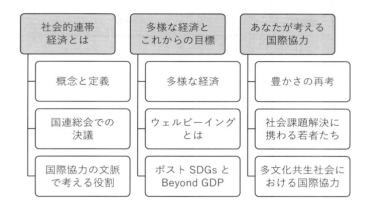

本章の問い

　21 世紀はじめの四半世紀が終わりを迎える今，国際協力の制度構築が世界的に進展した 1960 年代とは，政治，経済，社会の状況や，地球環境に関する認識は大きく変わっている（⇒第 12 章）。持続可能な開発目標（SDGs）達成期限まで残り 5 年となり，2030 年以降の目標（ポスト SDGs）の議論も始まる。これからの世代は，何に価値を見出し，どういったことを豊かさととらえていくのだろうか。私たちは，国際協力を通じて，どのような社会をめざすべきなのだろうか。

1 社会的連帯経済とは

　どのような社会をめざすべきなのかを考える際の1つのヒントとして，まず**社会的連帯経済**（Social and Solidarity Economy）を紹介したい。なぜなら，社会的連帯経済は「もうひとつの社会は可能だ」というスローガンが唱えられた世界社会フォーラム（後述）以降，注目が高まったものだからだ。また，社会的連帯経済は，本書の第Ⅰ部で扱った課題のほぼすべてに草の根レベルで対応しつつ，経済のあり方の再考を促しているという点でも重要である。新型コロナウイルス感染症，気候危機，世界各地での紛争などの現代の複合危機は，以前からあった社会的不正義や脆弱性を顕在化させた。社会的連帯経済への注目の高まりには，社会的不正義や脆弱性，人々が抱える苦しみや困難な状況の改善要求が根底にある。

▷「社会的連帯経済」概念と定義

　社会的連帯経済の定義には国や地域，実践者や研究者によって多様性があるが，以下の点は共通している。社会的連帯経済とは，市民が主導し，利益よりも人々の幸せ（ウェルビーイング，後述）と地球環境保全を優先し，協力，連帯，互酬性，包摂性，多様性，民主的で自主的な運営といった原則に基づく経済活動や，経済のあり方の再考を促す運動である。互酬性とは聞きなれない言葉かもしれないが，平たくいえば「お互いさま」という考え方で，社会的連帯経済は，「お互いさま」という指向を重視することで，対等で水平で相互的な関係を構築し，コミュニティのなかでニーズを満たす経済

といえる（北島［2022］）。

　具体的には，協同組合，社会的企業，非営利団体，相互扶助組織，非正規雇用者のネットワーク団体といった組織や，フェアトレード，マイクロファイナンス，地域通貨，産直提携運動，コミュニティが運営する再生可能エネルギーなどの活動であり，必ずしも組織であるとは限らない。

　社会的連帯経済は比較的新しい概念であり，国や地域によっては「社会的経済」「連帯経済」「民衆経済」「多元的経済」など，異なる用語で呼ばれている。「社会的経済」は，19世紀のヨーロッパで資本主義経済の発達にともなう歪みから起こる破産，失業，貧困問題等への対応として生まれた協同組合，共済組合，非営利団体といった具体的な社会的事業体をさす言葉として用いられた。これに対し現在の「連帯経済」は20世紀後半，経済のグローバル化による貧富の差の拡大と自然環境の悪化という事態に際し，ヨーロッパや中南米で始まった社会運動や新しいタイプの経済活動（フェアトレード，社会的企業等）をさす。世界各地の市民社会が，「地球規模の連帯」により，南北問題や環境問題への対応を呼びかけていくという起源ももつ（西川［2007］16頁。南北問題については**第12章**参照）。

　これら2つの異なる概念を組み合わせたものが社会的連帯経済である。スイスのダボスで開催される「世界経済フォーラム」に対抗して2001年にブラジルのポルト・アレグレで初めて開催された**世界社会フォーラム**（World Social Forum）を機に認知度が高まった。ミクロな事業体だけでは社会全体は変わらないため，グローバルな経済の仕組みをより連帯的なものにしていこう，という運動であり，公共政策のあり方，地域づくりも含めて連帯経済という（中野［2022］）。なお，興味深いことに，2022年には世界経済フォーラム

が『社会的経済の可能性を開く（Unlocking the Social Economy）』という報告書を出し，社会的経済推進のための支援策だけでなく，社会的経済を梃にして主流の経済をより価値観を重視したものに修正し，既存の経済システムを変革することを提言している（WEF and Schwab Foundation for Social Entrepreneurship［2022］pp. 5, 28）。これは市民社会運動として始まった世界社会フォーラムが，世界経済フォーラムに影響を及ぼしたことを示している。

◻▷　**国連総会での社会的連帯経済の推進決議**

2023年4月には「持続可能な開発のための社会的連帯経済の推進」という国連総会決議（A/RES/77/281）が採択された。同決議は次の4項目からなる。①国連加盟国に対し，社会的連帯経済を支援・強化するための国・地域レベルの戦略・政策・計画を立てることを奨励する。②国連開発システムの諸機関に対し，とくに「国連持続可能な開発協力枠組み」（◉第9章）などの計画やプログラムの一部として社会的連帯経済を考慮することを勧奨する。③国際・地域開発金融機関に対し，社会的連帯経済を支援することを推奨する。④国連事務総長に対し，本決議の進捗状況に関する報告書の作成と，（2024年9月に会期が始まった）第79回国連総会において「持続可能な開発」の議論に「持続可能な開発のための社会的連帯経済の推進」という項目を含めることを要求する。

この決議案は，ベルギー，カナダ，チリ，コロンビア，コスタリカ，ドミニカ共和国，赤道ギニア，フランス，ハンガリー，イタリア，ルクセンブルク，モロッコ，セネガル，スロベニア，スペインの15カ国が共同で提出した。これらの国の多くは，社会的連帯経済を支援する法制度が整っていたり，担当省庁があったり，社会的

286　第Ⅲ部　国際協力の未来

連帯経済に関する国際会議のホスト国になったりしており，社会的連帯経済の推進に積極的である。たとえば，ルクセンブルクには，「労働・雇用・社会的連帯経済省」がある。セネガルには「マイクロファイナンス・社会連帯経済省」があり，2023年5月には，社会的連帯経済関連の国際会議がセネガルの首都ダカールで開催された。日本ではまだ認知度が低いが，社会的連帯経済の先進地域であるスペインに住みながら研究を続ける廣田裕之は，2024年の日本において伸びる可能性がある社会的連帯経済の事例として，労働者協同組合と高齢者生活協同組合をあげる（廣田 [2024]）。後者については次項で詳述する。

▷ 国際協力の文脈における社会的連帯経済の役割

社会的連帯経済とは，経済循環のあらゆるプロセスに連帯関係を組み込む運動である。国際協力は，国と国，人と人との連帯が基礎にある活動である。このことから，国際協力や開発の現場でも，社会的連帯経済の活動をみつけることは難しくないと想像できる。また，先に社会的連帯経済とは市民が主導する経済活動と述べたが，**第10章**でみたとおり，市民社会は国際協力の重要な担い手である。では，社会的連帯経済は，国際協力の文脈でどのような役割を果たしているのだろうか。本書の**第Ⅰ部**で論じた課題に対する，社会的連帯経済の事例をあげてみよう。**第1章**の「個人的暴力」と「構造的暴力」に関しては，コロンビアの紛争地における抵抗運動から派生したコミュニティ企業の事例がある（幡谷 [2024]）。国家から見捨てられた存在のアフロ系コミュニティ（奴隷としてアフリカから南米に連れて来られた黒人の子孫）は「クラレチアン宣教会信徒団」の支援を受け，サトウキビの加工場，縫製場，木材加工などさまざま

なコミュニティ企業を立ち上げた。**第2章「貧困と不平等」**では，貧困には物質的・金銭的な側面以外もあることを指摘した。社会的連帯経済組織は障害者や難民など不利な立場に置かれた人々の雇用促進など，金銭的な側面での貧困削減に取り組むものがある。一方で，民主的な運営，地域社会に積極的に参加する市民性の醸成，相互扶助，コミュニティやグループへの帰属意識などを通じて，貧困の社会的・政治的な側面にも働きかける。

　第3章で議論したジェンダー平等や女性のエンパワーメントも，社会的連帯経済が重視する分野の1つである。インドの **Sheroes Hangout** は，酸暴力（主に女性の顔や身体に酸をかける傷害行為）のサバイバー（生存被害者）が経営するカフェ兼コミュニティである。サバイバーの職業訓練，雇用創出の場となっており，利益を酸暴力防止運動のために使っている（UNTFSSE [2022]）。**第4章**では子どもの教育と保護に関し，地域コミュニティによる，学齢期を過ぎた子どもや市民権をもたない子どもを対象としたノンフォーマル教育の必要性が指摘された。イタリアでは，**Copernico** という6つの社会的協同組合の連合体が，子ども，若者，移民，難民申請者などに教育と社会福祉サービスを提供し，不利な立場に置かれている人々の就業支援を行っている（ILO [2022]）。**第5章「高齢者と障害者」**に関連する高齢者協同組合の事例は，世界的に高齢化社会が進む今，知識・経験の共有という国際協力の可能性をもつ。日本高齢者生活協同組合連合会は，孤立と分断の課題に取り組む「生きがい」，生活困窮高齢者のための「仕事おこし」，制度から取り残されている軽度の要介護者支援などの「福祉」の3つに取り組んでいる（高齢協 [n. d.]）。

　第6章「保健と感染症」に関連し，ユニバーサル・ヘルス・カ

バレッジを達成するための社会的連帯経済的な取り組みとして，エチオピア，ガーナ，ケニア，ルワンダでは，コミュニティベース健康保険（community-based health insurance）が導入されている（UNTFSSE [2022]）。第 7 章で論じた環境悪化や気候変動に対応する活動としては，インドやネパールのコミュニティ林業（community forestry）がある。ネパールでは 2018 年までに 290 万世帯の会員を有する 2 万 2000 のコミュニティ森林利用グループが 220 万ヘクタールを管理している。再生可能エネルギー協同組合の事例はヨーロッパや北米に多いが，ブラジル最古のエネルギー協同組合 Certel（会員は 7 万 3000 世帯）は近年水力発電や太陽光発電への多角化を図り，風力発電所建設の計画もある（UNTFSSE [2022]）。

　こうしてみてみると，たとえ「社会的連帯経済」として知られていなくても，身の回りの自然に感謝しつつ，人々が助け合いながら創意工夫を凝らした経済活動は，昔も今も世界各地で行われていることに気づく。

2　多様な経済とこれからの目標

多様な経済

　「多様な経済（diverse economies）」とは，フェミニスト経済地理学者キャサリン・ギブソンとジュリー・グラハムが提唱している経済のとらえ方の変革である（Gibson-Graham [2014]）。経済活動とは賃労働や営利企業による市場向けの生産だけではなく，図 14-1 の経済の氷山モデルの海中部分にあるような，ケア（●第 3 章）や物々交換，ボランティア活動，無償で自由に利用できるサービスな

図14-1　経済の氷山モデル

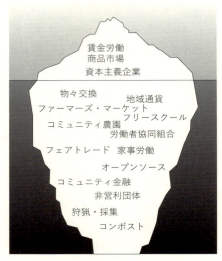

出所：Community Economies Collective [n. d.] をもとに筆者が日本語訳，簡略化。

どがある。後述するウェルビーイングの実現には，海面に表れた氷山の一角だけで対応する必要はないのである。なお，第1節に述べた社会的連帯経済や，本節で紹介するドーナツ経済も，多様な経済の一部といえる。同様の問題意識は，国連の経済学者ネットワークでも共有されている。同ネットワークは，「持続可能な開発のための新しい経済学（New Economics for Sustainable Development）」の提案書を次のように始める。「先例なき経済成長が続いた数十年は，気候変動，劣化する生態系・生物多様性，壊滅的な戦争・暴力，悪化する貧困・飢餓・不平等，生活費や債務負担の上昇，継続する感染症・社会的不安・騒乱など，相互に関連し連なる危機を防止する

ことはできなかった。その代わりに，われわれは経済成長とウェルビーイングの断絶の広がりを目の当たりにしている。2015年に採択された『持続可能な開発のための2030アジェンダ』実施年の半分が過ぎた今，経済運営の方法に根本的な変革が必要なことは明白である」（Harris et al. [n. d.]）。

　新しい経済学の必要性は，SDGs策定前から提起されていた。その1つが「**ドーナツ経済**」であり，この概念も国際協力との親和性が高い。提唱者のケイト・ラワースが視覚的なフレームの影響力を説くとおり（ラワース［2021］39頁），ドーナツ経済とは何かを理解するには，図をみるのが一番である（図14-2）。現代の危機に対応するには，20世紀に重要視されたGDP（Gross Domestic Product, 国内総生産）成長という目標ではなく，すべての子ども・若者を含む，すべての人と地球環境を「人類にとって安全で公正な」場所であるドーナツの輪のなかに入れる，という目標に変える必要がある。

　「人類にとって安全で公正な」場所とは，環境的な上限を超えることなく，社会的な土台から落ちることがない領域である。環境的な上限については，**第7章**でみた大気汚染，オゾン層破壊，気候変動を含む9つの分野であり，ストックホルム・レジリエンス・センター（Stockholm Resilience Centre）と28人の科学者が2009年に提唱した「**プラネタリー・バウンダリー**（Planetary Boundaries, 地球の限界）」による。同センターは，2023年現在，6つの分野で限界を超えていると評価する（SRC [n. d.]）。一方，**第1～7章**でみたとおり，途上国を中心に，生存に必要な食料，健康，教育，所得，平和などが満たされていないなかで暮らす人々は多い。この両立を計る「環境再生的で分配的な経済」を模索し，世界各地で「ドーナツ経済実践コミュニティ」が活動している（DEAL [n. d.]）。

第14章　どのような社会をめざすのか　　**291**

図 14-2 ドーナツ経済の概念図

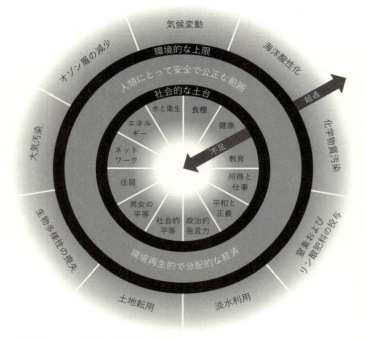

出所：ラワース［2021］69頁より一部修正。

なお，「ドーナツ経済」の概念が提唱される前から，**エコビレッジ**（自然と共生し，地球環境への負荷を減らし，自律性と循環性のあるコミュニティ）や**トランジション運動**（市民が創意工夫し脱石油社会へ移行していく運動）などを通じて，環境再生的で分配的な経済社会を実践してきた人々が世界各地にいる（平山［2024］）。

ウェルビーイングとは

さて，先に「経済成長とウェルビーイングの断絶」という指摘を紹介し，社会的連帯経済の定義で「人々の幸せ（ウェルビーイング）」と書いたが，**ウェルビーイング**（well-being）とは何か。世界人権宣言第 25 条第 1 項は「すべて人は，衣食住，医療及び必要な社会的施設等により，自己及び家族の健康及び福祉に十分な生活水準を保持する権利並びに失業，疾病，心身障害，配偶者の死亡，老齢その他不可抗力による生活不能の場合は，保障を受ける権利を有する」（国際連合広報センター [n. d.]）である。"health and well-being" という原文が「健康及び福祉」と訳されている。一方，**第6章**や**第9章**で登場した世界保健機関（WHO）の憲章前文には「健康とは，病気でないとか，弱っていないということではなく，肉体的にも，精神的にも，そして社会的にも，すべてが満たされた状態にあること」とあり，原文では "health is a state of complete physical, mental and social well-being（後略）" である。つまり，ウェルビーイングとは肉体的・精神的・社会的に満たされた状態ともいえる。

後述する "Beyond GDP" の議論につながる 2009 年の「経済パフォーマンスと社会の進歩の測定に関する委員会」報告書では，ウェルビーイングとは多元的であり，物質的な生活水準，健康，教育，仕事を含む個人的な活動，政治参画とガバナンス，社会的なつながり，現在ならびに未来の地球環境等を考慮する必要があり，主観的側面と客観的側面の両方が重要だとしている（Stiglitz et al. [2009]）。また，経済学者の西川潤によると，ウェルビーイングとは「よく生きること」だが，それは「単に poverty＝不足状態がなくされること，にとどまらず，『自分が自分でない状態＝deprivation』を自分

第 14 章　どのような社会をめざすのか　**293**

や仲間や社会の努力でなくしていくこと」である（西川［2018］231頁）。つまり，ウェルビーイングの実現には，他者との協力が欠かせないのである。

▷ ポスト SDGs と Beyond GDP

広井良典は，これまでの「GDP の限りない拡大・成長」を追求する経済社会のあり方が地球環境・資源の有限性にぶつかり，持続可能性に軸足を置いた社会への転換を余儀なくされるにあたり，「GDP の増加」に代わる目標として「幸福（ウェルビーイング）」をあげる（広井［2023］77頁）。何を幸福とするかは個人によって異なり，多様で主観的なものなので，指標化することや行政が政策として取り組むことは困難という意見に対し，幸福の重層構造（図14-3）を使って反論する。指標化や公共政策の介入が可能な「幸福の基礎条件となる物質的基盤」と，「つながりとしての幸福」（社会関係やコミュニティのなかで生まれる情緒的安定，帰属意識，承認，誇り）の部分は，先にみたドーナツ経済の「社会的な土台」と重なる。

広井が指摘する GDP から幸福（ウェルビーイング）への目標の移行は，2024年9月の国連の**未来サミット**（The Summit of the Future）の議題の1つでもある。同サミットは，現代社会が抱える諸課題の解決には，より強固な国際協力が必要であるという前提に立ち，現在と未来の世代にとってより良い社会をつくるための多国間解決策の合意をめざして開催された。合意文書である「未来のための協定（Pact for the Future)」には，持続可能な開発に向けた進捗の測定基準，GDP を補完しつつ超えるもの（complement and beyond GDP）を考案することが含まれている。

国連は，「GDP は人々のウェルビーイング，地球の持続可能性，

図 14-3　幸福の重層構造

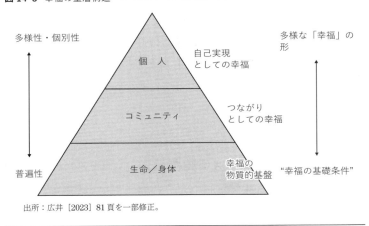

出所：広井 [2023] 81 頁を一部修正。

市場を介さないサービスやケアを含まず，経済活動の分配側面を考慮しない」ばかりか「魚の乱獲，森林伐採，化石燃料の燃焼によってGDPが増加し，自然環境破壊が富の増加とされる」ことを指摘する（UN [2021] p.34）。GDPが内包する問題は，ここ最近指摘されはじめたものではない。アントニオ・グテーレス国連事務総長は，GDP以外の尺度について数十年にわたって議論されてきたが，「今こそ行動に移すべき」（UN [2023] p.13）だとする。GDPを超える尺度（Beyond GDP）の策定については，すでにSDGsの目標17のターゲット17.19として決められており，期限は2030年である（ちなみに，SDGsは，すべてのターゲットの期限が2030年ではない。たとえば，2020年に期限を迎えたターゲットもある）。ここで述べたいことは，Beyond GDPやウェルビーイングをいかに実現するかについての議論は，**2030年以降の目標（ポストSDGs）**につながっていくということである。

なお、「未来のための協定」には、平和構築に関する項目も多く含まれており、第12章で論じられた国家建設の課題に対する国際協力の試行錯誤は続く。また、本協定は、グローバルレベルでの意思決定における若者の参画を拡大・強化することも含む。若者は、これまで以上に、どのような社会をつくるべきかの意見を述べることが期待されている。

3 あなたが考える国際協力

▷ 豊かさの再考

暉峻淑子は、近著のあとがきで、1989年に出版した『豊かさとは何か』という本の執筆の動機を次のように説明している。「私たちは人権もお金もない敗戦というどん底から起ちあがり、今度こそ人権と平和と福祉をめざす国をつくろうと、勤勉に働いてきました。ところが、私たちがめざした社会とはまるで違う、目を血走らせてカネを追うバブル社会が到来したことに呆然としたのです。(中略) 私たちが取るべきだったもう一つの道をどこで間違ったのか。(中略) 本当の豊かさを実現する社会をどうしたら実現できるか」(暉峻 [2024] 247頁)。35年前に書かれた本だが、『豊かさとは何か』には現在の日本にも当てはまることが多々指摘されている。

西川潤は、「豊かさとは、何かを与えられることによって獲得されるのではなく、自らの努力により生きがいを獲得していくことによって得られる」ものだと述べる。また、いま必要とされる価値観の転換とは、「近代世界を動かしたGDP・富信仰から自由となり、一人一人が『良い生活』への関心を持つことから共生の世界を実現

する方向を目指すこと」（西川［2018］213頁）だとする。さらに，私たちが自信をつけることの重要性に触れ，それは自律性を取り戻すことであり，誰かが規定する「富」ではなく，自分なりの新しい豊かさの方向への「めざめ」（西川［2018］275頁）だと指摘する。

　読者のあなたにとって，「豊かさ」とは何を意味するだろうか。真崎克彦・藍澤淑雄編著『ポスト資本主義時代の地域主義』は，世界各地の地域に根付いた固有の，しかし人間関係がもたらすものという意味で共通する，「豊かさ」を追求する事例を提示している（真崎・藍澤編著［2024］）。筆者が長年国際協力に携わり，多様な社会・文化・宗教・民族などの背景をもつ人々とともに仕事をしててよかった，と思うことの1つに，異なる世界に出合うたびに，少しずつ自分の価値基準や物の見方が変わってきたことがある。それは，新しい豊かさへのめざめだともいえる。

　ポストSDGs期（2030〜45年）に社会で活躍する時期を迎える若い読者は，終わらない戦争や激甚化し頻発する自然災害などに直面する今，希望をもっているだろうか。作家，歴史家，アクティビストのレベッカ・ソルニットは，不確かな世の中だからこそ希望がある，と言う。希望をもつことは，過酷で悲惨な現実を否認することではなく，「それらを直視し，それらに取り組むことを意味する」（ソルニット［2023］15頁）。

社会課題の解決に携わる若者たち

　「社会の課題を，みんなの希望へ変えていく」。これを会社の目的・存在意義として掲げるのは，2024年8月現在，14カ国で51のソーシャル・ビジネスを展開しているボーダレス・ジャパンである（BJ［n. d. a]）。2007年にボーダレス・ジャパンを設立した田口

一成は，ソーシャル・ビジネスは「儲からない」とマーケットから放置されている社会問題を取り扱いつつ，利益を出せる事業として成立させるものだとする（田口 [2021]）。ボーダレス・グループは，余剰利益が出るようになったら「共通のポケット＝お財布」に入れ，新たな起業家の支援に使う「恩送り」という相互扶助のシステムをもつ（田口 [2021] 57 頁）。そして，グループ内すべてのソーシャル・ビジネスの社長が参加する社長会は，1 人 1 票で全員賛成が原則，株主総会でも取締役会でもなくこの社長会が最高意思決定機関である。定款の前文には，「ノウハウや資金，関係資産をお互いに共有し（中略）より大きな社会インパクトを共創する『社会起業家』の共同体」（BJ [n. d. b]）と記載されている。非効率な領域に挑む同社は，社会的連帯経済の理念を共有する（伊丹 [n. d.]）。

「自らの境遇にかかわらず，ともに未来を築ける社会」は，日本において難民の就労支援に取り組む NPO 法人 WELgee（ウェルジー）のビジョンである。WELgee（Welcome Refugee からの造語）は，紛争・迫害などから逃れて日本にやってきた難民は，さまざまな可能性を秘めているにもかかわらず，現在の難民制度がその可能性を殺している，という課題に取り組む。難民認定を待つ人々の日本企業での就労支援や，企業と難民の共創事業を行うことで，難民と共に新しい価値をつくることをめざしている（WELgee [n. d.]）。

▷ 多文化共生社会における国際協力

第 9 章の最後に，国際機関で活躍する日本人職員について紹介したが，自分は日本の外で働くことなど考えられない，という読者もいるだろう。だが，日本国内にいても，国際協力はできる。それは，国外で国際協力を実施する組織に日本に居ながら関わるだけで

はなく，WELgee のように，日本に住む日本以外にルーツをもち，かつ支援が必要な人々に協力することも含む。また，私たちの日々の暮らしのなかで，地球全体がより持続可能で公正で平和な社会になるような行動をとることも，国際協力である。

　日本に住む，日本以外にルーツをもつ人々と共に取り組む国際協力について考えてみよう。グローバル化が進み，国境を越えた人の移動が増え，日本においても**多文化共生**社会の実現が急務となっている。多文化共生社会とは，国籍，民族，言語，文化，信仰等が異なる人々が，互いの違いを認め合い，対等な関係を築こうとしながら，地域社会の構成員として共に生きていくことをいう。そして，移民や難民，その他外国にルーツをもつ人々にとって暮らしやすい社会とは，他の社会的弱者にとっても，おそらく誰にとっても暮らしやすい社会なのではないだろうか。21世紀に私たちが求めているのは，ジェンダー，民族，宗教，障害のあるなし，年齢などによって，差別されたり抑圧されたりすることのない世界であり，同時に，人間と自然環境の共生しうる世界だろう（伊藤ほか [2019]）。

　本章では，国際協力を通じてどのような社会をめざすべきなのかを考えてみたが，逆に，私たちが望ましいと思う社会をつくるには国際協力が必要なのだ，といえないだろうか。本書の読者が，ここに書かれた課題，実践や担い手などに興味をもち，さらに調べ，読み，聞き，考え，発信していくことを切に願う。本書が，国内・国外を問わず国際協力に携わるきっかけ，あるいは国際協力に携わる人々を支えるきっかけになれば，望外の喜びである。

Report assignment レポート課題

14.1　日々の暮らしのなかでできる，地球全体がより持続可能で公正で平和な社会になるような行動には，どういったものがあるか。**第1~7章**で掲げた課題や，**第10，11章**の担い手の活動を読み直し，参考文献に目を通し，自分が実際にできる具体的な行動を書き出してみよう。

引用・参考文献

●序章　国際協力と世界

岡倉登志［2010］『アフリカの植民地化と抵抗運動』山川出版社

神島裕子［2015］『ポスト・ロールズの正義論──ポッゲ・セン・ヌスバウム』ミネルヴァ書房

神島裕子［2018］『正義とは何か──現代政治哲学の 6 つの視点』中央公論新社（中公新書）

西崎文子・武内進一編［2016］『紛争・対立・暴力──世界の地域から考える』岩波書店（岩波ジュニア新書）

ピーティー，M.（浅野豊美訳）［1996］『植民地──帝国 50 年の興亡』（20 世紀の日本 4）読売新聞社

古田元夫［1996］『アジアのナショナリズム』山川出版社

松田素二［1997］「ヨーロッパの来襲」宮本正興・松田素二編『新書アフリカ史』講談社（講談社現代新書）

宮本正興［1997］「大西洋交渉史」宮本正興・松田素二編『新書アフリカ史』講談社（講談社現代新書）

Acemoglu, D. and J. A. Robinson［2012］*Why Nations Fail: The Origins of Power, Prosperity, and Poverty*, Crown Business.（D. アセモグル＝J. A. ロビンソン［鬼澤忍訳］［2013］『国家はなぜ衰退するのか──権力・繁栄・貧困の起源』早川書房）

Baldwin, R.［2016］*The Great Convergence: Information Technology and the New Globalization*, Belknap Press of Harvard University Press.（R. ボールドウィン［遠藤真美訳］［2018］『世界経済大いなる収斂──IT がもたらす新次元のグローバリゼーション』日本経済新聞出版社）

Diamond, J.［1997］*Guns, Germs, and Steel: The Fates of Human Societies*, W. W. Norton.（J. ダイアモンド［倉骨彰訳］［2000］『銃・病原菌・鉄──1 万 3000 年にわたる人類史の謎（上・下）』草思社）

las Casas, B. de［1552］*Brevísima Relación de la Destrución de las Indias*.（ラス・カサス［染田秀藤訳］［1976］『インディアスの破壊についての簡潔な報告』岩波書店）

Hulme, D.［2016］*Should Rich Nations Help the Poor?*, Polity Press.（D. ヒューム［佐藤寛監訳，太田美帆・土橋喜人・田中博子・紺野奈央訳］［2017］『貧しい人を助ける理由──遠くのあの子とあなたのつながり』日本評論社）

Meyer, J.［1986］*Esclaves et Négriers*, Gallimard.（J. メイエール［猿谷要監訳，国領苑子訳］［1992］『奴隷と奴隷商人』創元社）

Pogge, T.［2008］*World Poverty and Human Rights*, 2nd ed., Polity Press.（T. ポ

ッゲ〔立岩真也監訳〕［2010］『なぜ遠くの貧しい人への義務があるのか――世界的貧困と人権』生活書院）

Pomeranz, K. [2000] *The Great Divergence: China, Europe, and the Making of the Modern World Economy*, Princeton University Press.（K. ポメランツ〔川北稔監訳〕［2015］『大分岐――中国，ヨーロッパ，そして近代世界経済の形成』名古屋大学出版会）

Sandel, M. J. [2009] *Justice: What's the Right Thing to Do?*, Allen Lane.（M. サンデル〔鬼澤忍訳〕［2010］『これからの「正義」の話をしよう――いまを生き延びるための哲学』早川書房）

Toer, P. A. [1980] *Bumi Manusia*, Hasta Mitra.（P. A. トゥール〔押川典昭訳〕［1986］『人間の大地（上・下）』めこん）

●第 1 章　暴力

上杉勇司［2004］『変わりゆく国連 PKO と紛争解決――平和創造と平和構築をつなぐ』明石書店

ヴェーバー，M.（脇圭平訳）［1980］『職業としての政治』岩波書店（岩波文庫）

ガルトゥング，J.（高柳先男・塩屋保・酒井由美子訳）［1991］『構造的暴力と平和』中央大学出版部

国際協力事業団国際協力総合研修所［2001］『事業戦略調査研究 平和構築――人間の安全保障の確保に向けて』国際協力事業団

高澤紀恵［1997］『主権国家体制の成立』山川出版社

武内進一［2004］「ルワンダにおける二つの紛争――ジェノサイドはいかに可能となったのか」『社会科学研究』第 55 巻，第 5・6 合併号，101～129 頁

武内進一［2009］『現代アフリカの紛争と国家――ポストコロニアル家産制国家とルワンダ・ジェノサイド』明石書店

山影進［2012］『国際関係論講義』東京大学出版会

Coghlan, B., R. J. Brennan, P. Ngoy, D. Dofara, B. Otto, M. Clements and T. Stewart [2006] "Mortality in the Democratic Republic of Congo: A Nationwide Survey," *Lancet*, 367 (9504), pp. 44-51.

Sen, A. [1990] "More Than 100 Million Women are Missing," *The New York Review*, December 20, pp. 61-66.

United Nations [1992] *An Agenda for Peace: Preventive Diplomacy, Peacemaking and Peace-keeping.*（A/47/277-S/24111）

United Nations [2000] *Report of the Panel on United Nations Peace Operations.*（A/55/305 S/2000/809）

United Nations General Assembly [1960] *Declaration on the Granting of Independence to Colonial Countries and Peoples*, 1514 (XV).

Uppsala Conflict Data Program（ウプサラ大学提供のデータベース）https://ucdp.uu.se/encyclopedia

World Development Indicators（世界銀行提供のデータベース）https://databank.worldbank.org/reports.aspx?source=world-development-indicators

●第 2 章　貧困と不平等

岩田正美［2007］『現代の貧困——ワーキングプア／ホームレス／生活保護』筑摩書房（ちくま新書）

上村雄彦［2023］「グローバル・ガバナンスと SDGs——グローバル・タックス，GBI，世界政府」野田真里編著『SDGs を問い直す——ポスト／ウィズ・コロナと人間の安全保障』法律文化社

黒崎卓［2009］『貧困と脆弱性の経済分析』勁草書房

国連開発計画［1997］『人間開発報告書 1997 貧困と人間開発』国際協力出版会

国連開発計画［2010］『人間開発報告書 2010 国家の真の豊かさ——人間開発への道筋（20 周年記念版）』阪急コミュニケーションズ

佐藤元彦［2002］『脱貧困のための国際開発論』築地書館

佐藤仁［2009］「貧しい人々は何をもっているか——展開する貧困問題への視座」下村恭民・小林誉明編著『貧困問題とは何であるか——「開発学」への新しい道』勁草書房

志賀信夫［2022］『貧困理論入門——連帯による自由の平等』堀之内出版

島田剛［2020］「貧困と雇用——アフリカにおける産業政策と経済学の役割」『経済セミナー』2020 年 2・3 月号，39～43 頁

下村恭民［2009］「貧困問題とは何であるか——開発学への新しい道」下村恭民・小林誉明編著『貧困問題とは何であるか——「開発学」への新しい道』勁草書房

世界銀行［2021］「気候変動により 2050 年までに 2 億 1,600 万人が国内移住を余儀なくされる恐れ」（プレスリリース）https://www.worldbank.org/ja/news/press-release/2021/09/13/climate-change-could-force-216-million-people-to-migrate-within-their-own-countries-by-2050（2024 年 8 月 5 日アクセス）

高橋和志［2015］「貧困と不平等」ジェトロ・アジア経済研究所 黒岩郁雄・高橋和志・山形辰史編『テキストブック開発経済学（第 3 版）』有斐閣

西川潤［2000］『人間のための経済学——開発と貧困を考える』岩波書店

森壮也［2023］「障害者と SDGs——取り残されてもなお生き延びるマイノリティ」野田真里編著『SDGs を問い直す——ポスト／ウィズ・コロナと人間の安全保障』法律文化社

ラワース，K.（黒輪篤嗣訳）［2021］『ドーナツ経済』河出書房新社（河出文庫）

リスター，R.（松本伊智朗監訳，松本淳・立木勝訳）［2023］『貧困とはなにか——概念・言説・ポリティクス（新版）』明石書店

Bray, R., M. De Laat, X. Godinot, A. Ugarte and R. Walker［2019］*The Hidden Dimensions of Poverty*, Fourth World Publications.

Chancel, L., T. Piketty, E. Saez, G. Zucman et al.［2022］*World Inequality Report 2022*, World Inequality Lab.

Clement, V., K. K. Rigaud, A. de Sherbinin, B. Jones, S. Adamo, J. Schewe, N. Sadiq and E. Shabahat［2021］*Groundswell Part Ⅱ: Acting on Internal Climate Migration*, Overview.

Credit Suisse［2023］*Global Wealth Report 2023*.

Kabeer, N. and A. Thomas［2021］"Poverty and Inequality," Allen, T. and A. Thomas eds., *Poverty & Development in the 21st Century*, 3rd ed., Oxford University Press.

Milanovic, B. [2022] The Three Eras of Global Inequality, 1820–2020 with the Focus on the Past Thirty Years, Stone Center on Socio-Economic Inequality Working Paper Series, No. 59. https://stonecenter.gc.cuny.edu/research/the-three-eras-of-global-inequality-1820-2020-with-the-focus-on-the-past-thirty-years/（2023 年 9 月 8 日アクセス）

Narayan, D., R. Chambers, M. K. Shah and P. Petesch [2000] *Voices of the Poor: Crying Out for Change*, Oxford University Press.

Oldiges, C. and S. Nayyar [2022] The Inequality Gap: The bottom 40 may be Further away than we Thought, UNDP Global Policy Network Brief. https://www.undp.org/library/dfs-inequality-gap-bottom-40-may-be-further-away-we-thought（2023 年 9 月 8 日アクセス）

Organisation for Economic Co-operation and Development（OECD）[2023] Global Outlook on Financing for Sustainable Development 2023: No Sustainability Without Equity.

Piketty, T.（Goldhammer, A. Trans.）[2017] *Capital in the Twenty-first Century*, The Belknap Press of Harvard University Press.（Original work in French published in 2013）

Piketty, T.（Goldhammer, A. Trans.）[2020] *Capital and Ideology*, The Belknap Press of Harvard University Press.（Original work in French published in 2019）

Ravallion, M. [2007] "Inequality is Bad for the Poor," S. P. Jenkins and J. Micklewright eds., *Inequality and Poverty Re-Examined*, Oxford University Press.

Ravallion, M. [2016] *The Economics of Poverty: History, Measurement, and Policy*, Oxford University Press.

Ruggeri Laderchi, C., R. Saith, and F. Stewart [2006] Does it Matter that We do not Agree on the Definition of Poverty? A Comparison of Four Approaches, M. McGillivray and M. Clarke eds., *Understanding Human Well-being*, United Nations University Press.

United Nations [2015] Resolution adopted by the General Assembly on 25 September 2015. 70/1. Transforming our world: the 2030 Agenda for Sustainable Development https://www.un.org/en/development/desa/population/migration/generalassembly/docs/globalcompact/A_RES_70_1_E.pdf（2023 年 9 月 8 日アクセス）

United Nations [2023] *The Sustainable Development Goals Report*, Special Edition.

United Nations [2024] *The Sustainable Development Goals Report 2024*.

United Nations Development Programme（UNDP）[1990] *Human Development Report 1990*, Oxford University Press.

UNDP [2019] *Human Development Report 2019: Beyond Income, Beyond Averages, Beyond Today: Inequalities in Human Development in the 21st Century*, UNDP.

UNDP [2022] *Human Development Report 2021/22. Uncertain Times, Unsettled Lives: Shaping Our Future in a Transforming World*, UNDP.

UNDP and Oxford Poverty and Human Development Initiative（OPHI）［2024］ *Global Multidimensional Poverty Index 2024 : Poverty amid Conflict*, UNDP.

United Nations High Commissioner for Refugees（UNHCR）et al. ［2022］Refugee Rights & Protection During COVID-19: What Have We Learned? https://www.unhcr.org/news/news-releases/global-evaluation-international-covid-19-response-fell-short-upholding-refugee（2023 年 9 月 8 日アクセス）

World Bank［2001］*World Development Report 2000/2001 : Attacking Poverty*, Oxford University Press.

World Bank［2022］*Poverty and Shared Prosperity 2022 : Correcting Course*, World Bank.

World Bank［n. d.］Fact Sheet: An Adjustment to Global Poverty Lines. https://www.worldbank.org/en/news/factsheet/2022/05/02/fact-sheet-an-adjustment-to-global-poverty-lines（2023 年 9 月 5 日アクセス）

●第 3 章　ジェンダー平等

市井礼奈・金井郁・長田華子・藤原千沙・古沢希代子・山本由美子［2023］「フェミニスト経済学への招待」長田華子・金井郁・古沢希代子編［2023］『フェミニスト経済学──経済社会をジェンダーでとらえる』有斐閣

伊藤公雄・樹村みのり・國信潤子［2019］『女性学・男性学──ジェンダー論入門（第 3 版）』有斐閣

上野千鶴子［2012］『ナショナリズムとジェンダー（新版）』岩波書店（岩波現代文庫）

上野千鶴子［2022］「ジェンダー研究はどこまで来たか？──成果と課題」永瀬伸子・森山由紀子・大串尚代ほか『人文社会科学とジェンダー』（学術会議叢書 29）日本学術協力財団

小川公代［2021］『ケアの倫理とエンパワメント』講談社

甲斐田きよみ［2023］『ジェンダー平等と国際協力──開発ワーカーと研究者の視点から』創成社（創成社新書）

金井郁・杉橋やよい［2023］「ジェンダー統計──社会を把握するツール」長田華子・金井郁・古沢希代子編［2023］『フェミニスト経済学──経済社会をジェンダーでとらえる』有斐閣

金井郁・藤原千沙［2023］「福祉国家──ジェンダー関係を形づくる」長田華子・金井郁・古沢希代子編『フェミニスト経済学──経済社会をジェンダーでとらえる』有斐閣

国際協力機構（JICA）［n. d.］「ジェンダー平等と女性のエンパワメント」https://www.jica.go.jp/activities/issues/gender/index.html（2024 年 7 月 9 日アクセス）

国際協力 NGO センター（JANIC）ジェンダー平等推進ワーキンググループ［2023］『日本の国際協力 NGO──ジェンダー主流化ガイドライン』

白須英子［2003］『イスラーム世界の女性たち』文藝春秋（文春新書）

セナック, R.（井上たか子訳）［2021］『条件なき平等──私たちはみな同類だと想像し，同類になる勇気をもとう』勁草書房

引用・参考文献　**305**

田中雅子［2018］「ジェンダー平等，女性と女の子のエンパワーメント」高柳彰夫・大橋正明編『SDGsを学ぶ──国際開発・国際協力入門』法律文化社

古沢希代子・山本由美子［2023］「開発──連帯とエンパワーメント」長田華子・金井郁・古沢希代子編［2023］『フェミニスト経済学──経済社会をジェンダーでとらえる』有斐閣

フレイザー，N.（江口泰子訳）［2023］『資本主義は私たちをなぜ幸せにしないのか』筑摩書房（ちくま新書）

梁澄子［2022］『「慰安婦」問題ってなんだろう？──あなたと考えたい戦争で傷つけられた女性たちのこと』平凡社

Brown, C. and R. Pearson [2021] "18. Rethinking Gender Matters in Development," T. Allen and A. Thomas eds., *Poverty and Development: In the Twenty-First Century*, Oxford University Press, 3rd ed., pp. 394-415.

Government of Pakistan (GoP) [2022] Pakistan's Voluntary National Review: Implementing Best Practices to Build Forward Better in the Decade of Action.

International Labour Organization (ILO) [2018] *Global Wage Report 2018/19.*

International Labour Organization (ILO) [2019] *World Employment and Social Outlook: Trends 2019.*

International Labour Organization (ILO) [2024] *World Employment and Social Outlook: Trends 2024.*

Inter-Parliamentary Union and UN Women [2023] Women in Politics: 2023. https://www.ipu.org/resources/publications/infographics/2023-03/women-in-politics-2023（2024年7月9日アクセス）

United Nations [2015] *The Millennium Development Goals Report 2015.*

United Nations [2024] *The Sustainable Development Goals Report 2024.*

United Nations [n. d.] Women who shaped the declaration. https://www.un.org/en/about-us/universal-declaration-of-human-rights（2024年4月30日アクセス）

UN Women [2021] Measuring the Shadow Pandemic: Violence Against Women During COVID-19.

UN Women and United Nations Department of Economic and Social Affairs (UN DESA), Statistic Division [2023] Progress on the Sustainable Development Goals: The Gender Snapshot 2023. https://www.unwomen.org/sites/default/files/2023-09/progress-on-the-sustainable-development-goals-the-gender-snapshot-2023-en.pdf（2024年4月30日アクセス）

United Nations Economic and Social Council (UN ECOSOC) [2024] Progress Towards the Sustainable Development Goals: Report of the Secretary-General. Supplementary Information. https://unstats.un.org/sdgs/files/report/2024/E_2024_54_Statistical_Annex_I_and_II.pdf（2024年6月30日アクセス）

●第4章　子どもの権利保障
荻巣崇世・橋本憲幸・川口純編著［2021］『国際教育開発への挑戦──これからの教育・社会・理論』東信堂

北村友人・佐藤真久・佐藤学編著［2019］『SDGs 時代の教育——すべての人に質の高い学びの機会を』学文社

小松太郎編［2016］『途上国世界の教育と開発——公正な世界を求めて』上智大学出版

吉田和浩［2019］「解説 教育開発課題の変遷にみる困難な状況におかれた子どもの教育」澤村信英編著『発展途上国の困難な状況にある子どもの教育——難民・障害・貧困をめぐるフィールド研究』明石書店

Bangladesh Bureau of Statistics (BBS) [2024] Bangladesh Sample Vital Statistics 2023 Key Findings.

International Labour Organization and United Nations Children's Fund (ILO and UNICEF) [2021] *Child Labour: Global Estimates 2020, Trends and the Road Rorward.*

Salmeron-Gomez, D., S. Engilbertsdottir, J. A. C. Leiva, D. Newhouse, D. Stewart [2023] *Global Trends in Child Monetary Poverty: According to International Poverty Lines*, Policy Research Working Paper Series 10525, No1, The World Bank. http://documents.worldbank.org/curated/en/099835007242399476/IDU0965118d1098b8048870ac0e0cb5aeb049f98（2024 年 10 月 24 日アクセス）

United Nations [2015] *The Millenium Development Goals.*

United Nations Children's Fund (UNICEF) [2016] "Nearly a Quarter of the World's Children Live in Conflict or Disaster-stricken Countries." https://www.unicef.org/press-releases/nearly-quarter-worlds-children-live-conflict-or-disaster-stricken-countries（2024 年 10 月 24 日アクセス）

United Nations Children's Fund (UNICEF) [2021] Reimagining WASH: Water Security for All. https://www.unicef.org/media/95241/file/water-security-for-all.pdf（2024 年 10 月 24 日アクセス）

United Nations Children's Fund (UNICEF) [2022] UNICEF Strategic Plan 2022-2025: Renewed Ambition Towards 2030. https://www.unicef.org/sites/default/files/2022-02/UNICEF-strategic-plan-2022-2025-publication-EN.pdf（2024 年 10 月 24 日アクセス）

United Nations Children's Fund (UNICEF) [2023a] The State of the World's Children 2023: For Every Child Vaccination. https://www.unicef.org/reports/state-worlds-children-2023（2024 年 10 月 24 日アクセス）（ユニセフ［2023］『世界子供白書 2023——すべての子どもに予防接種を』（ユニセフ基幹報告書）公益財団法人日本ユニセフ協会）

United Nations Children's Fund (UNICEF) [2023b] Is an End to Child Marriage Within Reach? Latest Trends and Future Prospects, 2023 update. https://data.unicef.org/resources/is-an-end-to-child-marriage-within-reach/（2024 年 10 月 24 日アクセス）

United Nations Inter-agency Group for Child Mortality Estimation (UN-IGME) [2024] Levels and Trends in Child Mortality: United Nations Inter-Agency Group for Child Mortality Estimation (UN IGME), Report 2023. https://data.unicef.org/resources/levels-and-trends-in-child-mortality-2024/（2024 年 10 月 24 日アクセス）

United Nations Children's Fund, World Health Organization and International Bank for Reconstruction and Development/ World Bank (UNICEF, WHO and IBRD/WB) [2023] Levels and Trends in Child Malnutrition: UNICEF / WHO / World Bank Group Joint Child Malnutrition Estimates: Key Findings of the 2023 Edition. https://www.who.int/publications/i/item/9789240073791 (2024 年 10 月 24 日アクセス)

United Nations Educational, Scientific and Cultural Organization, Institute for Statistics (UNESCO UIS) [2023] Data for Sustainable Goals https://uis. unesco.org/ (2024 年 10 月 24 日アクセス)

United Nations Office on Drugs and Crime (UNODC) [2016] Global Report on Trafficking in Persons 2016. https://www.unodc.org/documents/data-and-analysis/glotip/2016_Global_Report_on_Trafficking_in_Persons.pdf (2024 年 10 月 24 日アクセス)

World Health Organization (WHO) [2016] INSPIRE: Seven Strategies for Ending Violence Against Children. https://www.unicef.org/documents/inspire-seven-strategies-ending-violence-against-children (2024 年 10 月 24 日アクセス)

World Health Organization (WHO) [2020] Global Status Report on Preventing Violence against Children 2020.

●第 5 章　高齢者と障害者

宇佐見耕一・牧野久美子編 [2015] 『新興諸国の現金給付政策──アイディア・言説の視点から』日本貿易振興機構アジア経済研究所

大泉啓一郎 [2007] 『老いてゆくアジア──繁栄の構図が変わるとき』中央公論新社（中公新書）

岡嵜佐代子 [1992] 「女性問題」辛島昇ほか監修『南アジアを知る事典』平凡社

奥平真砂子 [2011] 「パキスタンにおける障害者の自立生活運動──受け手から担い手へ」森壮也編『南アジアの障害当事者と障害者政策──障害と開発の視点から』アジア経済研究所

カビール, R. R.（大岩豊訳）[2000] 『7 人の女の物語──バングラデッシュの農村から』連合出版

日下部尚徳 [2020] 「バングラデシュ」日下部尚徳編『南アジア──インド／パキスタン／スリランカ／ネパール／ブータン／バングラデシュ』（新世界の社会福祉, 第 9 巻), 旬報社

久野研二・中西由起子 [2004] 『リハビリテーション国際協力入門』三輪書店

杉野昭博 [2014] 「障害学とは何か──障害を当事者視点から考える」小川喜道・杉野昭博編著『よくわかる障害学』ミネルヴァ書房

田川玄・慶田勝彦・花渕馨也編 [2016] 『アフリカの老人──老いの制度と力をめぐる民族誌』九州大学出版会

竹村和朗 [2023] 「妻に家の半分を遺す──エジプトの地方の町に生きたある男性の一生」長沢栄治監修, 竹村和朗編著『うつりゆく家族』イスラーム・ジェンダー・スタディーズ 6, 明石書店

中西由起子 [2008] 「途上国での自立生活運動発展の可能性に関する考察」森壮也編『障害と開発──途上国の障害当事者と社会』アジア経済研究所

二ノ宮アキイエ［2010］『車いすがアジアの街を行く——アジア太平洋障害者センター（APCD）の挑戦』ダイヤモンド社

深沢七郎［1964］『楢山節考』新潮社（新潮文庫）

ボンドパッダエ，B.（林良久訳）［2008］『大地のうた（新装・新版）』新宿書房

松井亮輔・川島聡編［2010］『概説　障害者権利条約』法律文化社

森壮也［2015］「障害」ジェトロ・アジア経済研究所・黒岩郁雄・高橋和志・山形辰史編『テキストブック開発経済学（第3版）』有斐閣

森壮也・山形辰史［2013］『障害と開発の実証分析——社会モデルの観点から』勁草書房

山形辰史［2011］「バングラデシュの障害当事者と障害者政策——Community Approaches to Handicap in Development（CAHD）の意義と課題」森壮也編『南アジアの障害当事者と障害者政策——障害と開発の視点から』アジア経済研究所

横田弘・立岩真也・臼井正樹［2016］『われらは愛と正義を否定する——脳性マヒ者　横田弘と「青い芝」』生活書院

渡辺一史［2003］『こんな夜更けにバナナかよ——筋ジス・鹿野靖明とボランティアたち』北海道新聞社

Beauvoir, S. de［1970］*La Vieillesse*, Gallimard.（S. de ボーヴォワール［朝吹三吉訳］［2013］『老い（新装版）（上・下）』人文書院）

Birdsall, N.［1988］"Economic Approaches to Population Growth," Hollis Chenery and T. N. Srinivasan eds., *Handbook of Development Economics*, Vol. 1, Elsevier Science Publishers, pp. 477-542.

Eide, A. H. and Ingstad, B. eds.［2011］*Disability and Poverty: A Global Challenge*, Policy Press.

Lamichhane, K.［2015］*Disability, Education and Employment in Developing Countries: From Charity to Investment*, Cambridge University Press.

Mannan, M. A.［2002］*Widowhood and Poverty: Well-Being and Survival in Rural Bangladesh*, Grameen Trust.

Ravallion, M.［2016］*The Economics of Poverty: History, Measurement, and Policy*, Oxford University Press.（M. ラヴァリオン［柳原透監訳］［2018］『貧困の経済学（上・下）』日本評論社）

●第6章　保健と感染症

青山温子［2018］「非感染性疾患」国際開発学会編『国際開発学事典』丸善出版

梶原容子［2008］『アフガニスタン母子診療所』白水社

武内進一［2000］「アフリカの紛争——その今日的特質についての考察」武内進一編『現代アフリカの紛争——歴史と主体』アジア経済研究所

谷口俊文［2023］「HIV 曝露前予防内服（PrEP）の新たな展開」『医学のあゆみ』（特集：HIV の発見から 40 年——医学はどう戦ったか，これからどう戦うのか），第 284 巻第 9 号，732〜737 頁

藤屋リカ［2013］「プライマリヘルスケア」日本国際保健医療学会編『国際保健医療学（第3版）』杏林書院

慕容雪村［2022］『禁城——武汉传来的聲音』（X. ムロン［森孝夫訳］『禁城——死の沈黙の武漢で，本当におきたこと』飛鳥新社，2023 年）

松山章子［2018］「リプロダクティブ・ヘルス・ライツ」国際開発学会編『国際開発学事典』丸善出版

御手洗聡［2012］「結核」感染症事典編集委員会編『感染症事典』オーム社

峰松和夫［2013］「非感染性疾患（NCD）」日本国際保健医療学会編『国際保健医療学（第3版）』杏林書院

矢島綾・小林潤［2013］「Neglected Tropical Diseases」日本国際保健医療学会編『国際保健医療学（第3版）』杏林書院

山形辰史［2008］「開発途上国の医療従事者の海外出稼ぎ」『国際問題』第574号，38～48頁

山形辰史［2022］「開発途上国へのCOVID-19ワクチン供給のための協調と競争——COVAXとワクチン外交の相互作用」『国際経済』第73巻，155～184頁

山形辰史［2023］『入門 開発経済学——グローバルな貧困削減と途上国が起こすイノベーション』中央公論新社（中公新書）

Joint United Nations Programme on HIV/AIDS（UNAIDS）［2024］"Fact Sheet 2024," UNAIDS. https://www.unaids.org/sites/default/files/media_asset/UNAIDS_FactSheet_en.pdf（2024年7月25日アクセス）

Takasu, N. and T. Yamagata［2022］"Distribution of COVID-19 Vaccines to 49 Sub-Saharan African Countries: Which Vaccines Go Where and How?" *Ritsumeikan Journal of Asia Pacific Studies*, Vol. 40, pp. 83-111.

World Health Organization（WHO）［2006］*The World Health Report 2006: Working Together for Health*, WHO.

World Health Organization（WHO）［2008］*The World Health Report 2008: Primary Health Care-Now More Than Ever*, WHO.

World Health Organization（WHO）［2020］*Ending the Neglect to Attain the Sustainable Development Goals: A Road Map for Neglected Tropical Diseases 2021-2030*, WHO.

World Health Organization（WHO）［2023a］"Tuberculosis, Key Facts," WHO. https://www.who.int/news-room/fact-sheets/detail/tuberculosis（2024年7月25日アクセス）

World Health Organization（WHO）［2023b］"Malaria, Key Facts," WHO. https://www.who.int/news-room/fact-sheets/detail/malaria（2024年7月25日アクセス）

●第7章　環境と開発

池田駿介・小松利光・馬場健司・望月常好編著［2016］「気候変動下の水・土砂災害適応策——社会実装に向けて」近代科学社

片山徹［2005］「環境分野での国際技術協力」『環境技術』第34巻第11号，764～769頁

加納雄大［2014］『環境外交——気候変動交渉とグローバル・ガバナンス』信山社

国際開発学会環境ODA評価研究会［2003］『2002年度 特定テーマ評価「環境分野」第三者評価報告書 環境センター・アプローチ——途上国における社会的環境管理能力の形成と環境協力』国際協力機構：国際開発学会環境ODA評価研究会

作本直行編［2006］『アジア諸国の環境アセスメント制度とその課題』アジア経済研

究所

鄭方婷 [2017] 『重複レジームと気候変動交渉——米中対立から協調，そして「パリ協定」へ』現代図書

鄭方婷 [2013] 『「京都議定書」後の環境外交』三重大学出版会

地球・人間環境フォーラム編 [1996] 『世界の環境アセスメント』ぎょうせい

日本弁護士連合会 公害対策・環境保全委員会編 [1991] 『日本の公害輸出と環境破壊——東南アジアにおける企業普及と ODA』日本評論社

服部崇 [2021] 『気候変動規範と国際エネルギーレジーム——国際エネルギー機関の役割とアジアのエネルギー政策の変遷』文眞堂

藤倉良 [1997] 「環境国際協力における地方公共団体の役割と課題」『国際開発研究』第 6 巻，75〜89 頁

IPCC（H.-O. Pörtner, D. C. Roberts, M. Tignor, E. S. Poloczanska, K. Mintenbeck, A. Alegría, M. Craig, S. Langsdorf, S. Löschke, V. Möller, A. Okem, B. Rama eds.）[2022] *Climate Change 2022 : Impacts, Adaptation, and Vulnerability*, Cambridge University Press.

Jambeck, J. R., R. Geyer, C. Wilcox, T. R. Siegler, M. Perryman, A. Andrady, R. Narayan and K. L. Law [2015] "Plastic Wastes Inputs from Land into the Ocean," *Science*, Feb. 13, Vol. 347, Issue 6223, pp. 768-771.

Kalantzakos, S. [2017] *The EU, US and China Tackling Climate Change : Policies and Alliances for the Anthropocene*, Routledge.

Minamata Convention on Mercury [2023] Minamata Convention in 2022 : Progress Report on Activities.

Modak, P. M. and A. K. Biswas [1999] *Conducting Environmental Impact Assessment for Developing Countries*, United Nations University Press.

Moss, J. and L. Umbers eds. [2020] *Climate Justice and Non-State Actors : Corporations, Regions, Cities, and Individuals*, Routledge.

United Nations Environment Program（UNEP）[2019] *Global Mercury Assessment 2018*.

●第 8 章　国と国との協力

紀谷昌彦・山形辰史 [2019] 『私たちが国際協力する理由——人道と国益の向こう側』日本評論社

下村恭民 [2020] 『日本型開発協力の形成——政策史 1・1980 年代まで』（シリーズ「日本の開発協力史を問いなおす」1）東京大学出版会

西垣昭・下村恭民・辻一人 [2009] 『開発援助の経済学——「共生の世界」と日本の ODA（第 4 版）』有斐閣

山形辰史 [2015] 「政府開発援助」ジェトロ・アジア経済研究所・黒岩郁雄・高橋和志・山形辰史編『テキストブック開発経済学（第 3 版）』有斐閣

山形辰史 [2023] 『入門 開発経済学——グローバルな貧困削減と途上国が起こすイノベーション』中央公論新社（中公新書）

山形辰史 [2024] 「グローバル・サウスを取り込む新国際経済秩序——債務再編と新ドナー調整枠組の構築」『国際経済』第 76 巻，69〜95 頁

渡辺紫乃 [2013] 「対外援助の概念と援助理念——その歴史的背景」下村恭民・大橋

英夫・日本国際問題研究所編『中国の対外援助』日本経済評論社

Brautigam, D. [2009] *The Dragon's Gift: The Real Story of China in Africa*, Oxford University Press.

Gelpern, A., S. Horn, S. Morris, B. Parks and C. Trebesch [2021] *How China Lends: A Rare Look into 100 Debt Contracts with Foreign Governments*, Peterson Institute for International Economics, Kiel Institute for the World Economy, Center for Global Development, and AidData at William & Mary.

Horn, S., B. C. Parks, C. M. Reinhart and C. Trebesch [2023] "Debt Distress on China's Belt and Road," *AEA Papers and Proceedings*, Vol. 113, pp. 131-134.

Kitano, N. and Y. Harada [2016] "Estimating China's Foreign Aid 2001-2013," *Journal of International Development*, Vol. 28, No. 7, pp. 1050-1074.

Malik, A. A., B. Parks, B. Russell, J. J. Lin, K. Walsh, K. Solomon, S. Zhang, T.-B. Elston and S. Goodman [2021] *Banking on the Belt and Road: Insights from a New Global Dataset of 13, 427 Chinese Development Projects*, AidData at William & Mary.

Organisation for Economic Co-operation and Development (OECD) [2003] "History of the 0.7% ODA Target," *OECD Journal on Development*, Vol. 3, No. 4, pp. Ⅲ-9-Ⅲ-11.

Organisation for Economic Co-operation and Development (OECD) [2005] *Paris Declaration on Aid Effectiveness*, OECD.

Organisation for Economic Co-operation and Development (OECD) [2020] *OECD Development Co-operation Peer Reviews: Japan 2020*, OECD.

Organisation for Economic Co-operation and Development (OECD) [2024] "International Aid Rises in 2023 with Increased Support to Ukraine and Humanitarian Needs," Press Release, April 11. https://www.oecd.org/en/about/news/press-releases/2024/04/international-aid-rises-in-2023-with-increased-support-to-ukraine-and-humanitarian-needs.html（2024 年 8 月 12 日アクセス）

●第 9 章　国際機関の協力

忍足謙朗 [2017]『国連で学んだ修羅場のリーダーシップ』文藝春秋

外務省国際機関人事センター [n. d.]「JPO 派遣 50 周年記念動画」https://www.mofa-irc.go.jp/jpo/JPO50years.html（2024 年 7 月 21 日アクセス）

国際通貨基金（IMF）[n. d.]「IMF の融資制度」https://www.imf.org/ja/About/Factsheets/IMF-Lending（2024 年 7 月 20 日アクセス）

国際連合広報センター [2016]「総会本会議におけるアントニオ・グテーレス次期事務総長による潘基文（パン・ギムン）事務総長に対する敬意の表明と宣誓」https://www.unic.or.jp/news_press/info/22267/（2024 年 7 月 18 日アクセス）

中満泉 [2017]『危機の現場に立つ』講談社

西崎真理子ほか著 [1995]『国際協力を仕事として——開発・人道援助に飛び立つ女性たち』彌生書房

西谷真規子・山田高敬編著 [2020]『新時代のグローバル・ガバナンス論——制度・過程・行為主体』ミネルヴァ書房

野林健・納屋政嗣編 [2020]『聞き書 緒方貞子回顧録』岩波書店（岩波現代文庫）

東大作 [2023]「ニューヨーク市立大学主催 ラルフバンチェ国際関係研究所主催講演会『ウクライナ戦争終結させるための3つの課題』(Three Challenges of Ending the War in Ukraine) 講 演」https://ralphbuncheinstitute.org/event/three-challenges-of-ending-the-war-in-ukraine/(2024年6月1日アクセス)

Jolly, R., L. Emmerij and T. G. Weiss [2009] *UN Ideas That Changed the World*, Indiana University Press.

Organisation for Economic Co-operation and Development (OECD) [2022] *The Humanitarian-Development-Peace Nexus Interim Progress Review*, OECD.

United Nations [2016] Outcome of the World Humanitarian Summit: Report of the Secretary-General, UN. Secretary-General. https://digitallibrary.un.org/record/842411?v=pdf (2024年7月21日アクセス)

United Nations [2023] Letter by the Secretary-General to the President of Security Council invoking Article 99 of the United Nations Charter. https://www.un.org/en/situation-in-occupied-palestine-and-israel/sg-sc-article99-06-dec-2023 (2024年6月1日アクセス)

United Nations [n. d. a] Trusteeship Council. https://www.un.org/en/about-us/trusteeship-council (2024年7月16日アクセス)

United Nations [n. d. b] Security Council Membership Dashboard. https://main.un.org/securitycouncil/en/content/repertoire/research-tools/scmd (2024年7月21日アクセス)

●第10章　市民社会による国際協力

馬橋憲男・高柳彰夫編 [2007]『グローバル問題とNGO・市民社会』明石書店

高柳彰夫 [2014]『グローバル市民社会と援助効果——CSO/NGOのアドボカシーと規範づくり』法律文化社

Civicus [2024] *Civicus Monitor 2024*. https://monitor.civicus.org/globalfindings_2024/ (2024年12月30日アクセス)

Doane, D. [2024] *The INGO Problem: Power, Privilege and Renewal*, Practical Action Publishing.

Edwards, M. and D. Hulme [1995] "NGO Performance and Accountability: Introduction and Overview," M. Edwards and D. Hulme eds., *Non-Governmental Organisations: Performance and Accountability: Beyond the Magic Bullet*, Earthscan.

Lewis, D., N. Kanji and N, Themudo [2021] *Non-Governmental Organizations and Development*, Routledge.

OECD [2021] *DAC Recommendation on Enabling Civil Society in Development Co-operation and Humanitarian Assistance.* (OECD/LEGAL/5021)

OECD [2023] *Funding Civil Society in Partner Countries: Toolkit for Implementing the DAC Recommendation on Enabling Civil Society in Development Co-operation and Humanitarian Assistance.*

OECD [2024] *Aid for Civil Society Organisations: Statistics based on DAC Members' Reporting to the Creditor Reporting System database (CRS) 2021-2022.*

Open Forum for CSO Development Effectiveness [2011] *The Siem Reap CSO Consensus on the International Framework for CSO Development Effectiveness*.

Peace Direct [2021] *Time to Decolonise Aid: Insights and Lessons from a Global Consultation*, Peace Direct.

Peace Direct [2023] *Transforming Partnerships in International Cooperation*, Peace Drect.

Riddell, R. and M. Robinson [1995] *Non-Governmental Organizations and Rural Poverty Alleviation*, Clarendon Press.

●第 11 章　企業による国際協力

ヴァン・ゲルダー，S.（YES！Magazine 編集部編・山形浩生・守岡桜・森本正史訳）[2012]『99％の反乱──ウォール街占拠運動のとらえ方』バジリコ

フェアトレードコットンイニシアチブ　https://fairtradecottoninitiative.com/

フェアトレード・ラベル・ジャパン　http://fairtrade-jp.org/

細井和喜蔵 [1925]『女工哀史』改造社

Oxfam [2024] *Inequality Inc.: How Corporate Power Divides Our World and the Need for a New Era of Public Action*, Oxfam International, OXFAM.

Prahalad, C. K. [2005] *The Fortune at the Bottom of the Pyramid*, Wharton School Publishing.（スカイライトコンサルティング訳）[2005]『ネクスト・マーケット──「貧困層」を「顧客」に変える次世代ビジネス戦略』英治出版）

Stiglitz, J. E. [2012] *The Price of Inequality: How Today's Divided Society Endangers Our Future*, W. W. Norton.（J. E. スティグリッツ［楡井浩一・峯村利哉訳］[2012]『世界の 99％を貧困にする経済』徳間書店）

●第 12 章　世界の国際協力潮流

アミン，S.（野口祐ほか訳）[1979]『世界資本蓄積論──世界的規模における資本蓄積』柘植書房

絵所秀紀 [1997]『開発の政治経済学』日本評論社

カーソン，R.（青樹簗一訳）[1987]『沈黙の春』新潮社

紀谷昌彦・山形辰史 [2019]『私たちが国際協力する理由──人道と国益の向こう側』日本評論社

黒田一雄 [2023]『国際教育協力の系譜──越境する理念・政策・実践』東京大学出版会

ジョンソン，C.（佐々田博教訳）[2018]『通産省と日本の奇跡──産業政策の発展 1925-1975』勁草書房

ナラヤン，D.（"Voices of the Poor" 翻訳グループ訳）[2002]『貧しい人々の声──私たちの声が聞こえますか？』世界銀行東京事務所

プラシャド，V.（粟飯原文子訳）[2013]『褐色の世界史──第三世界とはなにか』水声社

フランク，A. G.（吾郷健二訳）[1980]『従属的蓄積と低開発』岩波書店

山影進 [2012]『国際関係論講義』東京大学出版会

山越言・目黒紀夫・佐藤哲編 [2016]『自然は誰のものか──住民参加型保全の逆説

を乗り越える』（アフリカ潜在力5）京都大学出版会

ロストウ，W. W.（木村健康・久保まち子・村上泰亮訳）［1961］『経済成長の諸段階
　　――一つの非共産主義宣言』ダイヤモンド社

ロレンツィーニ，S.（三須拓也・山本健訳）［2022］『グローバル開発史――もう一つ
　　の冷戦』名古屋大学出版会

Cornia, G. A., R. Jolly and F. Stewart eds. [1987] *Adjustment with a Human
　　Face, Vol. I , Protecting the Vulnerable and Promoting Growth*, Clarendon
　　Press.

United Nations [1987] *Report of the World Commission on Environment and
　　Development: Our Common Future.*

United Nations Development Program（UNDP）[1990] *Human Development Re-
　　port 1990: Concept and Measurement of Human Development*, Oxford
　　University Press.

●第 13 章　日本の国際協力潮流

荒木光弥［2023］「日本国憲法と国際協力――脆弱なインド太平洋構想」『国際開発
　　ジャーナル』第 800 号，8～9 頁

外務省［2017］『2016 年版 開発協力白書 日本の国際協力』外務省

外務省［2022］「開発協力大綱の改定について（改定の方向性）」https://www.mofa.
　　go.jp/mofaj/gaiko/oda/files/100470585.pdf（2024 年 8 月 19 日アクセス）

外務省［2023］「オファー型協力について」https://www.mofa.go.jp/mofaj/files/
　　100514696.pdf（2024 年 12 月 25 日アクセス）

外務省［2024］『2023 年度版開発協力白書 日本の国際協力』外務省

佐藤仁［2021］『開発協力のつくられ方――自立と依存の生態史』東京大学出版会

志賀裕朗［2024］「『ODA の安全保障化 ver. 2』のもとでの 2023 年開発協力大綱――
　　『理想主義のソフト・ロー』から『リアリズムの戦略』へ」『国際開発研究』第
　　33 巻，第 1 号，9～23 頁

下村恭民［2020］『日本型開発協力の形成――政策史 1・1980 年代まで』東京大学出
　　版会

下村恭民［2022］『最大ドナー日本の登場とその後――政策史 2・1990 年代以降』東
　　京大学出版会

田中明彦［2023］「オピニオン 複合危機下の開発協力「人間の安全保障」最重視」
　　『毎日新聞』7 月 13 日

西垣昭・下村恭民・辻一人［2009］『開発援助の経済学――「共生の世界」と日本の
　　ODA（第 4 版）』有斐閣

松本悟［2024］「開発協力大綱と軍関係への ODA 供与――開発協力適正会議を通し
　　た 2015 年大綱運用の検証」『国際開発研究』第 33 巻，第 1 号，55～74 頁

峯陽一・伊豆山真理・佐藤仁・松本悟・小松太郎・田中雅子［2024］「特集 日本の
　　開発援助はどこに向かうのか――開発協力大綱の改定を受けて」（国際開発学会
　　第 34 回全国大会プレナリー報告）『国際開発研究』第 33 巻，第 1 号，89～102
　　頁

村井吉敬・ODA 調査研究会編［1989］『無責任援助 ODA 大国ニッポン――フィリピ
　　ン，タイ，インドネシア現地緊急リポート』JICC 出版局

山形辰史［2023］『入門 開発経済学——グローバルな貧困削減と途上国が起こすイノベーション』中央公論新社（中公新書）

山形辰史［2024］「Win-Win言説の幻と開発協力大綱——ティンバーゲン定理，中位投票者定理，文明の使命論による考察」『国際開発研究』第33巻，第1号，25〜39頁

山田浩次・大野佳哉・田中文夫・廣松新・梶原ちえみ・竹内広悟［2015］『海外建設分野における競合国に関する調査研究』（国土交通政策研究第125号）国土交通省国土交通政策研究所

山田順一［2021］『インフラ協力の歩み——自助努力支援というメッセージ』東京大学出版会

Commission on Human Security [2003] *Human Security Now: Protecting and Empowering People*, Commission on Human Security.（人間の安全保障委員会編（人間の安全保障委員会事務局訳）［2003］『安全保障の今日的課題——人間の安全保障委員会報告書』朝日新聞社）

Cornia, G. A., R. Jolly and F. Stewart eds. [1987] *Adjustment with a Human Face, Vol. Ⅰ, Protecting the Vulnerable and Promoting Growth*, Clarendon Press.

Kharas, H., K. Makino and W. Jung eds. [2011] *Catalyzing Development: A New Vision for Aid*, Brookings Institution Press.

Organisation for Economic Co-operation and Development（OECD）[2020] *OECD Development Co-operation Peer Reviews: Japan 2020*, OECD.

Ravallion, M. [2016] *The Economics of Poverty: History, Measurement, and Policy*, Oxford University Press.（M. ラヴァリオン［柳原透監訳］［2018］『貧困の経済学（上・下）』日本評論社）

Stallings, B. and E. M. Kim [2016] "Japan, Korea, and China: Styles of ODA in East Asia," H. Kato, J. Page and Y. Shimomura eds., *Japan's Development Assistance: Foreign Aid and the Post-2015 Agenda*, Palgrave Macmillan.

Takeuchi, S. [2022] "Policy Concepts and Normative Rationales in Japan's Foreign Aid: Human Security, TICAD, and Free and Open Indo-Pacific," H. Kwon, T. Yamagata, E. Kim and H. Kondoh eds., *International Development Cooperation of Japan and South Korea: New Strategies for an Uncertain World*, Palgrave Macmillan.

United Nations Development Programme（UNDP）[1994] *Human Development Report 1994*, Oxford University Press.（国連開発計画編［広野良吉・北谷勝秀・佐藤秀雄監修］［1995］『人間開発報告書1994』国際協力出版会）

●第14章　どのような社会をめざすのか

伊丹謙太郎［n. d.］「日本における社会的連帯経済の現状と課題——12の事例で考える」https://www.ilo.org/sites/default/files/wcmsp5/groups/public/@asia/@ro-bangkok/@ilo-tokyo/documents/genericdocument/wcms_835590.pdf（2024年8月13日アクセス）

伊藤公雄・樹村みのり・國信潤子［2019］『女性学・男性学——ジェンダー論入門（第3版）』有斐閣

ウェルジー（WELgee）[n. d.]「WELgee って？」／「WELgee が挑む社会課題」https://www.welgee.jp/（2024 年 8 月 20 日アクセス）

北島健一（インタビュアー：高須直子・司会：楊殿閣）[2022]「ソリダリダード・ジャパン　ポッドキャスト　社会的連帯経済シリーズ Episode 9」https://podcasters.spotify.com/pod/show/solidaridad-japan/episodes/Episode-9-e1ithel（2024 年 2 月 28 日アクセス）

国際連合広報センター [n. d.]「世界人権宣言テキスト」https://www.unic.or.jp/activities/humanrights/document/bill_of_rights/universal_declaration/（2024 年 8 月 16 日アクセス）

ソルニット，R.（井上利男・東辻賢治郎訳）[2023]『暗闇のなかの希望──語られない歴史，手つかずの可能性（増補改訂版）』筑摩書房（ちくま文庫）

田口一成 [2021]『9 割の社会問題はビジネスで解決できる』PHP 研究所

暉峻淑子 [1989]『豊かさとは何か』岩波書店（岩波新書）

暉峻淑子 [2024]『承認をひらく──新・人権宣言』岩波書店

中野佳裕（インタビュアー：高須直子・司会：楊殿閣）[2022]「ソリダリダード・ジャパン　ポッドキャスト　社会的連帯経済シリーズ Episode 8」https://podcasters.spotify.com/pod/show/solidaridad-japan/episodes/Episode-8-e1e3kma（2024 年 3 月 5 日アクセス）

西川潤 [2007]「連帯経済──概念と政策」西川潤・生活経済政策研究所編著『連帯経済──グローバリゼーションへの対案』明石書店

西川潤 [2018]『2030 年 未来への選択』日本経済新聞出版

日本高齢者生活協同組合連合会（高齢協）[n. d.]「わたしたちの活動」http://koreikyo.jp/?page_id=262（2024 年 8 月 15 日アクセス）

幡谷則子 [2024]「ラテンアメリカにおける連帯経済 可能性と挑戦──コロンビアの事例を中心に」『生協総研レポート 社会的連帯経済研究会 (2)』第 100 巻，2 ～23 頁

平山恵 [2024]「依存的自立を高めるしなやかなローカリゼーション──国内外のエコビレッジとトランジション運動」真崎克彦・藍澤淑雄編著『ポスト資本主義時代の地域主義──草の根の価値創造の実践』明石書店

広井良典 [2023]『科学と資本主義の未来──〈せめぎ合いの時代〉を超えて』東洋経済新報社

廣田裕之 [2024]「パラダイムシフト──社会や経済を考え直す 第 73 回 今後の日本で伸びそうな社会的連帯経済関係の事例は？」集広舎 https://shukousha.com/column/hirota2/11642/（2024 年 8 月 15 日アクセス）

ボーダレス・ジャパン（BJ）[n. d. a]「ソーシャルビジネス」https://www.borderless-japan.com/（2024 年 8 月 20 日アクセス）

ボーダレス・ジャパン（BJ）[n. d. b]「定款」https://www.borderless-japan.com/terms/（2024 年 8 月 22 日アクセス）

真崎克彦・藍澤淑雄編著 [2024]『ポスト資本主義時代の地域主義──草の根の価値創造の実践』明石書店

ラワース，K.（黒輪篤嗣訳）[2021]『ドーナツ経済』河出書房新社（河出文庫）

Community Economies Collective [n. d.] Diverse Economies Iceberg. https://www.communityeconomies.org/resources/diverse-economies-iceberg（2024

年 8 月 20 日アクセス）

Doughnut Economics Action Lab（DEAL）[n. d.] The DEAL Community. https://doughnuteconomics.org/（2024 年 8 月 18 日アクセス）

Gibson-Graham, J. K. [2014] "Rethinking the Economy with Thick Description and Weak Theory," *Current Anthropology*, Vol. 55, No. S9, pp. S147–S153. https://www.jstor.org/stable/10.1086/676646

Harris, E., C. L. Carpentier, S. C. de Hallgren, A. Julca, S. R. Goicoechea, B. Der Gregorian, D. Gnezale, S. Vauzelle and A. S. Virdee [n. d.] Setting a Path Towards New Economics for Sustainable Development: An Overview, United Nations Economist Network. https://www.un.org/sites/un2.un.org/files/nesd_overview_20_march.pdf（2024 年 8 月 14 日アクセス）

International Labour Organization（ILO）[2022] Decent Work and the Social and Solidarity Economy: International Labour Conference 110th Session, 2022, ICL. 110/Report Ⅵ. https://www.ilo.org/media/245646/download

Stiglitz, J., Sen, A. and Fitoussi, J. [2009] Report of the Commission on the Measurement of Economic Performance and Social Progress（CMEPSP）. https://ec.europa.eu/eurostat/documents/8131721/8131772/Stiglitz-Sen-Fitoussi-Commission-report.pdf

Stockholm Resilience Centre（SRC）[n. d.] Planetary Boundaries, Stockholm University. https://www.stockholmresilience.org/research/planetary-boundaries/the-nine-planetary-boundaries.html（2024 年 8 月 18 日アクセス）

UN Inter-Agency Task Force on Social and Solidarity Economy（UNTFSSE）[2022] Advancing the 2030 Agenda through the Social and Solidarity Economy, Position Paper of the UN, Inter-Agency Task Force on Social and Solidarity Economy.

United Nations [2021] Our Common Agenda: Report of the Secretary-General, United Nations.

United Nations [2023] Our Common Agenda: Policy Brief 4: Valuing What Counts-a Framework to Progress Beyond Gross Domestic Product, United Nations（Digital Library）.

United Nations [2024] Summit of the Future Outcome Documents: Pact for the Future, Global Digital Compact, and Declaration on the Future Generations, United Nations.

World Economic Forum（WEF）and Schwab Foundation for Social Entrepreneurship [2022] Unlocking the Social Economy Towards an Inclusive and Resilient Society: In Collaboration with Deloitte, and in Partnership with Catalyst 2030, Euclid Network, Motsepe Foundation and the Schwab Foundation for Social Entrepreneurship. https://www.weforum.org/publications/unlocking-the-social-economy-towards-an-inclusive-and-resilient-society-davos2022/（2024 年 8 月 14 日アクセス）

索　引

事　項

● 数字・アルファベット

0.7%　196
　──目標　171
3大感染症　127, 129, 131
AI　39, 55
Beyond GDP　293–295
BHN　→人間の基本的ニーズ
BOPビジネス　224, 225
BRAC　204, 207
BRICS　174, 196
CBR　→地域に根ざしたリハビリテーション
CDM　→クリーン開発メカニズム
CSO　→市民社会組織
　──の開発効果のためのイスタンブール原則　211
　南の──　204, 207, 209, 216, 217
CSR　→企業の社会的責任
DAC　→開発援助委員会
　──市民社会勧告　209, 211, 213, 215
DDR　→武装解除・動員解除・再統合
ESG投資　236
FGM/C　→女性性器切除
FOIP　→自由で開かれたインド太平洋
GAD　→ジェンダーと開発
HDI　→人間開発指数
HDPネクサス　→人道・開発・平和の連携

HIV／エイズ　118, 127, 170, 172
IMF　→国際通貨基金
JICA　→国際協力機構
LDCs　→後発開発途上国
LGBTQ　61
MDGs　→ミレニアム開発目標
NGO　34, 72, 82, 84, 87, 90, 94, 111, 112, 201, 202, 229, 258, 259
NIEO　→新国際経済秩序
NIEs　→新興工業経済地域
NTDs　→顧みられない熱帯病
ODA　→政府開発援助
　──大綱　→政府開発援助大綱
OECD　→経済協力開発機構
OHCHR　→国連人権高等弁務官事務所
ORT　126
OSA　→政府安全保障能力強化支援
PHC　→プライマリー・ヘルス・ケア
PKO　→国連平和維持活動
SDGs　→持続可能な開発目標
　ポスト──　245, 262, 283, 295, 297
SGBV　→性とジェンダーに基づく暴力
SOGI　→性的指向・性自認
SSR　→治安部門改革
STEP　→本邦技術活用条件
UHC　→ユニバーサル・ヘルス・カバレッジ
UNDP　→国連開発計画
UNDRR　→国連防災機関

319

UNEP →国連環境計画
UNICEF →国連児童基金
UNSDCF →国連持続可能な開発協力
　　枠組み
USAID →アメリカ国際開発庁
VNR →自発的国別レビュー
WHO →世界保健機構
WID →開発と女性

● あ 行

アドボカシー　206, 208
アメリカ国際開発庁（USAID）　138,
　　250
安全保障　171, 258, 259, 274-276
アンタイド　168, 279
　──比率　278
慰安婦問題　69
医学モデル　109
一帯一路構想　175
移　民　87, 210, 218, 288, 299
ウェルビーイング　290, 291, 293-295
エコロジカル・フットプリント　52
円借款　175, 176, 267
援助協調　172
援助疲れ　224, 273
援助の非植民地化　216
エンパワーメント　65, 66, 206, 211
　女性の──　61, 67, 73, 111, 288
オイル・ショック　252, 270
汚　職　257
オックスファム　223
オーナーシップ　172, 211, 259, 271
オファー型協力　277, 278
温室効果ガス　142, 143, 145, 146,
　　148, 256

● か 行

外貨原則　167
開発援助委員会（DAC）　30, 169, 171,
　　172, 175, 177, 196, 209, 210, 214-
　　216, 218, 250, 266, 274, 278

開発（の）課題　26, 27, 29, 35, 181,
　　230, 234, 246, 249, 262
開発協力　274, 276
　──大綱　73, 274-277
開発と女性（WID）　70
顧みられない熱帯病（NTDs）　129,
　　130
顔の見える援助　275
学習の危機　88
ガバナンス　257
寡　婦　105
環境影響評価（環境アセスメント）
　　138, 139, 156
環境問題　13, 141, 144, 148, 151, 256,
　　285
　地球──　137, 142, 149, 155, 156
間接統治　28
官民連携　227
緩　和　148, 150
企業の社会的責任（CSR）　222, 233
気候危機　284
気候変動　39, 48, 51, 81, 89, 143,
　　145-151, 153, 209, 256, 261, 289-
　　291
技術協力　165, 205, 267, 269
基礎教育　85, 88
基本的ニーズ（ベーシック・ニーズ）
　　41, 44, 206
共　創　277, 278, 298
共通だが差異のある責任　143, 144,
　　146, 148, 156
　──の原則　154
共同体主義　13, 14
極度の貧困　43, 46, 53, 66, 81
近代化論　251
クズネッツの逆U字仮説　48
クーデタ　10, 26, 30, 32
クリーン開発メカニズム（CDM）
　　147
グローバリゼーション　7, 11, 55,
　　260-262

グローバル・ケア・チェーン　74
グローバル・サウス　174
グローバル正義論　11, 14
グローバル・タックス　54
グローバル・バリュー・チェーン　74
ケアエコノミー　74
経口補水療法　125
経済開発　83, 137, 246, 255
経済協力　269
経済協力開発機構（OECD）　30, 54, 138, 168, 169, 196, 218, 250, 270, 278, 279
ケイパビリティ・アプローチ　41, 42
現地主導の開発　216
権利ベース・アプローチ　83
公害問題　141, 156
高所得国　2, 3, 11, 52, 131, 133, 164
公　正　33, 34
構造主義　250, 253
構造調整　223, 261, 275
　——政策　194, 245, 253, 254, 257, 260
構造的暴力　21-23, 27, 29, 30, 287
後発開発途上国（LDCs）　7-10, 80, 92
公平性　74
合理的配慮　113
高齢者　43, 45, 73, 93, 99, 101, 103-109, 114, 119
国際協力機構（JICA）　35, 73, 155, 166, 175, 176, 198, 250
国際協力事業団　139
国際通貨基金（IMF）　163, 185, 192-194, 197, 222, 253, 254
国際貧困線　44-46, 66
国内格差　50
国連開発計画（UNDP）　41, 65, 184, 186, 188, 189, 198, 250, 255, 272
国連開発システムの改革　188
国連環境計画（UNEP）　145, 185,

189
国連持続可能な開発協力枠組み（UNSDCF）　188, 189, 286
国連児童基金（UNICEF）　82, 89, 90, 96, 185, 189, 198, 254
国連・障害者の権利条約　52, 113
国連人権高等弁務官事務所（OHCHR）　89, 186, 189
国連平和維持活動（PKO）　30, 31, 33, 34, 197
国連平和維持ミッション　258, 259
国連防災機関（UNDRR）　153, 186
個人的暴力　21-23, 30, 287
国家安全保障戦略　274, 275
国家間格差　50
国家建設の課題　27-30, 35, 249, 258, 259, 262, 296
子ども参加　95
子どもの意見の尊重　94
子どもの権利条約　80, 81, 83, 84, 94, 95
子どもの最善の利益　95
子どもの保護　90, 93
子どもへの暴力　89, 93, 94

● さ　行

財政支援　168
財政投融資　166, 267, 270
搾取工場　233, 235
サプライチェーン・マネジメント　225, 232, 236
産業革命　3, 148, 149, 246
三十年戦争　25
三方良し　222
ジェノサイド　29, 33
ジェンダー主流化　72, 73
ジェンダーと開発（GAD）　71
識字率　22, 64, 65, 114
自国中心主義　171
自助努力支援　271, 272
自然災害　2, 79, 82, 89, 92, 151, 153,

154, 187

持続可能な開発目標（SDGs）　24, 43,
　49, 51, 52, 54, 64, 67, 70, 86, 88, 89,
　96, 121, 171, 189, 196, 205, 208, 209,
　221, 224, 237-239, 245, 246, 260,
　261, 283, 291, 295

児童婚　20, 70, 80, 92

児童労働　91, 92, 230

ジニ係数　49

自発的国別レビュー（VNR）　65, 209

市民社会　202, 285, 287

　──スペース　211, 213, 215

市民社会組織（CSO）　201, 202, 205,
　206, 208-210, 213, 215, 216, 218

　国際──　204, 207, 212, 216, 217

社会開発　83, 205, 254, 255, 259, 261

社会的営業許可　239

社会的排除　42, 43, 45

社会の不正義　19, 22, 23, 35, 36, 284

社会的連帯経済　56, 284, 286-290,
　293

社会福祉　99, 104, 108, 114

社会保険　106-108

社会保障　99, 105

社会モデル　109

借　款　165, 175, 267, 269-271

従属論　223, 252

自由で開かれたインド太平洋（FOIP）
　276, 279

主権国家システム　19, 21, 24, 26, 30,
　249, 258

障　害　87, 95

　──者　43, 45, 52, 73, 92, 99, 108-
　112, 114, 288

消極的平和　23, 34

条件付き所得移転　108

消費者ボイコット　230

植民地支配　3, 4, 6, 8-10, 26, 28, 164,
　249

植民地独立付与宣言　25, 247, 248

女性差別撤廃条約　60, 62, 73

女性性器切除（FGM/C）　69, 70

所得格差　48, 54

自立生活運動　110

新型コロナウイルス　39, 45, 47, 51,
　53, 81, 88, 92, 101, 104, 117, 118,
　126, 131, 133, 181, 191, 284

人権デュー・デリジェンス　232, 236

人権ベース・アプローチ　207

新興工業経済地域（NIEs）　7

新興国　174, 260, 261

人口転換　100, 101

新興ドナー　174, 273

人口爆発　100

新国際経済秩序（NIEO）　252

人道・開発・平和の連携（HDP ネクサ
　ス）　187

水銀汚染　144, 156

水質汚濁　139, 142, 156, 229

垂直的不平等　49

水平的不平等　49

生活習慣病　122, 124, 133

脆弱性　42, 45, 46, 52, 284

脆弱層　47, 52, 107, 108

成長段階論　251

性的指向・性自認（SOGI）　61

性とジェンダーに基づく暴力（SGBV）
　69

性と生殖に関する健康と権利　→セクシ
　ュアル・リプロダクティブ・ヘルス
　／ライツ

政府安全保障能力強化支援（OSA）
　276, 277

政府開発援助（ODA）　34, 108, 142,
　161, 165-167, 170, 171, 175, 176,
　196, 201, 205, 209-211, 213-215,
　217, 218, 224, 260, 261, 266, 269-
　271, 275, 276, 278, 279

　──大綱（ODA 大綱）　271, 272,
　274

世界銀行（世銀）　21, 41, 51, 81, 120,
　138, 163, 167, 185, 192-194, 197,

253, 254, 257, 267

世界経済フォーラム　49, 67, 224, 285, 286

世界社会フォーラム　284-286

世界人権宣言　62, 72, 293

世界保健機構（WHO）　89, 90, 181, 185, 189, 191, 192, 254, 293

セクシュアル・リプロダクティブ・ヘルス／ライツ（性と生殖に関する健康と権利）　65

セクター・ワイド・アプローチ　172

積極的平和　23

絶対的貧困　42, 43

セーブ・ザ・チルドレン（Save the Children）　82, 204

セーフティ・ネット　2, 108

先住民（族）　3, 45, 73

相対的貧困　42

贈　与　165, 167, 193, 270-272

ソーシャル・ビジネス　297

損失と損害　150

● た　行

第一次世界大戦　5, 6

大気汚染　139, 141, 142, 156, 229, 291

第三世界　174, 248, 252

大収斂　7

第二次世界大戦　5, 6, 9, 12, 13, 25, 29, 30, 39, 69, 162-165, 192, 205, 206, 222, 246, 247, 269

大分岐　3

多国間援助　162, 163

多次元貧困　44, 47, 49

脱植民地化　25, 26, 30

多文化共生　299

多様性　74

治安部門改革（SSR）　35, 258, 259

地域に根ざしたリハビリテーション（CBR）　111

中　立　33, 34

帝国主義　5

低所得国　3, 10, 11, 13, 48, 52, 53, 87, 164, 193

適　応　148, 150

投資支出原則　167

道徳的個人主義　12-14

ドーナツ経済　290-292, 294

奴隷貿易　5

● な　行

内陸国　9

ナショナリズム　7
　　資源──　252

南北問題　29, 248, 249, 279, 285

難　民　29, 45, 52, 87, 210, 288, 298, 299

二国間援助　161-164, 227

乳幼児死亡率　22, 119

人間開発　41, 53, 83, 205, 255
　　──指数（HDI）　47, 52, 255

人間の安全保障　186, 259, 272, 273, 276

人間の基本的ニーズ（BHN）　205

妊産婦死亡率　65, 66, 119, 120

ノンフォーマル教育　85, 88, 288

● は　行

白人の責務　247

パートナーシップ　201, 211, 214, 215, 217, 218, 239, 259

パリ協定　148, 150, 190

パリ宣言　172, 271

万人のための教育　84

非感染症疾患　121, 122, 133

ビジネスと人権　222, 224, 232, 239

ヒモ付き援助　168, 278

貧困者比率　43, 45

フェアトレード　224, 238, 285

武装解除・動員解除・再統合（DDR）　35, 258, 259

プライマリー・ヘルス・ケア（PHC）

125, 126, 254
プラスチック汚染　137, 154, 156
武力紛争　19-21, 26, 30, 118
ブレトンウッズ　163, 192
平均寿命　118
平和維持　31, 34
平和構築　31, 34, 35, 207, 210, 245,
　257-259, 296
平和創造　31
ベーシック・ニーズ　→基本的ニーズ
包摂性　74
母子保健　121, 129
本邦技術活用条件（STEP）　278, 279

● ま　行

マーシャル・プラン　163, 169
未来サミット　294
ミレニアム開発目標（MDGs）　49,
　64, 85, 205, 224, 259-261
民間部門　261, 262

無償援助　165, 267, 269
名誉殺人　70
モノカルチャー　4, 8

● や　行

ユニバーサル・ヘルス・カバレッジ
　（UHC）　124, 288
輸入代替工業化　251, 253, 261
要請主義　271
予防外交　31

● ら　行

倫理的消費者運動　229-231, 233, 235
冷　戦　248, 257, 259
歴史的責任　149
労働力参加率　66

● わ　行

ワクチン　52, 131, 132, 181, 192

人　名

● あ　行

アウン・サン・スー・チー　　10
秋月弘子　　62
アタワルパ　　3
アナン，コフィ　　33
アミン，サミール　　251
市井礼奈　　74
ウィリンジイマナ，アガト　　32
ヴェーバー，マックス　　24
大村智　　130
緒方貞子　　186, 272
小渕恵三　　273

● か　行

ガルトゥング，ヨハン　　21-23
ギブソン，キャサリン　　289
キプリング，ラドヤード　　247
キャンベル，ウィリアム　　129
グテーレス，アントニオ　　183, 184,
　　187, 188, 295
グラハム，ジュリー　　289
クリントン，ビル　　33
ケネディ，ジョン・F.　　250
ケマル，ムスタファ　　62
コルニア，アンドレア　　275
コロンブス，クリストファー　　9

● さ　行

サッチャー，マーガレット　　253
サンデル，マイケル　　13
ジャンベック，ジェナ　　155
スティグリッツ，ジョセフ　　223
スミス，アダム　　223
セナック，レジャーヌ　　74
セン，アマルティア　　41, 42, 255, 272

ソルニット，レベッカ　　297

● た　行

ダイアモンド，ジャレド　　3
田口一成　　297
暉峻淑子　　296
トゥール，プラムディヤ・アナンタ
　　7
トルーマン，ハリー　　249

● な　行

西川潤　　293, 296

● は　行

ハク，マブーブル　　41, 255
ハビャリマナ，ジュベナル　　32
ピケティ，トマ　　54
ピサロ，フランシスコ　　3
ヒューム，デイビッド　　11, 14
広井良典　　294
廣田裕之　　287
フェリペ2世　　5
深沢七郎　　103
ブトロス-ガリ，ブトロス　　30
プラハラード，コインバトール
　　225-227
フランク，アンドレ　　251
フランクス，オリバー　　248, 250
ブレア，トニー　　35
フレイザー，ナンシー　　74
ボーヴォワール，シモーヌ・ド　　103
ボンドパッダエ，ビブティブション
　　104

● ま　行

マーシャル，ジョージ　　163

索　引　　325

マゼラン，フェルディナンド　4
ミッテラン，フランソワ　32
ムセヴェニ，ヨウェリ・カグタ　32
メータ，ハンサ　62
モハメッド，アミーナ　189

● や　行

吉田和浩　88

● ら　行

ラス・カサス，バルトロメ・デ　4
ラワース，ケイト　291
リスター，ルース　40
レイ，サタジット　104
レーガン，ロナルド　253
ロストウ，ウォルト　251

【y-knot】
これからの国際協力──私たちが望む未来のために
New Perspectives for International Cooperation : For the Future We Want

2025 年 4 月 1 日 初版第 1 刷発行

編　者	高須直子・山形辰史
発行者	江草貞治
発行所	株式会社有斐閣
	〒101-0051 東京都千代田区神田神保町 2-17
	https://www.yuhikaku.co.jp/
装　丁	高野　美緒子
印　刷	大日本法令印刷株式会社
製　本	大口製本印刷株式会社
装丁印刷	株式会社亨有堂印刷所

落丁・乱丁本はお取替えいたします。定価はカバーに表示してあります。
©2025, Naoko Takasu and Tatsufumi Yamagata
Printed in Japan. ISBN 978-4-641-20016-6

本書のコピー，スキャン，デジタル化等の無断複製は著作権法上での例外を除き禁じられています。本書を代行業者等の第三者に依頼してスキャンやデジタル化することは，たとえ個人や家庭内の利用でも著作権法違反です。

JCOPY 本書の無断複写（コピー）は，著作権法上での例外を除き，禁じられています。複写される場合は，そのつど事前に，(一社)出版者著作権管理機構（電話03-5244-5088，FAX 03-5244-5089, e-mail:info@jcopy.or.jp）の許諾を得てください。